交通运输团体标准编制概要

★★★★★

中国交通运输协会标准化技术委员会 编

人民交通出版社

北京

内 容 提 要

本书针对交通运输领域团体标准发展的需求，系统介绍了我国标准化的法律法规和相关政策、国内外交通运输标准化发展情况，重点介绍了交通运输领域团体标准的编写要求和方法，以及标准宣贯、采用和采信等内容，分享了团体标准应用案例。

本书可供广大交通运输领域标准化工作者全面掌握团体标准编写技能、提高编写质量和效率使用。

图书在版编目(CIP)数据

交通运输团体标准编制概要/中国交通运输协会标准化技术委员会编.—北京：人民交通出版社股份有限公司,2025.2.—ISBN 978-7-114-20191-2

Ⅰ.F512.3-65

中国国家版本馆 CIP 数据核字第 2025EN5828 号

Jiaotong Yunshu Tuanti Biaozhun Bianzhi Gaiyao

书　　名：	交通运输团体标准编制概要
著 作 者：	中国交通运输协会标准化技术委员会
责任编辑：	王　丹
责任校对：	赵媛媛
责任印制：	张　凯
出版发行：	人民交通出版社
地　　址：	(100011)北京市朝阳区安定门外外馆斜街 3 号
网　　址：	http://www.ccpcl.com.cn
销售电话：	(010)85285857
总 经 销：	人民交通出版社发行部
经　　销：	各地新华书店
印　　刷：	北京市密东印刷有限公司
开　　本：	720×960　1/16
印　　张：	25.25
字　　数：	460 千
版　　次：	2025 年 2 月　第 1 版
印　　次：	2025 年 2 月　第 1 次印刷
书　　号：	ISBN 978-7-114-20191-2
定　　价：	118.00 元

(有印刷、装订质量问题的图书，由本社负责调换)

《交通运输团体标准编制概要》

编委会

主　任　李　刚
副主任　褚飞跃　李爱民
委　员　徐　剑　孙小年　刘美银　周　伟　张文涛
　　　　　刘恒权　汪吉健　李海川　金　懋

编写组

李　刚　金　懋　刘美银　李众祥　张文涛

序

党和国家高度重视标准化工作。2017年国家修订颁布了《中华人民共和国标准化法》(中华人民共和国主席令第七十八号)。2021年中共中央、国务院印发了《国家标准化发展纲要》。党的二十届三中全会审议通过的《中共中央关于进一步全面深化改革、推进中国式现代化的决定》提出,健全国家标准体系,深化地方标准管理制度改革。这是以习近平同志为核心的党中央立足国情、放眼全球、面向未来作出的重大决策,是新时代标准化发展的宏伟蓝图。标准是经济活动和社会发展的技术支撑,是国家基础性制度的重要方面。标准化在推进国家治理体系和治理能力现代化中发挥着基础性、引领性作用。新时代推动高质量发展、全面建设社会主义现代化国家,迫切需要进一步加强标准化工作。

党的十八大以来,我国交通运输事业取得了历史性成就、发生了历史性变革,中国高铁、公路、桥梁、港口、机场等交通基础设施现代化水平已跻身世界先进行列,交通发展正由依靠传统要素驱动向更加注重创新驱动转变。中共中央、国务院印发了《交通强国建设纲要》《国家综合立体交通网规划纲要》,要求构建安全、便捷、高效、绿色、经济的现代化综合交通体系,打造一流设施、一流技术、一流管理、一流服务,建成人民满意、保障有力、世界前列的交通强国。这是新时代对交通发展提出的新使命和新任务。

标准是推动交通运输科技创新、发展新质生产力的重要手段,是促进科技成果转化的"助推器"。交通运输创新成果通过标准迅速扩散,所产生的乘数效应能够形成强大的创新动力,引领交通运输新业态、新模式发展壮大,使交通运输科技创新发挥更大作用。当前,新一轮科技革命和产业变革突飞猛进,交通运输技术标准与科技创新协同趋势更加显著,交通运输标准化与科技创新相互促进，为加快交通运输科技成果应用提供了重要支撑。

团体标准覆盖范围越来越广，服务领域越来越多，标准特点越来越鲜明，具有很强的包容性与开放性。自2019年起，中国交通运输协会开始团体标准化工作，经过五年多的探索和实践，已取得了重要进展。2024年中国交通运输协会发布的团体标准达90项，成为目前交通运输领域行业协会发布团体标准最多的社团组织之一，为推进交通运输高质量发展做出了积极贡献。面对交通运输发展的新形势、新任务和新要求，中国交通运输协会将紧紧围绕综合交通运输体系建设和现代物流体系发展改革，服务政府、服务行业、服务企业、服务社会，积极参与我国标准化活动，致力于培育发展交通运输团体标准，发挥标准重要的联通与支撑作用，促进交通运输产业链上下游标准相衔接，推动标准化与科技创新互动发展，筑牢交通运输产业发展基础，推进产业优化升级，以标准化助推交通运输提质增效，激发交通运输市场主体活力。标准化工作有很多制度和规范要求，专业性、技术性很强，为支撑保障中国交通运输协会标准化工作顺利开展，提高标准编写效率，提升标准质量，我们组织编写了《交通运输团体标准编制概要》。

我们将充分发挥行业协会的桥梁纽带作用，以"关键核心技术攻关＋标准制定"为重点，聚焦交通运输重点领域标准建设，加快推进设施、技术、管理和服务团体标准编制，优先发布新模式、新技术、新装备、新工艺、新产品团体标准，以高标准引领推动交通运输高质量发展，形成以标准领跑带动产业、企业发展的新格局；为构建安全、便捷、高效、绿色、经济、包容、韧性的可持续交通体系，加快交通强国建设，进一步全面深化改革、推进中国式现代化，全面建成社会主义现代化强国、实现中华民族伟大复兴的中国梦作出新的更大的贡献！

中国交通运输协会会长

2024年12月10日

前　言

标准是总结提炼科技创新成果规律性形成的规范文本,是产业发展的"风向标",它为科技创新活动建立"最佳秩序",为成果推广提供"通用语言"。团体标准作为市场自主制定标准的主要方面,是我国二元标准体系的重要组成部分,也是标准化改革的重要内容。

中国交通运输协会认真贯彻落实中共中央、国务院印发的《国家标准化发展纲要》,自2019年起,在第七届理事会的领导下,成立了标准化技术委员会,积极开展团体标准工作,推动交通运输与物流领域标准化建设。五年多来,中国交通运输协会发布的交通运输团体标准数量、质量稳步提升,实现了一年一个新台阶的工作目标。截至2024年底,中国交通运输协会发布团体标准170多项,覆盖了铁路、公路、水运、民航、邮政、城市交通等领域,形成了丰富的理论和实践成果。

为方便广大单位和人员准确理解我国标准化政策、全面掌握团体标准编写规范和要求,提高标准编写质量和效率,在总结协会交通运输团体标准化工作成果和经验的基础上,我们组织编写了《交通运输团体标准编制概要》。本书系统研究了我国标准化的法律法规、政策制度和技术标准,聚焦中国交通运输协会团体标准编制的全过程,通过特色鲜明、内容丰富的图文案例,告诉读者如何准备申报书、工作大纲、编制说明、征求意见稿等材料,如何具体编写封面、目次、前言、引言、范围、规范性引用文件、术语和定义、符号和缩略语、分类和编码、总体原则或总体要求、核心技术要素、参考文献等标准内容。希望本书的出版发行,能够用以指导交通运输领域企事业单位编制交通运输团体标准,提升其标准化编制水平与管理水平,提高团体标准质量。

本书分为上、下两篇,共十二章。第一至第五章为上篇,重点介绍标准化与标准的概念、国内外标准化发展、我国标准化政策、我国交通运输团体标准发展、团体标准组织机构和标准制定程序等；第六至第十二章为下篇，重点介绍团体标准如何编写，以及标准宣贯、采用、采信和标准案例等。本书可以为交通运输团体标准编写单位和人员全面掌握编写知识、提高编写质量和效率提供学习参考。

本书编写得到了中国交通运输协会领导的高度重视，胡亚东会长亲自作序。本书编写团队主要为中国交通运输协会标准化技术委员会全体委员，委员们倾情投入、用心编写，将扎实的理论基础和丰富实践经验，特别是将近年来团体标准管理、编制和审查要求充分体现到书稿中，保证了书稿的专业性、知识性、可读性和可操作性。我们专门邀请了交通运输部科学研究院的专家，充实了本书的编写力量，为丰富书稿内容、提升书稿质量提供技术支持。中国交通运输协会信息化专委会为本书的编写提供了多方面支持保障。在此，向他们一并表示衷心的感谢！

标准化工作的技术性、专业性很强，特别是团体标准工作起步较晚，尚处在快速发展过程之中，再加上时间紧、任务重、资料有限，本书难免有瑕疵、纰漏和不妥之处，敬请广大读者批评指正。

编写组
2024 年 12 月

目 录

上 篇

第一章 概述 /2

第一节 标准化与标准 …………………………………………… 2
第二节 标准化工作的意义 ……………………………………… 17
第三节 标准制定 ………………………………………………… 19

第二章 国家标准化政策 /26

第一节 国家标准化发展改革 …………………………………… 26
第二节 国家标准化政策体系 …………………………………… 36
第三节 团体标准管理政策 ……………………………………… 46
第四节 交通运输标准化政策 …………………………………… 51

第三章 交通运输标准化发展 /72

第一节 交通运输标准化的意义 ………………………………… 72
第二节 我国交通运输标准化发展情况 ………………………… 74
第三节 国际交通运输标准化发展情况 ………………………… 81
第四节 我国交通运输标准国际化情况 ………………………… 87

第四章 团体标准政策与团体标准发展 /91

第一节 我国团体标准政策 ……………………………………… 91

第二节　国外团体标准发展现状 …………………………………… 97

第三节　我国交通运输团体标准发展情况 ………………………… 100

第五章　中国交通运输协会团体标准　/103

第一节　中国交通运输协会团体标准发展 ………………………… 103

第二节　团体标准组织机构及工作机制 …………………………… 107

第三节　中国交通运输协会标准化组织建设 ……………………… 112

第四节　中国交通运输协会团体标准制定程序及机制 …………… 116

下　篇

第六章　标准的结构和表述原则　/132

第一节　要素 ………………………………………………………… 132

第二节　层次 ………………………………………………………… 135

第三节　要素的表述原则 …………………………………………… 147

第四节　以 ISO、IEC 标准化文件为基础起草标准的规则 ……… 152

第七章　团体标准编制规范　/156

第一节　条款 ………………………………………………………… 156

第二节　附加信息 …………………………………………………… 160

第三节　条文 ………………………………………………………… 164

第四节　引用和提示 ………………………………………………… 173

第五节　附录 ………………………………………………………… 180

第六节　图、表和数学公式 ………………………………………… 183

第七节　商品名商标、重要提示和专利 …………………………… 192

第八章　团体标准编制要求　/196

- 第一节　封面 ·· 196
- 第二节　目次 ·· 204
- 第三节　前言 ·· 205
- 第四节　引言 ·· 209
- 第五节　范围 ·· 211
- 第六节　规范性引用文件 ·································· 213
- 第七节　术语和定义 ······································· 217
- 第八节　部分规范性要素 ·································· 220
- 第九节　技术要素 ··· 226
- 第十节　参考文献、索引 ·································· 229

第九章　各种功能类型标准的编写　/233

- 第一节　术语标准 ··· 233
- 第二节　符号标准 ··· 238
- 第三节　分类标准 ··· 241
- 第四节　试验标准 ··· 246
- 第五节　规范标准 ··· 254
- 第六节　规程标准 ··· 269
- 第七节　指南标准 ··· 275
- 第八节　评价标准 ··· 279
- 第九节　产品标准 ··· 284
- 第十节　管理体系标准 ···································· 295

第十章　标准编制材料　/304

- 第一节　审查材料 ··· 304
- 第二节　申报书 ·· 305

第三节　工作大纲 …………………………………………… 313
第四节　编制说明 …………………………………………… 315
第五节　征求意见稿意见处理 ……………………………… 318
第六节　涉及专利的处置 …………………………………… 320

第十一章　交通运输团体标准应用　/324

第一节　宣贯与培训 ………………………………………… 324
第二节　采用 ………………………………………………… 328
第三节　采信 ………………………………………………… 329
第四节　国际化 ……………………………………………… 333

第十二章　交通运输团体标准应用案例　/338

第一节　交通基础设施工程 ………………………………… 338
第二节　交通运输安全 ……………………………………… 353
第三节　交通运输新技术新业态 …………………………… 366

参考文献　/389

上 篇

- 第一章　概述
- 第二章　国家标准化政策
- 第三章　交通运输标准化发展
- 第四章　团体标准政策与团体标准发展
- 第五章　中国交通运输协会团体标准

第一章

概　　述

第一节　标准化与标准

在标准化专业领域中,标准化这一概念是根本概念,其他概念都是在标准化概念基础上衍生出来的或者是与标准化概念相关的概念。

一、概念

(一)标准化

根据 GB/T 20000.1—2014《标准化工作指南　第 1 部分:标准化和相关活动的通用术语》的规定,标准化是指"为了在既定范围内获得最佳秩序,促进共同效益,对现实问题或潜在问题确立共同使用和重复使用的条款以及编制、发布和应用文件的活动"。标准化是建立规则的活动,其目的是获得最佳秩序。标准化的成果之一是标准化文件,包括标准和其他标准化文件。

1. 标准化对象

标准化对象是指"需要标准化的主题"。对标准化对象的理解可以从宏观、中观和微观三个层面来考察。从宏观层面来说,其对象是"现实问题或潜在问题";从中观层面来说,其对象可以聚焦到"产品、过程或服务",更进一步可以细化到"原材料、零部件或元器件、制成品、系统、过程或服务";从微观层面来说,标准化对象就是"具体的产品、过程或服务",如洗衣机、安全操作过程、旅游服务等。

2. 标准化领域

标准化领域是指"一组相关的标准化对象"。例如交通运输、农业、冶金、工程建设等都可视为标准化领域。

3. 标准化目的

标准化活动总体目的是"获得最佳秩序,促进共同效益"。每一项标准化活动都有其特定的目的。这些特定的目的通常涉及相互理解、可用性、互换性、兼容性、相互配合、品种控制、安全、健康、环境保护、资源利用等方面。

(二)标准

标准是指"通过标准化活动,按照规定的程序经协商一致制定,为各种活动或其结果提供规则、指南或特性,供共同使用和重复使用的文件。"标准是通过标准化活动,按照协商一致的原则,在严格的程序和规范的格式要求下,以现实存在的或潜在的产品、过程和服务为对象,制定的供共同使用和重复使用的文件。未完全履行标准制定程序形成的文件是其他标准化文件。标准与其他标准化文件可以从以下五个方面区别。

1. 特定的形成程序

标准的形成需要"通过标准化活动,按照规定的程序经协商一致制定"。定义强调了标准与标准化的联系,指出标准产生于标准化活动,也就是说,只有通过标准化活动才有可能形成标准,没有标准化活动就没有标准。然而标准化活动形成的不仅仅是标准,还有其他标准化文件,只有"按照规定的程序"并且达到了形成标准所要求的协商一致程度的文件,才能被称为"标准"。这里"规定的程序"指各标准化机构为了制定标准而明确规定并颁布的标准制定程序。"协商一致"则是指"普遍同意",即有关重要利益相关方对于实质性问题没有坚持反对意见,同时按照程序考虑了有关各方的观点并且协调了所有争议。所以说,履行了标准制定程序的全过程,并且达到了普遍同意且协商一致后形成的文件,才称为标准。

2. 共同并重复使用的特点

标准具备的特点是"共同使用和重复使用"。共同使用是从空间上界定的,指标准要具有一定的使用范围,如国际、国家、协会等范围。重复使用是从时间上界定的,即标准不应仅供一两次使用,它不但现在要用,而且将来也要经常使用。"共同使用"与"重复使用"两个特点之间是"和"的关系,也就是说,只有某文件具备被大家共同使用并且多次重复使用的特点,才有可能需要形成标准。

3. 特殊的功能

标准的功能是"为各种活动或其结果提供规则、指南或特性"。最佳秩序的建立,首先要对人类所从事的"活动"以及"活动的结果"确立规矩。标准的功能就是提供这些规矩,包括对人类的活动提供规则或指南、对活动的结果给出规则或特性。不同功能类型标准的主要功能有所不同,通常标准中具有六种典型功能:规定、确立、描述、提供、给出和界定,例如规定要求、确立总体原则、描述方法、提供指导或建议、给出信息、界定术语等。

4. 产生的基础

标准产生的基础是"科学、技术和经验的综合成果"。标准是对人类实践经验的归纳、整理,是充分考虑最新技术水平并规范化的结果。因此,标准是具有技术属性的文件,标准中的条款是技术条款,这一点是它区别于法律法规的特征之一。

5. 独特的表现形式

标准的表现形式是一种"文件"。文件可理解为记录有信息的各种媒介。标准的形成过程及其所具有的技术规则的属性,决定了它是一类规范性的技术文件。标准的形式有别于其他的规范性文件。通常每个标准化机构都要对各自发布标准的起草原则、要素的选择、结构及表述作出规定。按照这些规定起草的标准,其内容协调、形式一致、文本易于使用。

通过前文对标准界定的分析,可以看出标准是"按照规定的程序经协商一致制定"的。一方面,在标准形成过程中具有代表性的技术专家会参与其中,最新技术水平会被充分考虑,相对成熟的技术中可量化或可描述的成果会被筛选出来并确定为标准的技术条款;另一方面,经过利益相关方协商一致通过的标准会被各方高度认可,发布的标准可以公开获得,并且在必要的时候还会通过修正或修订保持与最新技术水平同步。因此,标准是"公认的技术规则"。

标准化文件中的大部分为标准,标准之外的文件为其他标准化文件。标准与其他标准化文件之间的主要区别,就在于是否履行了协商一致程序并且达到了形成标准所要求的协商一致程度。

二、发展历程

标准化与人类社会的生产生活息息相关。它来源于生产生活,又服务于生产生活,并推动人类社会的发展。

(一)标准化的早期实践

以古代中国的标准化活动为例,人们在日常生产生活中自觉或不自觉地进行了一系列的标准化活动,如:小篆作为中国第一个由国家层面规定的标准汉字形态被推广到全国;货币、度量衡的统一使得公平、等价交换的实现成为可能;蔡伦改进造纸术时形成的完整造纸工艺流程,蕴含了标准化的意识;活字印刷术在制活字、排版和印刷的过程中,已具有现代标准化的标准件、互换性、分解组合、重复利用等特点;宋代建筑学著作《营造法式》以文本的形式,总结了当时建筑设计与施工的经验,是当时的一本建筑技术规范。

这些活动虽然都可以称得上是标准化活动的一种,反映了古人有意识地制定标准,它们所涉及的范围也逐步扩大,但这些标准化活动还不是有组织的标准化活动,发展很不平衡,政治和军事因素突出。可以说,古代中国的标准化活动是建立在小农经济和手工业生产的基础上,处于个别、分散、模糊和无组织的状态,但这样的实践也同样为近代标准化的发展奠定了基础。

(二)标准化的起点

到了18世纪末,以蒸汽机的应用为标志,第一次工业革命在欧洲兴起。随着工业革命的产生和发展,标准化开始成为一种有意识地组织活动。随着英、美、法、德、日等国先后完成了工业革命,旧有的生产结构被打破,新的技术手段推动手工作坊劳动向机器作业转变,并很快形成了合营广泛、规模庞大、职责细化的大机器工业化生产方式。为了让大机器工业化生产方式的生产潜力被充分激发,社会各企业、工厂逐渐开始采用标准化的生产方式,使得生产模式系统化和规范化。

在18世纪末,在美国国内外战火尚未停息、急需大量军火之际,伊莱·惠特尼运用科学的加工方法和"互换性"原理,为美国政府提供了大量枪支。他把整个生产工作分为若干工序,用标准的零件模型、专用工装(钻孔模板、夹具和导轨等)来保证零件的精度,这使得零件间的误差十分微小,部件可应用于任何一支枪;另外,他还设计了专用机床来提高产量。这样,各种工件就可以雇用更多的非专业工人来同步进行标准零件的制造、合格枪支的装配。这种在零部件通用互换基础上实现生产分工专业化、产品零件标准化的生产方式,奠定了大规模生产的基础。伊莱·惠特尼因此而被誉为"美国工业标准化之父"。

同时,18世纪末的英国也展开了工业标准化问题的探索。亨利·莫兹利开始采用机床溜板式刀架进行标准螺纹的制造。1841年,亨利·莫兹利的学生J.惠特沃思在一篇论文中敦促英国政府采用统一的螺纹制式来代替当时使用的种类繁杂的螺距和尺寸。因为J.惠特沃思的螺纹设计具有明显的优越性,所以很快被英国和欧洲各国采用。这种制式的螺纹被称为惠氏螺纹。其后,美国、英国和加拿大协商将惠氏螺纹和美国螺纹合并成一种统一的螺纹制式——英制螺纹,并在军用设备和民用设备中广泛采用。随后,瑟书特瓦尔统一了螺钉和螺母的形式和尺寸。为了给进一步实现"互换性"创造有利条件,J.布拉马和莫兹利又完成了机床的重大改进,使之满足零件所需的加工精度。1834年,英国制定了惠特沃思"螺纹牙型标准"。1840年左右,制造厂已由要求精确性过渡到使用公差的概念。到1870年左右,又进一步使用公差的限度(公差带)。1877—1879年,法国的工程兵上校C.雷诺为精简气球上的绳索直径规格,首创以 $q = \sqrt[5]{10}$ 为公比的优先数系,这后来成为推行"产品参数系列化"的理论基础。

随着19世纪工业化的进一步发展,从19世纪40年代起,各种学术团体、行业协会等民间组织纷纷成立,如英国的机械、土木、造船、钢铁、电气工程协会,美国的土木、机械工程师、锅炉商协会以及成立于1898年的美国材料与试验协会(ASTM)等。为了解决工程技术上统一、协调等方面的问题,大多数学术团体和行业协会都开展了标准化工作,制定和发布了各种行业或团体标准。

在近代标准化的进程中,军工产品标准化起到了带头作用。标准化逐渐成为一种有组织的活动,形式和对象日趋多样,与标准化有关的机构也逐步建立起来,对标准化的研究形成了理论,在国际上发挥了作用。工业化时代的标准化作为人类一项有明确目标和有系统组织的社会性特定活动,较之整个农业时代分散、自发的标准化实践活动,是质的飞跃。因此,以工业标准化为开端的近代标准化,是世界标准化发展的重要起点。

(三)标准化的发展

1."泰勒制"与"福特制"

20世纪初,标准化观念与方法上的新突破为美国国力的腾飞建立了功勋,这就是"泰勒制"与"福特制"。

美国人F.泰勒被称为"科学管理之父",他把零部件等实物标准化提高到方法和管理层面上,将操作方法、工时定额以及有关的管理规程都纳入了标准化。1903年,美国机械学会刊发了泰勒的论文《工厂管理法》。1911年,泰勒出版了《科学管理原理》一书,书中系统阐述了企业定额管理、作业规程管理、计划管理、专业管理、工具管理等理论。这是建立在行动分析基础上的一整套企业管理方法,常被统称为"时间研究"。它使企业的生产效率空前提高,因此,该原理方法也被称为"泰勒制"。

与泰勒同时代的亨利·福特,作为为人熟知的"汽车大王",首创了一种新型的生产组织形式:将公司所研发的"T型车"的制造全过程分解为7882道工序,运用"泰勒制"的原理,在实行全面标准化的基础上组织大批量生产,以连续不停地传送带运转保证一切作业的机械化和自动化,工厂中组装汽车的劳动就像流水一样运动得有条不紊。在1913年的生产力条件下,该生产方式使得装配一个汽车底盘的时间,从原来的12小时28分缩短为1小时33分,生产效率和企业利润大大提高。这种流水线的生产组织形式,因此被称为"福特制"。

"泰勒制"和"福特制"对美国经济的快速发展发挥了巨大作用。尽管这种生产体制从某种角度上看,仿佛是"把人变为机器"而曾招致社会上的非议,但从标准化的角度看,这意味着从零件标准化向作业标准化和管理标准化新领域的拓展,是标准化理论与实践上的重大飞跃。

2.各国标准化组织建设

1901年英国标准化学会(BSI)正式成立,这是世界上第一个国家标准化组织。同年,美国成立了国家标准局,这是一个官方计量和标准化机构,主要负责制定计量基准标准和一些政府部门的订货标准。1902年,英国纽瓦尔公司制定了纽瓦尔标准"极限表",这是最早出现的公差制。1918年,美国材料试验协会、美国机械工程师协会、美国矿业与冶金工程师协会、美国土木工程师协会、美国电气工程师协会5个民间组织,在美国商务部、陆军部和海军部3个政府机构的主导下,共同发起成立了美国工程标准委员会(AESC)。1928年AESC改组为美国标准协会(ASA),1966年8月又改组为美利坚合众国标准学会(USASI),1969年又改组为美国国家标准化学会(ANSI)。除英国与美国外,其他一些工业国家也都成立了本国的国家级标准化机构,这些国家依次有荷兰(1916年)、德国(1917年)、瑞士(1918年)、法国(1918年)、瑞典(1919年)、比利时(1919年)、奥地利(1920年)和日本(1921年)等。截至1932年底,已有25个国家成立了国家标准化机构。开展国家标准化的必要性和紧迫性,已成为诸多工业国家政府和企业界的共识。

在实行市场经济体制的西方国家里,生产者、销售者和用户都占有重要的地位。国家标准化机构的成立,使得由中立的第三方对产品质量是否符合标准作出公正评价成为可能。1903年,英国率先在生产的钢轨上刻印风筝标志(BS标志),以表明这种产品是按英国钢轨尺寸标准生产的。1926年,英国标准化学会向英国电气总公司颁发了第一个"风筝标志"使用许可证。这是"认证制"的开端。

3. 国际标准化发展

国际化标准是从电气工程领域开始的。19世纪末,电气工程师们首先意识到世界迫切需要国际化的标准,并要求制定供世界范围内使用的统一术语和计量单位。1881年,在法国巴黎召开第一次国际性专家会议,意在统一电气工程领域的术语和计量单位。在19世纪末、20世纪初又召开了一系列电气工程会议,与会者一致认为,必须成立一个能够长期地、有步骤地推行标准化的组织。1904年,一些国家的政府代表在美国圣路易举行了会议,通过了关于成立永久性组织和关于在电工领域开展国际标准化合作的建议。1906年6月,澳大利亚、比利时、加拿大、法国、德国、匈牙利、意大利、荷兰、西班牙、瑞士、英国、美国、日本共13个国家的代表集会英国伦敦,起草了章程及议事规则,正式成立了国际电工委员会(IEC)。进入20世纪60年代,IEC的发展更加迅速,先后组建了通信设备用电缆、电线及波导、半导体器件、集成电路箱、环境试验以及涉及电子设备与元器件专业的技术委员会(TC)。之后IEC又于2004年设立了电工电子产品和系统的环境标准化技术委员会(TC111),以解决环境领域的问题提供技术支撑。IEC从组建、探索到初具规模用了近100年的时间。

19世纪末,美国和欧洲诸国纷纷把电力建设列为国家重点项目,世界范围内兴起了电气化的热潮。为了顺利实现国际电报通信,1865年5月17日,法、德、俄等20个国家在法国巴黎召开会议,成立了国际电报联盟。1932年更名为国际电信联盟(ITU)。1949年1月1日,联合国正式承认ITU为联合国专门机构。1992年,在瑞士日内瓦召开的全权代表大会上对ITU进行了彻底重组,旨在使它更灵活地适应环境的复杂性、互动性和竞争性。经过这次重组,ITU精简了机构,形成了三个部门,即国际电信联盟电信标准分局(ITU-T)、国际电信联盟无线电通信部(ITU-R)和国际电信联盟电信发展部(ITU-D),分别与ITU的三大工作领域相对应。为了保证ITU对新的技术发展能够作出快速反应,还决定采用"定期大会制"作为新体制。1994年,在日本京都召开的全权代表大会上,通过了ITU历史上首个战略规划,提倡采取更为面向客户的工作方法和以ITU成员日益变化的作用、需求和职能为中心的行动计划。

第二次世界大战结束后,工业发达国家的先进科技成果和管理方法快速传遍了全球。与此同时,国际标准化活动则以更大的规模、更大的活力重新起步。1944年第二次世界大战即将结束时,联合国标准协调委员会(UNSCC)成立。1945年10月,UNSCC决定筹建国际标准化组织。1946年10月14—26日,在英国伦敦召开了包括中国在内的25国代表会议,在会议上正式通过成立国际标准化组织(ISO)的决议。1947年2月,ISO章程获得15个国家标准化机构的认可,国际标准化组织宣告正式成立。在20世纪50—60年代,来自第三世界的新成员成为ISO新增成员的主流。ISO针对这些成员需求,于1961年成立了发展中国家事务委员会。

自从关税及贸易总协定(GATT)《标准守则》于1980年实施以来,国际标准化组织致力于标准、技术规程、试验方法和认证制度的国际协调与统一,对于消除技术贸易壁垒发挥了重要作用。国际标准数量不断增加,采用国际标准已成为普遍趋势。

4. 国家标准化战略

现代标准化具有国际性、系统性、先进性和战略性特征。21世纪以来,美国、英国、德国、法国、日本等发达国家积极实施标准化战略。2003年,英国国家标准化机构、贸工部和工业联合会共同制定了英国国家标准化战略框架。英国国家标准化发展的总体战略目标是确保对标准和标准化的理解和使用方面具有实质性的进步,以造福英国企业界、政府和社会。

2009年,日本制定的标准化战略提出了三大目标,分别是提高标准的市场适应性、效率性和战略性,推进国际标准化活动,同步推进标准化与技术研发。战略的核心内容是加强国际标准化活动,建立适应国际标准化的标准认证工作机制,加大产业界参与国际标准化活动的力度。日本的标准化战略首次将国际标准化战略放在整个标准化发展战略的突出位置,将争夺国际标准话语权作为日本标准化工作的重点任务。同时,该战略力求将标准化与其他工作进行有机结合,旨在强化政府、企业、学校和科研机构在标准化工作上的协力,加速标准与技术研发、市场战略的融合,以举国体制推动日本标准水平的提升。

2009年,法国《关于标准化的2009-697号法令》发布。该部法律的发布,推动了法国标准化的改革与发展。自2011年起,法国相继发布了3版国家标准化战略。2019年发布的《法国标准化战略》,延续了上一版战略所提出的应对气候变化和控制数字化影响两大挑战,并将促进更加包容的社会作为新的战略挑战。

ANSI于2000年8月发布了《美国国家标准战略》,这成为美国标准化领域的第一个纲领性文件。2023年,美国政府发布《美国政府关键和新兴技术的国家标准战略》。这份国家标准战略重申了标准对美国的重要性,并将更新美国基于规则的标准制定方法。同时还强调了联邦政府对关键和新兴技术(CET)国际标准的支持,并认为有助于加快私营部门领导的标准工作,以促进全球市场、促进互操作性、促进美国的竞争力和创新。

2004年,德国国家标准化机构(DIN)批准通过了德国标准化五项战略目标,并于2005年1月正式发布了德国标准化战略。之后,DIN对该战略保持每5年修订1次。自2003年起,DIN牵头组织开展德国标准化战略目标研究,已发布3版标准化战略。在最新的2016版标准化战略中,以标准化促进国际和欧洲贸易、标准化成为放松管制的一种工具、德国引领面向未来议题的全球标准化工作、企业和社会成为标准化的驱动力量、企业将标准化作为重要的战略工具、公众高度重视标准化成为标准化战略的重要内容。

(四)我国标准化发展历程

我国于1931年12月正式成立了工业标准委员会,由国家度量衡局代管标准化工作。新中国成立以来,特别是改革开放后,中国的标准化事业呈现出前所未有的大发展。标准化在新中国的不同历史时期发挥了不同的作用,成为促进我国经济和科技发展的重要技术支撑。

根据《中华人民共和国标准化法》(中华人民共和国主席令第七十八号)(以下简称《标准化法》)的规定,我国的标准化工作由国务院标准化行政主管部门统一管理。随着时间的积累和实践的深入,我国负责标准化工作的行政管理机构已经构建起一套成熟且高效的管理架构。这一管理架构的建立,不仅确保了标准化工作的系统性和连贯性,而且有效地支撑了国家标准的制定、实施和监督,促进了各行业标准化水平的提升和经济社会的全面发展。标准化管理机构经历多次改革,目前国家标准化管理工作由国家市场监督管理总局负责。在此,以我国标准化工作行政管理机构的变迁简要梳理我国标准化发展历程。

1. 1949—1957年 中央技术管理局

新中国成立后,党和人民政府十分重视标准化工作的建设和发展,1949年10月我国在中央财政经济委员会下设立了中央技术管理局,负责组织开展工业生产和工程建设的标准化工作。

2. 1957—1972年 国家技术委员会标准局

1957年,我国在国家技术委员会内设立标准局,对全国标准化工作进行统一领导。这是我国标准化工作的重要起步。当时,国家技术委员会的职责包括掌管新技术的鉴定、采用和推广,制定技术发展计划,组织新产品试制,统一管理技术标准和审批工厂的工艺规程,以及开展国际技术交流合作。国家技术委员会标准局的设立,标志着中国开始重视并系统化地进行国家标准化工作,为后续制定国家标准和参与国际标准化活动奠定了基础。

3. 1972—1978年 国家标准计量局

1972年11月,国务院批准成立国家标准计量局,由中国科学院代管。国家标准计量局是当时国务院主管全国家标准和计量工作的职能部门。1977年9月,国家标准计量局的工作由中国科学院代管改为由国家科学技术委员会代管。1978年8月、10月,中共中央、国务院先后批准成立国家标准总局和国家计量总局,撤销国家标准计量局。

4.1978—1988年 国家标准总局

国家标准总局在我国国家标准化历史上扮演了重要角色。1978年,国务院批准成立了国家标准总局,以加强对标准化工作的管理,并颁布了"工业二十三条",对标准化工作提出了明确要求。国家标准总局的成立,标志着我国标准化工作进入了一个新的发展阶段。它负责制定和推广国家标准,确保产品质量和生产效率,促进了工业的现代化和国际化。国家标准总局的成立是我国国家标准化工作历史上的一个重要里程碑,它不仅推动了国内工业标准的统一和提升,还为中国参与国际标准化活动奠定了基础。随着时间的推移,国家标准总局的职能经历了多次调整和改革。

5.1988—2018年 国家技术监督局

1988年,国家标准总局、国家计量总局、国家经济贸易委员会质量局合并组成了国家技术监督局,初步形成了标准化、计量、质量三位一体的质量行政管理体制。在后续的改革中,相关职能进一步整合,形成了今天的国家市场监督管理总局和国家标准化管理委员会的组织架构。

6.2018年至今 国家市场监督管理总局

2018年4月10日,国家市场监督管理总局正式挂牌。国家市场监督管理总局是根据党的十九届三中全会审议通过的《中共中央关于深化党和国家机构改革的决定》《深化党和国家机构改革方案》和第十三届全国人民代表大会第一次会议批准的《国务院机构改革方案》设立的。国家标准化管理委员会的职责被划入国家市场监督管理总局,但对外保留了国家标准化管理委员会的牌子。国家标准化管理委员会以国家标准化管理委员会名义,下达国家标准计划,批准发布国家标准,审议并发布标准化政策、管理制度、规划、公告等重要文件;开展强制性国家标准对外通报;协调、指导和监督行业、地方、团体、企业标准工作;代表国家参加国际标准化组织、国际电工委员会和其他国际或区域性标准化组织;承担有关国际合作协议签署工作;承担国务院标准化协调机制日常工作。

国家市场监督管理总局(国家标准化管理委员会)内设标准技术管理司、标准创新管理司。标准技术管理司主要负责拟订标准化战略、规划、政策和管理制度并组织实施;承担强制性国家标准的立项、编号、对外通报和授权批准发布工作;协助组织查处违反强制性国家标准等重大违法行为;组织制定推荐性国家标准(含标准样品),承担推荐性国家标准的立项、审查、批准、编号、发布和复审工作;承担国务院标准化协调机制的日常工作;承担全国专业标准化技术委员会管理工作。标准创新管理司主要负责协调、指导和监督行业、地方标准化工作;规范、引导和监督团体标准制定、企业标准化活动;开展国家标准的公开、宣传、贯彻和推广实施工作;管理全国物品编码、商品条码及标识工作;承担全国法人和其他组织统一社会信用代码相关工作;组织参与国际标准化组织、国际电工委员会和其他国际或区域性标准化组织活动;组织开展与国际先进标准对标达标和采用国际标准相关工作。

新中国成立以来,我国标准化法制体系不断健全,标准数量和质量大幅提升,标准体系日益完善,标准化管理体制和运行机制更加顺畅,标准化的人才队伍建设不断壮大,全社会标准化意识在不断地提升。概括起来,我国标准化工作实现了三个历史性的转变:一是实现了标准由政府一元供给向政府与市场二元供给的历史性转变,改变了过去政府制定什么标准,企业就执行什么标准的局面。依据《标准化法》规定,更加突出了市场主体在标准化工作中的作用,确立了团体标准法律地位,更好地满足了技术创新活跃、市场需求旺盛领域对标准的需求。二是实现了标准化由工业领域向一、二、三产业和社会事业全面拓展的历史性转变。目前国家的标准体系实现了农业、工业、服务业及社会事业各领域的全覆盖,国家标准中农业标准的占比达到11.4%,工业标准占比达73.5%,服务业和社会事业标准占比达到15.1%。三是实现国际标准由单一采用向制定与采用并重的历史性转变。一方面,我国积极采用国际标准,努力做到能采即采,国家标准中采用国际标准数量超过万项;另一方面,我国也积极地向ISO、IEC提交国际标准提案,成为在国际标准提案方面比较活跃的国家之一。

2024年7月18日,党的二十届三中全会通过了《中共中央关于进一步全面深化改革、推进中国式现代化的决定》。该决定提出,健全国家标准化体系,深化地方标准管理制度改革。

三、标准分类

对标准进行分类和界定,可以从外延上明确各类标准之间的界限,从而进一步厘清标准所涉及的边界。标准的制定与标准分类息息相关。目前现行的标准分类方法中,比较常见的是按照适用范围、性质(实施效力)、功能、对象、专业领域、目的等进行分类。

按照适用范围,可分为国际标准、区域标准、国家标准、行业标准、地方标准、团体标准、企业标准。

按照性质(实施效力),可分为强制性标准和推荐性标准。对于我国现行的标准体系而言,除法律、行政法规和国务院决定另有规定的外,只有国家标准分为强制性标准和推荐性标准。行业标准、地方标准均是推荐性标准。

按照功能,可分为术语标准、符号标准、分类标准、试验标准、规范标准、规程标准、指南标准等。

按照对象,主要分为产品标准、过程标准和服务标准等。

按照专业领域[ICS(国际标准分类法)、CCS(中国标准分类法)],可分为农业标准、化工标准、信息技术标准、工程建设标准。

按照目的,可分为基础标准、技术标准、公益标准。

按照通用程度,可分为通用标准和专用标准。

标准分类及类别见表1-1。

标准分类及类别   表1-1

序号	依据	类别
1	适用范围	国际标准、区域标准、国家标准、行业标准、地方标准、团体标准、企业标准
2	性质(实施效力)	强制性标准、推荐性标准
3	功能	术语标准、符号标准、分类标准、试验标准、规范标准、规程标准、指南标准、其他
4	对象	产品标准(原材料标准、零部件/元器件标准、制成品标准、系统标准)、过程标准、服务标准

续上表

序号	依据	类别
5	专业领域(ICS、CCS)	农业标准、化工标准、信息技术标准、工程建设标准
6	目的	基础标准、技术标准、公益标准(安全标准、卫生标准、环保标准、资源利用标准)
7	通用程度	通用标准(跨领域通用标准、领域内通用标准)、专用标准

2018年1月1日,《标准化法》修订后正式实施,明确了我国标准体系由国家标准、行业标准、地方标准、团体标准、企业标准组成。我国标准类别代号、定位、制定主体及特点见表1-2。

我国标准类别代号、定位、制定主体及特点　　　表1-2

标准类别	代号	定位	制定主体	特点
强制性国家标准	GB	为保障人身健康和生命财产安全、国家安全、生态环境安全以及满足经济社会管理基本需要制定的技术要求	国务院标准化行政主管部门认为需要立项的,会同国务院有关行政主管部门决定	国务院批准发布、全国范围内适用,其他各级标准不得低于其要求
推荐性国家标准	GB/T	为满足基础通用、与强制性国家标准配套、对各有关行业起引领作用等需要制定的技术要求	国务院标准化行政主管部门制定	国务院标准化行政主管部门发布、全国范围内适用
行业标准	行业标准代号+/T	没有推荐性国家标准、需要在全国某个行业范围内统一的技术要求	国务院有关行政主管部门制定	国务院标准化行政主管部门备案、国家标准的补充,专业性、技术性强,具有行业属性

续上表

标准类别	代号	定位	制定主体	特点
地方标准	DB+各地方区域代码	为满足地方自然条件、风俗习惯等特殊需求制定的技术要求	地方标准由省、自治区、直辖市人民政府标准化行政主管部门制定	地方政府标准化行政主管部门报国务院标准化行政主管部门备案,本行政区域内适用
团体标准	T/+各团体代号	社会团体协调相关市场主体、共同制定,满足市场和创新需要的技术要求	具有法人资格和相应专业技术能力的学会、协会、商会、联合会以及产业技术联盟等社会团体	自我声明公开和监督制度,团体成员约定采用或者按照本团体的规定供社会自愿采用
企业标准	Q/	由企业制定的产品标准,以及由在企业内需要协调、统一的技术要求和管理、工作要求制定的标准	企业可以根据需要自行制定企业标准,或者与其他企业联合制定企业标准	自我声明公开和监督制度,企业执行自行制定企业标准的,还应当公开产品、服务的功能等指标

强制性标准直接关系到社会公共利益和公共安全,具有法律约束力,相关单位和个人必须严格遵守,适用于全国范围内的所有相关单位和个人。在有些情况下,推荐性标准的效力会发生转化,必须执行:①推荐性标准被相关法律、法规、规章引用,则该推荐性标准具有相应的强制约束力,应当按法律、法规、规章的相关规定予以实施。②推荐性标准被企业在产品包装、说明书或者标准信息公共服务平台上进行了公开的自我声明,则企业必须执行该推荐性标准。企业生产的产品与明示标准不一致的,依据《中华人民共和国产品质量法》应承担相应的法律责任。③推荐性标准被合同双方作为产品或服务交付质量依据的,该推荐性标准对合同双方具有约束力,双方必须执行该推荐性标准,并依据《中华人民共和国合同法》的规定承担法律责任。

第二节 标准化工作的意义

标准化对事物可能产生直接或间接的作用以及长远的影响,因此意义非常重大。

一、标准化是提高质量的基础和保障

产品和服务质量是企业持续发展的重要保障,是一个企业生存的根本。很多企业把质量视为生命。标准是衡量质量的依据。标准与质量是密不可分的,两者相互补充、相互提高。质量管理,说到底是标准贯彻实施的活动,是一种标准化管理。质量管理始于标准,终于标准。抓住了标准就等于抓住了质量管理的"牛鼻子"。

提高产品和服务质量,就要提高标准水平。标准是质量的依据,质量是执行标准的结果。标准化不仅能提升质量,也能在提升质量时降低成本,所以越来越多的领域和企业关注标准化。采用先进标准会促使企业加快研发创新的脚步,积极杜绝劣质品的出现。提高产品和服务标准将促使企业进行技术改造并提高技术水平,进而提高产品和服务质量。

二、标准化是提高效率的重要手段

标准化之所以能在企业管理中得到广泛应用,核心原因之一是极大程度地促进了效率的提升。提高生产效率就能降低生产的消耗或损耗,减少浪费,也间接地降低了生产成本。所以,标准化能最大限度地促进劳动成果的重复利用,减少劳动耗费,从而达到降低成本、提高效率的目的。

标准化有助于劳动者熟练程度的提高。劳动效率的高低与劳动者对所从事的工作或作业的熟练程度有关。在不改变劳动强度和作业程序的情况下,提高熟练程度是提高作业效率最有效的方法,而提高熟练程度最有效的方法是作业程序和作业方法的标准化。每个作业者的动作形成习惯,就会把外在的标准变成自发的行动,作业的熟练程度自然提高。一旦操作者的动作达到既迅速、准确,又轻松、协调,并同机器体系的运动规律相适应的程度,人在生产系统中的能动作用便可得到

最充分的发挥,由以人为核心的诸生产要素组成的生产系统便可处于最佳运行状态,创造出较高的生产效率。

标准化有利于现代化生产和降低生产成本。随着科学技术的发展,生产的社会化程度越来越高,生产规模越来越大,技术要求越来越复杂,分工越来越细,生产协作日益广泛。因此,必须通过制定和使用标准,来保证各生产部门的活动在技术上保持高度的统一和协调,以便生产正常进行。标准化可以让企业在社会化程度不断提高、生产规模不断扩大、分工协作不断精细的情况下,轻松实现各个生产单元的高度统一和协调,进而提高企业生产效率、降低生产成本。

三、标准化是推动创新发展的平台

在我国经济由高速增长向高质量发展转变过程中,人们越来越意识到,只有不断创新和开拓新的领域,才能适应未来社会发展的要求。标准的制定过程,实际上是总结和积累科技研发创新经验的过程。标准的实施过程,实际上是推广和普及已被规范化的科研成果的过程。标准的修订则是以新成果代替旧成果,是科技研发创新的深化、提高过程。标准的"制定—实施—修订"过程,恰是经验和技术的"创新—普及—再创新"过程。

标准在一定程度上约束了人的机会主义行为,规范了生产、交易和竞争秩序,减少了市场交易的复杂性,提高了市场运作效率,为科技创新提供一个健康发展的外部环境。另外,作为法律法规技术支撑的标准,在维护市场正常运行的基础上,可以根据科技发展水平和人民生活质量不断提高所提出的需求,快速地更新法律法规以及指定引用的相关技术指标,及时地调整市场准入和退出,为科技研发提供方向和参考依据,降低市场的盲目性,节约社会资源。

科技成果转化为生产力的途径有很多种,技术标准化是较好的途径之一。新技术若要在实践中得到广泛的应用,需要有相应的技术规范和标准来推动。推进标准化建设可以使科技成果的管理趋于规范化,通过技术升级、制度创新、组织科学和市场稳定等重要环节,发挥标准化工作在科技成果转化中的作用,制定和实施重点科技成果的标准和推广计划,借助市场和网络推广科技成果的标准化、国际化和市场化,缩短科技成果转化为生产力的周期,达到使科技成果迅速转化为现实生产力的目的。由于技术标准具有科学性、系统性与权威性,科技创新的成果一旦转化为技术标准,就会被潜在的使用者广泛接受。只有技术标准水平高的科技成果,才能更快地被市场认可、接受。

四、标准化是推动国际贸易发展的桥梁和纽带

标准是世界各地用以开发产品、服务和相关体系的技术语言。经济和信息的全球化要求提供统一的技术规则和共同的技术依据。国际标准成为国际经济技术交流与合作,以及经济和信息全球化的技术基础。随着贸易全球化和市场一体化的发展,技术标准成为联结各个国家和地区的桥梁和纽带。标准化能够很好地解决商品交换中的质量、安全、可靠性和互换性配套等问题。

在激烈的国际竞争中,各国常常利用标准的不同来保护本国的制造商、排斥国外的竞争者。为了有效应对这种情况,用统一的国际标准来取代各国不同的标准,成为消除技术性贸易壁垒、推进贸易自由化的有效手段。标准的合理使用,有利于消除贸易壁垒,削弱贸易保护主义,使产品在全球市场流通和使用,促进国际经贸发展和科学、技术、文化交流与合作。在世界贸易组织框架下,标准与技术法规、合格评定程序共同构成了技术性贸易措施,成为促进贸易和保护产业及安全的重要工具。同时,标准是在公开和透明的环境下制定的,利益相关方都有权参与,这些都有利于促进全球包容性发展。

第三节 标 准 制 定

标准作为科学技术研究成果和社会实践经验的总结,制定时应当在科学技术研究成果和社会实践经验的基础上,深入调查论证,广泛征求意见,保证标准的科学性、规范性、时效性,提高标准质量。标准的制定和管理有一套完整的流程和体系,涉及多个机构与部门。标准化工作需要各方的积极参与,国家鼓励社会团体、科研机构、教育机构和企业等开展和参与标准化工作。开展标准化工作包括制定满足自身需要的团体标准和企业标准,开展标准化理论研究、标准的宣贯推广、标

准化教育培训、标准化试点示范建设等。参与标准化工作包括参与国家标准、行业标准和地方标准的起草，承担标准化技术委员会秘书处工作，担任技术委员会委员，对相关标准的内容提出意见、建议，参与国际标准化活动等。

一、标准制定要求

在遵循并考虑标准化对象或领域、文件使用者和目的导向三项原则的基础上，标准制定应当遵循相应的制定程序和编写规则。

(一)遵守行政管理制度

制定不同类别标准，应当遵守《国家标准管理办法》(国家市场监督管理总局令第59号)、《强制性国家标准管理办法》(国家市场监督管理总局令第25号)、《行业标准管理办法》(国家市场监督管理总局令第86号)、《地方标准管理办法》(国家市场监督管理总局令第26号)、《团体标准管理办法》(国标委联〔2019〕1号)、《企业标准化管理办法》(国家技术监督局令第13号)等规定的程序和要求。

(二)遵循标准技术规范

在制定标准时，应当遵循支撑标准制定工作的基础性规范性文件，主要是标准制修订的国家标准。基础性国家标准见表1-3。

基础性国家标准　　　　　　　　　　表1-3

序号	标准	组成部分	性质或者作用
1	GB/T 1 《标准化工作导则》	GB/T 1.1—2020《标准化工作导则　第1部分:标准化文件的结构和起草规则》	指导标准化工作最基础的标准。普遍适用于标准化文件起草、制定和组织工作
		GB/T 1.2—2020《标准化工作导则　第2部分:以ISO/IEC标准化文件为基础的标准化文件起草规则》	
		GB/T 1.3—20××《标准化工作导则　第3部分:标准化文件的制定程序》(尚未发布)	
		GB/T 1.4—20××《标准化工作导则　第4部分:标准化技术组织》(尚未发布)	

续上表

序号	标准	组成部分	性质或者作用
2	GB/T 20000《标准化工作指南》	GB/T 20000.1—2014《标准化工作指南 第1部分:标准化和相关活动的通用术语》	提供普遍性、原则性、方向性的指导和建议
		GB/T 20000.3—2014《标准化工作指南 第3部分:引用文件》	
		GB/T 20000.6—2024《标准化活动规则 第6部分:良好实践指南》	
		GB/T 20001.11—2022《标准化编写规则 第11部分:管理体系标准的论证和制定》	
		GB/T 20000.8—2014《标准化工作指南 第8部分:阶段代码系统的使用原则和指南》	
		GB/T 20000.10—2016《标准化工作指南 第10部分:国家标准的英文译本翻译通则》	
		GB/T 20000.11—2016《标准化工作指南 第11部分:国家标准的英文译本通用表述》	
3	GB/T 20001《标准编写规则》	GB/T 20001.1—2024《标准编写规则 第1部分:术语》	起草各类标准的规则
		GB/T 20001.2—2015《标准编写规则 第2部分:符号标准》	
		GB/T 20001.3—2015《标准编写规则 第3部分:分类标准》	
		GB/T 20001.4—2015《标准编写规则 第4部分:试验方法标准》	
		GB/T 20001.5—2017《标准编写规则 第5部分:规范标准》	
		GB/T 20001.6—2017《标准编写规则 第6部分:规程标准》	
		GB/T 20001.7—2017《标准编写规则 第7部分:指南标准》	

续上表

序号	标准	组成部分	性质或者作用
3	GB/T 20001《标准编写规则》	GB/T 20001.8—2023《标准编写规则 第8部分:评价标准》	起草各类标准的规则
		GB/T 20001.10—2014《标准编写规则 第10部分:产品标准》	
4	GB/T 20002《标准中特定内容的起草》	GB/T 20002.1—2008《标准中特定内容的起草 第1部分:儿童安全》	指导标准中某些特定内容
		GB/T 20002.2—2008《标准中特定内容的起草 第2部分:老年人和残疾人的需求》	
		GB/T 20002.3—2014《标准中特定内容的起草 第3部分:产品标准中涉及环境的内容》	
		GB/T 20002.4—2015《标准中特定内容的起草 第4部分:标准中涉及安全的内容》	
5	GB/T 20003《标准制定的特殊程序》	GB/T 20003.1—2014《标准制定的特殊程序 第1部分:涉及专利的标准》	指导特殊情况或特殊类型标准的制定
6	GB/T 20004《团体标准化》	GB/T 20004.1—2016《团体标准化 第1部分:良好行为指南》	指导团体标准化活动
		GB/T 20004.2—2018《团体标准化 第2部分:良好行为评价指南》	

这些国家标准对标准制定的基本程序和编写规则作了具体规定。只有符合上述标准制定的基本要求,才能保证标准的科学性、规范性、时效性,才能提高标准质量。

(三)禁止性规定

标准的制定和实施,除了遵循相关规则外,还有一些禁止性要求,《标准化法》《地方标准管理办法》(国家市场监督管理总局令第26号)等对这些要求作了相关规定,即禁止利用标准实施妨碍商品、服务自由流通等排除、限制市场竞争的行为。这样的规定,是为了构建一个健康、有序的市场环境,促进经济的长期稳定发展。

推荐性国家标准、行业标准、地方标准、团体标准、企业标准的技术要求不得低于强制性国家标准的相关技术要求。国家鼓励社会团体、企业制定高于推荐性标准相关技术要求的团体标准、企业标准。根据《标准化法》的规定，强制性国家标准是保障人身健康和生命财产安全、国家安全、生态环境安全以及满足经济社会管理基本需要的最低要求，所有相关产品、服务必须符合这些要求。而推荐性国家标准则是在这些基本要求之上，鼓励采用以提高产品和服务的质量。行业标准、地方标准、团体标准和企业标准在技术要求上不得低于强制性国家标准的相关技术要求，以确保所有标准在保障安全和质量方面的一致性。

二、标准制定相关方

（一）标准制定的主体

《标准化法》规定了不同层级标准的制定主体，以及各级主体之间有关标准制定的管理关系和各层级标准之间的关系。国家标准由国务院标准化行政主管部门制定。行业标准由国务院有关行政主管部门制定，并报国务院标准化行政主管部门备案。地方标准由省、自治区、直辖市标准化行政主管部门制定，设区的市级人民政府标准化行政主管部门根据本行政区域的特殊需要，经所在地省、自治区、直辖市人民政府标准化行政主管部门批准，可以制定本行政区域的地方标准。地方标准由省、自治区、直辖市人民政府标准化行政主管部门报国务院标准化行政主管部门备案，由国务院标准化行政主管部门通报国务院有关行政主管部门。团体标准由学会、协会、商会、联合会、产业技术联盟等社会团体协调相关市场主体共同制定，由本团体成员约定采用或者按照本团体的规定供社会自愿采用。国务院标准化行政主管部门会同国务院有关行政主管部门对团体标准的制定进行规范、引导和监督。值得注意的是，团体标准对于发布实施该标准的团体成员来说，属于有义务采用。因此，在制定团体标准时，应当慎重，宜按照公开、透明的原则进行，反映各参与主体的共同需求。企业标准由企业根据需要自行制定，或者与其他企业联合。国家鼓励社会团体、企业制定高于推荐性标准相关技术要求的团体标准、企业标准。

（二）标准制定组织机构

根据《标准化法》的规定，制定推荐性标准，应当组织由相关方组成的标准化技术委员会承担标准的起草、技术审查工作。制定强制性标准，可以委托相关标准化技术委员会承担标准的起草、技术审查工作。未组成标准化技术委员会的，应当成立专家组承担相关标准的起草、技术审查工作。

标准化技术委员会是在一定专业领域内，从事标准制修订工作的非法人技术组织。标准化技术委员会可以理解为标准的生产车间。标准化技术委员会由委员组成。委员应当具有广泛性和代表性，以保证在标准的编制过程中尽可能体现各利益相关方的要求。标准化技术委员会的委员可以来自生产者、经营者、使用者、消费者、公共利益方等相关方，教育科研机构、有关行政主管部门、检测及认证机构、社会团体等可以作为公共利益方代表。标准化技术委员会在编制标准过程中，应当遵循公开透明、各相关利益方协调一致的原则，在技术审查中对是否采纳标准中的技术内容采取投票表决的方式。

推荐性标准是利益相关方协商一致的产物，因此由利益相关方组成的标准化技术委员会承担推荐性标准的编制工作是国际通行做法。而强制性标准与推荐性标准存在差异，强制性标准不仅具有标准属性，还具有"技术法规"的属性，体现政府意志，因此强制性国家标准的组织起草和技术审查，由国务院有关行政主管部门依据职责负责。但由于强制性标准制定是一项技术性很强的工作，国务院有关行政主管部门可以委托标准化技术委员会承担强制性标准的起草和技术审查工作。自1979年国家质量技术监督局统一规划和组建全国专业标准化技术委员会以来，经过三十多年的发展，我国已形成由技术委员会（TC）、分技术委员会（SC）和标准化工作组（SWG）构成的标准化技术委员会体系。这个体系的形成，有效支撑了我国标准化工作的稳步发展。

三、团体标准的制定领域

根据《标准化法》及有关规定，团体标准的制定领域有重要行业、战略性新兴产业、关键共性技术等领域。重要行业一般指涉及国计民生的重要行业，如农业、制造业、服务业等。这些行业对国家经济和社会发展具有基础性作用。战略性新兴产业指那些具有战略性、前瞻性、带动性，对国家长远发展具有重要意义的产业，如新能源、新材料、生物技术、信息技术等。关键共性技术指在多个行业或领域广泛应用，对提升整体技术水平和产业竞争力具有关键作用的技术，如智能制造、节能环保技术等。

《标准化法》鼓励社会团体、企业等市场主体自主制定团体标准，以满足市场和创新的需求。团体标准的制定应当开放、透明，保证各利益相关方的参与机会，确保标准的科学性、合理性和适用性。同时，团体标准的制定还应当符合国家有关法律法规的要求，不得与强制性国家标准相抵触。

此外，根据《标准化法》的规定，团体标准虽然是供社会成员自愿采用的，但在特定条件下，如被法律、法规、规章引用，或在产品包装、说明书上明示，或作为合同的质量依据时，具有相应的强制约束力。

第二章
国家标准化政策

第一节　国家标准化发展改革

近年来,我国制定了一系列重大政策,深化标准化改革,修订标准化法,推动标准化工作。

一、标准化工作文件

2015年3月26日,国务院印发《深化标准化工作改革方案》(国发〔2015〕13号);2016年3月,国家市场监督管理总局(国家标准化管理委员会)印发《关于培育和发展团体标准的指导意见》(国质检标联〔2016〕109号);2017年11月4日,第十二届全国人民代表大会常务委员会第三十次会议修订《标准化法》,于2018年1月1日起正式实施;2017年12月,国家标准化管理委员会、民政部联合制定《团体标准管理规定》(国标委联〔2019〕1号);2021年10月,国务院印发《国家标准化发展纲要》;2022年2月,国家标准化管理委员会等十七部门联合印发《关于促进团体标准规范优质发展的意见》(国标委联〔2022〕6号);2022年9月9日,《国家标准管理办法》(国家市场监督管理总局令第59号)修订,自2023年3月1日起施行;2022年10月18日,国家市场监督管理总局、国家发展改革委等九部门联合发布《建立健全碳达峰碳中和标准计量体系实施方案》(国市监计量发〔2022〕92号);2023年4月,国家标准化管理委员会印发《关于加强全国专业标准化技术委员会工作的指导意见》(国标委发〔2023〕16号);2023年4月,国家标准化管理委员会联合国家发展改革委、工业和信息化部等部门印发《碳达峰碳中和标准体系建设指南》(国标委联〔2023〕19号);2023年8月,国家标准化管理委员会发布《推荐性国家标准采信团体标准暂行规定》(国标委发〔2023〕39号);2023年8月,国家市场监督管理总局发布《企业标准化促进办法》(国家市场监督管理总局令第83号),于2024年1月1日起正式施行。我国标准化工作朝着更加开放、协调、高效的方向发展。标准化政策的制定和实施,更加注重标准的引领作用,推动标准化与信息化、智能化的深度融合,支持新技术、新产业、新业态、新模式的发展,推动我国经济高质量发展。

二、深化标准化工作改革

国务院印发的《深化标准化工作改革方案》(国发〔2015〕13号)提出"改革标准体系和标准化管理体制""更好发挥标准化在推进国家治理体系和治理能力现代化中的基础性、战略性作用"。

(一)总体要求

标准化工作改革紧紧围绕使市场在资源配置中起决定性作用和更好发挥政府作用,着力解决标准体系不完善、管理体制不顺畅、与社会主义市场经济发展不适应问题,改革标准体系和标准化管理体制,改进标准制定工作机制,强化标准的实施与监督,更好发挥标准化在推进国家治理体系和治理能力现代化中的基础性、战略性作用,促进经济持续健康发展和社会全面进步。

(二)改革基本原则

一是坚持简政放权、放管结合。把该放的放开放到位,培育发展团体标准,放开搞活企业标准,激发市场主体活力;把该管的管住管好,强化强制性标准管理,保证公益类推荐性标准的基本供给。

二是坚持国际接轨、适合国情。借鉴发达国家标准化管理的先进经验和做法,结合我国发展实际,建立完善具有中国特色的标准体系和标准化管理体制。

三是坚持统一管理、分工负责。既发挥好国务院标准化主管部门的综合协调职责,又充分发挥国务院各部门在相关领域内标准制定、实施及监督的作用。

四是坚持依法行政、统筹推进。加快标准化法治建设,做好标准化重大改革与标准化法律法规修改完善的有机衔接;合理统筹改革优先领域、关键环节和实施步骤,通过市场自主制定标准的增量带动现行行业标准的存量改革。

(三)改革总体目标

建立政府主导制定的标准与市场自主制定的标准协同发展、协调配套的新型标准体系,健全统一协调、运行高效、政府与市场共治的标准化管理体制,形成政府引导、市场驱动、社会参与、协同推进的标准化工作格局,有效支撑统一市场体系建设,让标准成为对质量的"硬约束",推动中国经济迈向高质量发展。

(四)改革措施

(1)建立高效权威的标准化统筹协调机制。建立由国务院领导同志为召集人、各有关部门负责同志组成的国务院标准化协调推进机制,统筹标准化重大改革,研究标准化重大政策,对跨部门跨领域、存在重大争议标准的制定和实施进行协调。国务院标准化协调推进机制日常工作由国务院标准化主管部门承担。

(2)整合精简强制性标准。在标准体系上,逐步将现行强制性国家标准、行业标准和地方标准整合为强制性国家标准。在标准范围上,将强制性国家标准严格限定在保障人身健康和生命财产安全、国家安全、生态环境安全和满足社会经济管理基本要求的范围之内。在标准管理上,国务院各有关部门负责强制性国家标准项目提出、组织起草、征求意见、技术审查、组织实施和监督;国务院标准化主管部门负责强制性国家标准的统一立项和编号,并按照世界贸易组织规则开展对外通报;强制性国家标准由国务院批准发布或授权批准发布。强化依据强制性国家标准开展监督检查和行政执法。免费向社会公开强制性国家标准文本。建立强制性国家标准实施情况统计分析报告制度。法律法规对标准制定另有规定的,按现行法律法规执行。环境保护、工程建设、医药卫生强制性国家标准、强制性行业标准和强制性地方标准,按现有模式管理。安全生产、公安、税务标准暂按现有模式管理。核、航天等涉及国家安全和秘密的军工领域行业标准,由国务院国防科技工业主管部门负责管理。

(3)优化完善推荐性标准。在标准体系上,进一步优化推荐性国家标准、行业标准、地方标准体系结构,推动向政府职责范围内的公益类标准过渡,逐步缩减现有推荐性标准的数量和规模。在标准范围上,合理界定各层级、各领域推荐性标准的制定范围,推荐性国家标准重点制定基础通用、与强制性国家标准配套的标准;推荐性行业标准重点制定本行业领域的重要产品、工程技术、服务和行业管理标准;推荐性地方标准可制定满足地方自然条件、民族风俗习惯的特殊技术要求。在标准管理上,国务院标准化主管部门、国务院各有关部门和地方政府标准化主管部门分别负责统筹管理推荐性国家标准、行业标准和地方标准制修订工作。充分运用信息化手段,建立制修订全过程信息公开和共享平台,强化制修订流程中的信息共享、社会监督和自查自纠,有效避免推荐性国家标准、行业标准、地方标准在立项、制定过程中的交叉重复矛盾。简化制修订程序,提高审批效率,缩短制修订周期。推动免费向社会公开公益类推荐性标准文本。建立标准实施信息反馈和评估机制,及时开展标准复审和维护更新,有效解决标准缺失滞后老化问题。加强标准化技术委员会管理,提高广泛性、代表性,保证标准制定的科学性、公正性。

(4)培育发展团体标准。在标准制定主体上,鼓励具备相应能力的学会、协会、商会、联合会等社会组织和产业技术联盟协调相关市场主体共同制定满足市场和创新需要的标准,供市场自愿选用,增加标准的有效供给。在标准管理上,对团体标准不设行政许可,由社会组织和产业技术联盟自主制定发布,通过市场竞争优胜劣汰。国务院标准化主管部门会同国务院有关部门制定团体标准发展指导意见和标准化良好行为规范,对团体标准进行必要的规范、引导和监督。在工作推进上,选择市场化程度高、技术创新活跃、产品类标准较多的领域,先行开展团体标准试点工作。支持专利融入团体标准,推动技术进步。

(5)放开搞活企业标准。企业根据需要自主制定、实施企业标准。鼓励企业制定高于国家标准、行业标准、地方标准,具有竞争力的企业标准。建立企业产品和服务标准自我声明公开和监督制度,逐步取消政府对企业产品标准的备案管理,落实企业标准化主体责任。鼓励标准化专业机构对企业公开的标准开展比对和评价,强化社会监督。

(6)提高标准国际化水平。鼓励社会组织和产业技术联盟、企业积极参与国际标准化活动。加大国际标准跟踪、评估和转化力度,加强我国标准外文版翻译出版工作,推动与主要贸易国之间的标准互认,推进优势、特色领域标准国际化,创建我国标准品牌。结合海外工程承包、重大装备设备出口和对外援建,推广我国标准，以我国标准"走出去"带动我国产品、技术、装备、服务"走出去"。进一步放宽外资企业参与我国标准的制定。

三、制修订《标准化法》

《标准化法》是我国标准化工作的基本法，与我国计划经济向市场经济体制转变改革历程一致。我国标准化立法工作经历了不断发展、调整完善的历史过程。2017年11月4日，第十二届全国人民代表大会常务委员会第三十次会议修订《标准化法》，于2018年1月1日起正式实施。

(一)《标准化法》的历史沿革

《标准化法》是中国现行有效的经济法之一，由第七届全国人民代表大会于1988年12月29日通过，自1989年4月1日起施行。在此之前有1979年国务院制定的《中华人民共和国标准化管理条例》，该条例取代的是国务院于1962年制定的《工农业产品和工程建设技术标准管理办法》。《工农业产品和工程建设技术标准管理办法》的调整对象主要是工农业产品和工程建设领域的技术标准，并将"技术标准"界定为"对工农业产品和工程建设的质量、规格及其检验方法等方面所作的技术规定，是从事生产、建设工作的一种共同技术依据"。1979年制定的《中华人民共和国标准化管理条例》的调整对象主要也是技术标准，并将技术标准简称为"标准"，认为"标准是从事生产、建设工作以及商品流通的一种共同技术依据"，并进一步规定正式生产的工业产品、重要的农产品、各类工程建设、环境保护、安全和卫生条件，以及其他应当统一的技术要求，都必须制定标准。1988年《标准化法》对需要制定标准的对象作了列举式规定，即"对下列需要统一的技术要求，应当制定标准：(1)工业产品的品种、规格、质量、等级或者安全、工业产品的设计、生产、检验、包装、储存、运输、使用的卫生要求。(2)方法或者生产、储存、运输过程中的安全、卫生要求。(3)有关环境保护的各项技术要求和检验方法。(4)建设工程的设计、施工方法和安全要求。(5)有关工业生产、工程建设和环境保护的技术术语、符号、代号和制图方法。"

关于标准化的法律法规对标准类型的认识，在1962年制定的《工农业产品和工程建设技术标准管理办法》以及1979年制定的《中华人民共和国标准化管理条例》中,标准被划分为国家标准、部标准(专业标准)和企业标准三级。1989年《标准化法》将标准划分为国家标准、行业标准、地方标准与企业标准四级,同时国家标准、行业标准和地方标准又包括强制性标准和推荐性标准两种类型。

原国家标准局于1981年颁布的《工业企业标准化工作管理办法(试行)》(国标发〔1981〕356号)将技术标准视为企业标准的基本形态,并对企业标准的制定与实施作了严格规定。如原则上企业拥有制定和修订企业标准的权利,但是当企业标准作为商品交货条件超出一个企业实施范围时,则需由标准主管机构审批和发布。《工业企业标准化工作管理办法(试行)》(国标发〔1981〕356号)强制性要求对于正式批量生产的产品,同时又没有国家标准、部标准的,必须制定企业标准。之后,原国家技术监督局于1990年颁布了《企业标准化管理办法》(国家技术监督局令第13号),取代了1981年的《工业企业标准化工作管理办法(试行)》(国标发〔1981〕356号)。《企业标准化管理办法》(国家技术监督局令第13号)对可以制定企业标准的具体情况作了规定。在1988年《标准化法》框架下,企业标准有两种类型:一是在国家标准与行业标准缺位的情况下,企业制定的作为组织生产依据的企业标准;二是即使存在国家标准与行业标准,但企业自己制定的比国家标准和行业标准更为严格、更为先进的企业标准。

(二)《标准化法》的主要内容

1. 标准框架内容

主要规定了强制性国家标准的制定范围和制定程序,推荐性国家标准和行业标准、地方标准的制定范围、制定主体和工作要求,标准化技术委员会和专家组,强制性标准和推荐性标准公开,团体标准的制定及其规范、引导、监督,企业标准的制定,标准之间的关系,标准制定的基本原则,标准化军民融合,以及标准的编号等。

2. 标准实施要求

规定了强制性标准的法律效力,出口产品和服务的技术要求,团体标准和企业标准自我声明公开和监督制度,技术创新的标准化要求,标准实施的统计分析报告、实施信息反馈、评估、复审制度,标准之间重复交叉等的处理以及标准化试点示范与宣传等。

3. 监督管理制度

规定了标准化监管职责，标准争议协调解决机制，标准编号、复审、备案的监督措施以及举报投诉措施等。

4. 法律责任规定

规定了生产、销售、进口产品或者提供服务不符合强制性标准应承担的民事责任、行政责任和刑事责任，企业生产的产品、提供的服务不符合其公开标准的技术要求应承担的民事责任，企业未依法公开其执行业标准以及标准制定主体未依法制定标准、未依法对标准进行编号、备案、复审应承担的法律责任。

(三)《标准化法》的特点

1. 对标准化原则的法定化

(1)标准制定的协商一致原则。《标准化法》第四条规定："制定标准应当在科学技术研究成果和社会实践经验的基础上，深入调查论证，广泛征求意见"。这一原则性要求与 ISO 关于标准是"利益相关方协商一致的结果"的界定是一致的，即制定标准要获得众多利益相关方的协商一致。

(2)标准制定的科学规范原则。《标准化法》第四条规定：制定标准应当"保证标准的科学性、规范性、时效性，提高标准质量"。科学性是对标准内容的要求，规范性则是对标准制定程序和标准文本的要求。当然，标准也具有时效性，J.C.库蒂埃在《标准化理论的若干问题》一书中指出："标准必须在相应的时间修订，这个时间间隔取决于具体方面。"

(3)标准制定的效益原则。《标准化法》第二十二条规定："制定标准应当有利于科学合理利用资源，推广科学技术成果，增强产品的安全性、通用性、可替换性，提高经济效益、社会效益、生态效益，做到技术上先进、经济上合理。"推广普及先进的科技成果和合理利用资源是标准化活动的基本价值追求。全面经济和社会公共利益也是标准化的重要目的。全面经济要求不仅考虑生产商的利益，还要充分顾及消费者等利益相关方的利益。全面经济就是要实现利益相关方的经济利益，而不是个别主体的利益。此外，标准化活动也必须确保环境保护等社会公共利益。

(4)禁止非法垄断原则。《标准化法》第二十二条规定:"禁止利用标准实施妨碍商品、服务自由流通等排除、限制市场竞争的行为。"制定和实施标准能够产生积极的经济效益或社会效益,但是标准也有可能被当作垄断的工具,为个别利益服务的同时,会对社会公共利益产生消极影响。

2."政府标准"与"市场标准"共同治理

长期以来,政府主导制定的国家标准、行业标准和地方标准是我国国家标准体系的主体部分,政府几乎是唯一的供给主体和治理主体。随着我国市场经济体制改革的不断深化,企业和社会团体在标准化活动中的地位越来越凸显,先前计划经济和有计划的商品经济时期形成的标准化治理格局不再适应市场经济发展的要求。正如《深化标准化工作改革方案》(国发〔2015〕13号)所指出的,"标准体系不够合理"是我国标准化体制的突出问题,许多由政府主导制定的国家标准、行业标准、地方标准"应由市场主体遵循市场规律制定"。根据《标准化法》的规定,我国新型标准体系包括国家标准、行业标准、地方标准、团体标准、企业标准等基本类型,其中,政府主导制定的国家标准、行业标准和地方标准属于"政府标准"范畴,团体标准和企业标准属于"市场标准"范畴,以此便形成了共同治理的格局。在共同治理格局中,标准化活动的治理主体是多元的。除了主导制定"政府标准"的各级政府外,还包括组织制定团体标准的各类学会、协会、商会、联合会、产业技术联盟等以及自主制定企业标准的各类企业。因此,"政府标准"与"市场标准"的共同治理是一种二元共治,这符合社会治理制度创新的要求。"政府标准"与"市场标准"之间通过合作与对话,可以建立起共同治理的有效机制。

3.尊重市场主体进行自我治理

《标准化法》对团体标准和企业标准持尊重态度,更多的是进行原则性规定,而非具体性规定,以向团体标准和企业标准的自我治理提供场域和空间。对团体标准而言,《标准化法》明确团体标准是国家标准体系的基本类型。《标准化法》秉持《深化标准化工作改革方案》(国发〔2015〕13号)的"自主制定""自愿选用"和"不设行政许可"的态度,对团体标准进行了原则性规定,即"国家鼓励学会、协会、商会、产业技术联盟等社会团体协调相关市场主体共同制定满足市场和创新需要的团体标准,由本团体成员约定采用或者按照本团体的规定供社会自愿采用。"对于企业标准而言,《标准化法》废弃了原来的"备案制"监管模式,转而实施"自我声明"制度;对"自我声明"制度的声明途径、形式和声明内容都作了较为自由的规定。这都体现出政府尊重企业标准进行自我治理的理念。

4. 从"采标者"向"定标者"转型的国际标准化理念

《标准化法》第八条规定:"国家积极推动参与国际标准化活动,开展标准化对外合作与交流,参与制定国际标准,结合国情采用国际标准,推进我国标准与国外标准之间的转化运用。""国家鼓励企业、社会团体和教育、科研机构等参与国际标准化活动"。与1988年《标准化法》相比,立法实现了从鼓励采用国际标准向积极参与国际标准制定的理念转变。"采用国际标准"主要是指我国采用发达国家主导制定的国际标准,这表明我国在国际标准化活动中还处于跟随状态。"参与国际标准制定"则要求我们以平等身份参与国际标准化活动,特别是在国际标准制定过程中表达我们的利益诉求,这表明我国已从被动采用国际标准变为主动制定国际标准。我们应积极推进与相关国际标准化组织的合作,及时反馈中国经济社会发展的标准化需求,实现从"标准追随"向"标准共治"的转变。《标准化法》为开展推动我国标准国际化工作提供了法律依据和规范指导。

四、国家标准化发展纲要

国务院印发的《国家标准化发展纲要》擘画了新时代标准化发展的宏伟蓝图,为服务经济社会高质量发展和推进标准化自身发展提供了根本遵循;作为指导国家标准化中长期发展的纲领性文件,对我国标准化事业发展具有重要里程碑意义。

(一)总体要求

1. 指导思想

以习近平新时代中国特色社会主义思想为指导,深入贯彻党的十八大以来的会议精神,按照统筹推进"五位一体"总体布局和协调推进"四个全面"战略布局要求,坚持以人民为中心的发展思想,立足新发展阶段、贯彻新发展理念、构建新发展格局,优化标准化治理结构,增强标准化治理效能,提升标准国际化水平,加快构建推动高质量发展的标准体系,助力高技术创新,促进高水平开放,引领高质量发展,为全面建成社会主义现代化强国、实现中华民族伟大复兴的中国梦提供有力支撑。

2. 发展目标

到 2025 年,实现标准供给由政府主导向政府与市场并重转变,标准运用由产业与贸易为主向经济社会全域转变,标准化工作由国内驱动向国内国际相互促进转变,标准化发展由数量规模型向质量效益型转变。标准化更加有效推动国家综合竞争力提升,促进经济社会高质量发展,在构建新发展格局中发挥更大作用。

(二)主要任务

一是推动标准化与科技创新互动发展。加强关键技术领域标准研究,以科技创新提升标准水平,健全科技成果转化为标准的机制。

二是提升产业标准化水平。筑牢产业发展基础,推进产业优化升级,引领新产品新业态新模式快速健康发展,增强产业链供应链稳定性和产业综合竞争力,助推新型基础设施提质增效。

三是完善绿色发展标准化保障。建立健全碳达峰、碳中和标准,持续优化生态系统建设和保护标准,推进自然资源节约集约利用,筑牢绿色生产标准基础,强化绿色消费标准引领。

四是加快城乡建设和社会建设标准化进程。推进乡村振兴、新型城镇化、基本公共服务、行政管理和社会治理等标准化建设,加强公共安全标准化工作,提升保障生活品质的标准水平。

五是提升标准化对外开放水平。深化标准化国际交流合作,强化贸易便利化标准支撑,推动国内国际标准化协同发展。

(三)组织实施

坚持党对标准化工作的全面领导,完善金融、信用、人才等政策支持,建立实施评估机制等保障措施。

第二节　国家标准化政策体系

截至2023年底,国家标准化管理委员会共批准发布国家标准44499项;备案行业标准75类,80828项;备案地方标准69709项;社会团体在全国团体标准信息平台上累计公布团体标准74240项;企业自我声明公开的标准3165625项;成立全国专业标准化技术委员会1338个,各地累计开展国家级标准化试点示范项目8038个。2023年,首次开展国家标准实施数据统计调查,国家标准的有效实施率达93.7%。根据《标准化法》的规定,我国对国家标准、行业标准、地方标准、团体标准和企业标准建立完善管理体系,推动我国标准健康发展。

一、标准政策体系

我国已制定一系列标准管理部门规章,包括《国家标准管理办法》(国家市场监督管理总局令第59号)、《强制性国家标准管理办法》(国家市场监督管理总局令第25号)、《行业标准管理办法》(国家市场监督管理总局令第86号)、《地方标准管理办法》(国家市场监督管理总局令第26号)、《团体标准管理规定》(国标委〔2019〕1号)、《企业标准化促进办法》(国家市场监督管理总局令第83号)、《全国专业标准化技术委员会管理办法》(国家质量监督检验检疫总局令第191号),涵盖国家标准、行业标准、地方标准、团体标准和企业标准管理,实现了各层级标准全覆盖。具体见表2-1。

我国标准管理部门规章一览表　　　　表2-1

序号	规章名称	发布和修订时间
1	国家标准管理办法	2023年修订
2	强制性国家标准管理办法	2020年发布
3	行业标准管理办法	2024年修订
4	地方标准管理办法	2020年修订
5	团体标准管理规定	2019年发布
6	企业标准化促进办法	2023年发布
7	全国专业标准化技术委员会管理办法	2017年发布

二、国家标准管理主体职责

国家标准化相关法律、行政法规和规章明确了国务院标准化行政主管部门、国务院有关行政主管部门、行业协会、标准化技术委员会、县级以上人民政府标准化行政主管部门和有关行政主管部门的国家标准管理职责。具体见表2-2。

国家标准管理部门职责　　　　　　表2-2

主体	职责
国务院标准化行政主管部门	负责强制性国家标准的立项、编号和对外通报。对拟制定的强制性国家标准进行立项审查。推荐性国家标准由国务院标准化行政主管部门制定
国务院有关行政主管部门	依据职责负责强制性国家标准的项目提出、组织起草、征求意见和技术审查
省、自治区、直辖市人民政府标准化行政主管部门	可以向国务院标准化行政主管部门提出强制性国家标准的立项建议,由国务院标准化行政主管部门会同国务院有关行政主管部门决定
社会团体、企业事业组织以及公民	可以向国务院标准化行政主管部门提出强制性国家标准的立项建议,国务院标准化行政主管部门认为需要立项的,会同国务院有关行政主管部门决定
标准化技术委员会	制定推荐性标准,应当组织由相关方组成的标准化技术委员会承担标准的起草、技术审查工作。制定强制性标准,可以委托相关标准化技术委员会承担标准的起草、技术审查工作。未组成标准化技术委员会的,应当成立专家组承担相关标准的起草、技术审查工作
县级以上人民政府标准化行政主管部门和有关行政主管部门	县级以上地方人民政府标准化行政主管部门统一管理本行政区域内的标准化工作。县级以上地方人民政府有关行政主管部门分工管理本行政区域内本部门、本行业的标准化工作

三、国家标准制定程序

我国国家标准制定程序包括项目提出、立项、组织起草、征求意见、技术审查、批准发布六个程序,见表2-3。其他标准按照职责制定,程序基本相同。

国家标准制定程序　　　　　　　　　　　表 2-3

程序	主体	职责	期限
项目提出	政府部门、社会团体、企业事业组织以及公民	提出立项建议	—
	国务院有关行政主管部门	提出强制性国家标准立项申请	—
	标准化技术委员会、国务院有关行政主管部门(未成立技术委员会的)	提出推荐性国家标准的立项申请	—
立项	国务院标准化行政主管部门	组织国家标准专业审评机构评估申请立项的国家标准项目	—
		对拟立项的项目公开征求意见,决定予以立项的,下达项目计划	征求意见一般不少于30日
组织起草	国务院有关行政主管部门、标准化技术委员会	组建起草工作组,开展国家标准起草工作	—
征求意见	国务院有关行政主管部门、技术委员会	公开征求意见,同时向涉及的相关方征求意见;对征集的意见进行处理	征求意见一般不少于60日
技术审查	技术委员会、审查专家组(未成立技术委员会的)	采用会议形式对标准进行技术审查	从计划下达到报送材料的期限;强制性国家标准一般不得超过24个月;推荐性国家标准一般不得超过18个月
批准发布	国务院标准化行政主管部门	推荐性国家标准统一批准、编号,以公开形式发布	—
	国务院	批准发布或授权批准发布强制性国家标准	—

四、标准实施与监督

国家标准各实施阶段及其参与主体、工作内容和要求见表 2-4。

国家标准各实施阶段及其参与主体、工作内容和要求　　表2-4

阶段	主体	工作内容和要求
实施	国务院标准化行政主管部门	负责解释国家标准。发布之日起20日内在国家标准信息公共服务平台上公开解释文本。委托国务院有关行政主管部门、行业协会或者技术委员会答复有关具体技术问题的咨询，并按照规定公开
实施	各级标准化行政主管部门、有关行政主管部门、行业协会和技术委员会	组织国家标准的宣贯和推广工作
实施	企业和相关组织	强制性国家标准应强制执行，推荐性国家标准鼓励采用
监督	国务院标准化行政主管部门	建立国家标准实施信息反馈机制，畅通信息反馈渠道。建立国家标准实施效果评估制，定期组织开展重点领域国家标准实施效果评估
监督	各级标准化行政主管部门、有关行政主管部门、行业协会和技术委员会	在日常工作中收集相关国家标准实施信息
监督	国务院标准化行政主管部门、国务院有关行政主管部门、行业协会、技术委员会	及时对反馈的国家标准实施信息进行分析处理
复审	国务院有关行政主管部门、有关行业协会或者技术委员会	开展国家标准复审，提出复审结论，报国务院标准化行政主管部门。复审周期一般不超过5年。复审结论应为继续有效、修订或废止
复审	国务院有关行政主管部门、有关行业协会或者技术委员会	结论为修订的，报送复审结论时，应提出修订项目，并按照国家标准制定程序开展
复审	国务院标准化行政主管部门	结论为废止的，应公开征求意见，征求意见一般不少于六十日。无重大分歧意见或者经协调一致的，以公告形式废止
修改	国务院有关行政主管部门、有关行业协会或者技术委员会	需要对个别技术要求进行调整、补充或者删减的，应提出修改单
修改	国务院标准化行政主管部门	按程序批准后以公告形式发布

五、全国专业标准化技术委员会

自1979年原国家质量技术监督局统一规划和组建技术委员会以来,经过30多年的发展,我国已形成由技术委员会(TC)、分技术委员会(SC)和标准化工作组(SWG)构成的技术委员会体系。在2009年国家标准化管理委员会发布的《全国专业标准化技术委员会管理规定》(国标委办〔2009〕3号)基础上,2017年10月颁布的《全国专业标准化技术委员会管理办法》(国家质量监督检验检疫总局令第191号)进一步明确了技术委员会的管理职责和委员的构成,明确了分技术委员会的管理模式,提高了技术委员会管理的公开性和透明度,加强了对技术委员会的监督管理,规范了技术委员会的管理要求。为深入实施《国家标准化发展纲要》,加快构建推动高质量发展标准体系,进一步加强新时期全国专业标准化技术委员会建设,2023年4月,国家标准化管理委员会发布《关于加强全国专业标准化技术委员会工作的指导意见》(国标委发〔2023〕16号),从优化技术委员会体系、强化技术委员会职责、加强人员队伍建设、强化秘书处承担单位支撑保障、规范技术委员会管理等五个方面,提出了15条具有针对性、可操作性的措施。该指导意见强调各相关单位要持续健全工作机制,完善配套措施,形成政府、企业和社会力量共同建设、共同治理、多方支持的良好环境,确保技术委员会健康发展,为标准化工作提供有力技术支撑。

六、标准化工作表彰奖励

标准化工作的表彰与奖励可追溯至2006年。2006年,国家质量监督检验检疫总局和国家标准化管理委员会联合设立中国标准创新贡献奖。这一奖励旨在表彰在标准化活动中作出突出贡献的组织和个人,以调动标准化工作者的积极性和创造性,促进标准化事业的健康发展。此外,2012年11月,全国评比达标表彰工作协调小组审批确认设立中国标准创新贡献奖,这标志着标准化工作表彰奖励有据可依。

2017年修订的《标准化法》规定,对在标准化工作中作出显著成绩的单位和个人,按照国家有关规定给予表彰和奖励。这一规定以法律条文的形式正式确立了标准化表彰奖励制度,有利于营造标准化工作良好氛围和环境,充分调动有关组织和个人从事标准化工作的积极性和创造性,有利于引导和推动标准化领域的科技进步,提高全国标准化工作整体水平。各类标准化表彰与奖励类政策见表2-5。

各类标准化表彰与奖励类政策　　　　　　　　　　表2-5

序号	单位/部门	方式	设置
1	国家市场监督管理总局(国家标准化管理委员会)	中国标准创新贡献奖	标准项目奖、组织奖和个人奖,每两年评选一次,评选范围囊括各类标准在内的项目、各级标准组织和个人。团体标准及社会团体组织在评选范围内
2	科技部、财政部、国家税务总局	认定	发布《科技型中小企业评价办法》,将"近五年内主导制定过国际标准、国家标准或行业标准"作为认定科技型中小企业的重要条件
3	国家市场监督管理总局	认定	根据《标准创新型企业梯度培育管理办法(试行)》,对标准创新型企业进行评价和认定。团体标准的制定在认定范围内
4	国家标准化管理委员会、教育部、科技部、人力资源社会保障部、全国工商联	中国标准创新贡献奖纳入国家科学技术进步奖	联合印发的《标准化人才培养专项行动计划(2023—2025年)》规定,完善标准化人才激励机制,积极推荐标准化人才参与全国劳动模范和先进工作者、国家和省省级科学技术奖等相关评选表彰,推动将中国标准创新贡献奖纳入国家科学技术进步奖表彰
5	地方政府	省级标准创新贡献奖	浙江、江苏、山西、安徽、江西、广东、湖南、福建、黑龙江、吉林、云南等省设置了省级标准创新贡献奖
		省级科学技术奖	浙江、四川、广西等省、自治区,将标准纳入科学技术奖的奖励范围
		支持、补贴	30个省、自治区、直辖市不同程度地对标准制定进行补贴、支持,大部分省份已制定补贴办法,对各类标准分级补贴。部分省市团体标准同样享受相关支持和补贴政策

中国标准创新贡献奖是我国国家标准化领域的重要奖项,由国家市场监督管理总局(国家标准化管理委员会)设立,并经中央批准。该奖项自2006年设立以来,已经成为表彰在标准化活动中作出突出贡献的组织和个人的重要方式。这一奖项面向基层和工作一线,一般不评选副司局级或相当于副司局级以上的个人和集体,不评选县级以上党委、政府,评选处级或者相当于处级干部比例原则上不超过表彰总数的20%。奖项分为标准项目奖、组织奖和个人奖,原则上每两年评选一次。中国标准创新贡献奖不同奖项所涉及的表彰范围、评审标准不同,具体见表2-6。

中国标准创新贡献奖奖项设置、表彰范围和评审标准　　　表2-6

奖项设置	表彰范围	授奖数量	评审标准
标准项目奖	现行有效且实施2年以上(含2年)的下列标准:国家标准、国家军用标准,在标准委备案的行业标准、地方标准,在全国团体标准信息平台或企业标准信息公共服务平台进行自我声明公开的团体标准或企业标准,由我国专家牵头起草并由国际标准化组织(ISO)、国际电工委员会(IEC)、国际电信联盟(ITU)等发布的国际标准	一等奖限额为10个。单项授奖人数不超过15人,授奖单位不超过10个	标准所包含主要内容的技术水平达到国际领先水平,聚焦原始创新技术、集成创新技术或重大瓶颈问题,创新性突出,标准实施后取得重大的经济效益、社会效益或生态效益,对促进我国国民经济和社会发展、保障健康安全、保护生态环境、维护国家利益有重大作用
		二等奖限额为20个。单项授奖人数不超过10人,授奖单位不超过7个	标准所包含主要内容的技术水平达到国际先进水平,聚焦关键共性技术,创新性明显,标准实施后取得显著的经济效益、社会效益或生态效益,对促进我国国民经济和社会发展、保障健康安全、保护生态环境、维护国家利益有很大作用

续上表

奖项设置	表彰范围	授奖数量	评审标准
标准项目奖	现行有效且实施2年以上(含2年)的下列标准:国家标准、国家军用标准,在标准委备案的行业标准、地方标准,在全国团体标准信息平台或企业标准信息公共服务平台进行自我声明公开的团体标准或企业标准,由我国专家牵头起草并由国际标准化组织(ISO)、国际电工委员会(IEC)、国际电信联盟(ITU)等发布的国际标准	三等奖限额为30个。单项授奖人数不超过8人,授奖单位不超过5个	标准所包含主要内容的技术水平达到国内领先水平,聚焦具体产品、服务、过程和管理创新,创新性比较明显,标准实施后取得较大的经济效益、社会效益或生态效益,对促进我国国民经济和社会发展、保障健康安全、保护生态环境、维护国家利益有较大作用
组织奖	在中华人民共和国境内依法设立的企业、科研机构、社会团体、高等院校等组织,全国专业标准化技术委员会(TC)、标准化分技术委员会(SC)、标准化工作组(SWG)和产业技术联盟,全国军用专业标准化技术委员会,以及ISO、IEC、ITU技术机构的秘书处承担单位或国内技术对口单位	不分等级。限额为5个	申报条件需满足:①认真贯彻党中央、国务院关于标准化工作的决策部署,遵守标准化法律法规和规章制度,将标准化工作纳入本组织机构的工作规划、计划,在国际国内标准化工作中贡献突出,有效促进相关行业、领域的发展;②科学运用标准化方法,创造性地开展工作,取得创新性成果;③注重标准化人才培养,具有一支结构合理、稳步发展的标准化人才队伍;④在标准化科研、标准化教育、标准制修订、标准推广实施和国际标准化等某一方面或多方面取得重要创新性成果,贡献突出

续上表

奖项设置	表彰范围	授奖数量	评审标准
个人奖	从事或参与标准化工作,为国家标准化事业作出突出贡献的中华人民共和国公民	终身成就奖,限额为1个	应当在标准化理论研究、标准研制、标准推广实施、国际标准化或标准化综合管理、国际标准组织治理方面取得重大创新成就,并符合以下条件之一:①获得3次以上中国标准创新贡献奖标准项目奖一等奖;②担任ISO、IEC、ITU等国际标准组织高级管理职务,在推动中国专家参与国际标准化工作或推广应用国际标准方面作出巨大贡献;③担任TC主任委员或秘书长满10年,任期内所在TC考核结果均达到二级以上,且为本领域标准化工作作出巨大贡献;④在标准化战略、法规、政策方面作出巨大贡献
		突出贡献奖,限额为4个	应当在标准化理论研究、标准研制、标准推广实施、国际标准化等某一方面或多方面作出突出贡献,具有较高的影响力和知名度
		优秀青年奖,限额为3个	在标准化研究与应用方面作出创新性工作,取得显著成效,并具有突出的发展潜力,年龄不超过40周岁

七、地方支持补贴政策

地方支持补贴政策对标准化工作的开展具有重要作用和意义。最直接的是，地方政府通过提供财政补助和政策支持，降低社团组织、企业等开展标准化工作的成本，鼓励和引导社会力量积极参与标准化活动。2024年6月，北京市出台了《实施首都标准化战略补助资金管理办法》（京市监发〔2024〕52号），通过分级分类对参与国际标准、国家标准、行业标准、地方标准和团体标准制定的单位给予补助，减轻了企业负担，激励了企业参与更高层次的标准化活动。

地方还可以通过支持和补贴标准化工作的方式，引导、促进地方经济结构的优化和产业升级。通过支持地方特色产业的标准化工作，可以提升地方产业的整体竞争力，推动地方经济的可持续发展。根据相关通报，2019—2022年，浙江省杭州市通过构建多维度财政资金支持体系，推动高质量发展的标准体系建设，市、区两级财政安排相关经费近亿元，资助项目752个，涉及新材料、新能源、智慧医疗等多个领域。杭州市财政局联合市场监督管理局出台的《杭州市标准化项目资助经费管理办法》（杭市管〔2022〕36号），进一步强化了政策引导作用，激励市场主体参与标准化活动，使政策发挥更为积极的作用。2021年杭州市本级安排资金1500万元，对阵列光谱辐射、应用声学等238项国际国内先进标准给予支持；2022年继续安排资金1350万元，鼓励和支持本市各企事业单位积极参与国际标准、国家标准、行业标准、地方标准等的制定工作，支持本市开展标准化试点示范工作。

地方支持补贴政策还能加强标准化人才的培养和标准化服务能力的提升，为标准化工作的长远发展提供人才和技术支持。截至2024年6月，全国有30个省、自治区、直辖市不同程度地对标准制定进行补贴、支持，大部分省份已制定补贴办法，对各类标准分级补贴。地方支持补贴政策对标准化工作具有重要的推动作用，不仅能够提升管理区域内标准化水平，促进技术创新和产业升级，还能加强标准化人才队伍建设，为地方经济社会的高质量发展提供有力支撑。

第三节　团体标准管理政策

我国制定了一系列政策文件,特别是颁布了《团体标准管理规定》,加强团体标准的科学性、规范性、协调性,推动和规范团体标准发展。

一、《团体标准管理规定》

(一)制定背景

《团体标准管理规定》(国标委联〔2019〕1号)由国家标准化管理委员会和民政部于2019年1月9日联合发布。在《团体标准管理规定》(国标委联〔2019〕1号)发布前,《团体标准管理规定(试行)》已经发布并试行一年多。《团体标准管理规定》(国标委联〔2019〕1号)制定的主要依据主要有:2015年3月国务院印发的《深化标准化工作改革方案》(国发〔2015〕13号),2016年3月国家市场监督管理总局(国家标准化管理委员会)印发的《关于培育和发展团体标准的指导意见》(国质检标联〔2016〕109号),2017年修订的《标准化法》。团体标准管理规定的制定与团体标准自身的发展密不可分。在地域分布上,团体标准覆盖了31个省、自治区、直辖市;在涉及领域上,团体标准涵盖了国民经济众多行业,包括制造业、信息传输、软件和信息技术服务业等行业。团体标准总体发展势头良好,积累了有益的经验,在构建新型标准体系中发挥了重要作用。但是,在团体标准发展过程中也显现了一些新问题:在制定主体方面,一些社会团体制定团体标准的科学性、规范性、协调性不够,引起社会质疑;在监督管理方面,对于团体标准制定过程中出现问题的处理,有关部门的职责不够明确、处理程序不够清晰。为妥善解决这些新出现的问题,进一步加强对团体标准工作的规范、引导和监督,促进团体标准化工作健康有序发展,需要对《团体标准管理规定(试行)》进行修订完善。

(二)团体标准管理主要内容

1.范围和原则

为满足市场和创新需要,依法成立的社会团体协调相关市场主体共同制定相关标准。社会团体开展团体标准化工作,应当遵守标准化工作的基本原理、方法和程序。

2. 管理主体和职责

国务院标准化行政主管部门统一管理团体标准化工作。国家实行团体标准自我声明公开和监督制度。

3. 团体标准制定要求和程序

团体标准的制定应符合表 2-7 的要求。

团体标准制定要求　　　　　　　　　　　　　　　　表 2-7

要求	遵循开放、透明、公平的原则,吸纳生产者、经营者、使用者、消费者、教育科研机构、检测及认证机构、政府部门等相关方代表参与,充分反映各方的共同需求。支持消费者和中小企业代表参与团体标准制定
	应当有利于科学合理利用资源,推广科学技术成果,增强产品的安全性、通用性、可替换性,提高经济效益、社会效益、生态效益,做到技术上先进、经济上合理
	应当在科学技术研究成果和社会实践经验总结的基础上,深入调查分析,进行实验、论证,切实做到科学有效、技术指标先进
	应当符合相关法律法规的要求,不得与国家有关产业政策相抵触
	技术要求不得低于强制性标准的相关技术要求
禁止	禁止利用团体标准实施妨碍商品、服务自由流通等排除、限制市场竞争的行为
特殊标准	对于术语、分类、量值、符号等基础通用方面的内容,应当遵守国家标准、行业标准、地方标准,团体标准一般不予另行规定

制定团体标准的一般程序包括:提案、立项、起草、征求意见、技术审查、符合性审查、批准、编号、发布、复审。《团体标准管理规定》(国标委联〔2019〕1号)未对提案、立项的程序进行要求。团体标准制定程序具体见表 2-8。

团体标准制定程序　　　　　　　　　　　　　　　　表 2-8

程序	要求
起草	团体标准的编写,应按照 GB/T 1.1—2020《标准化工作导则　第1部分:标准化文件的结构和起草规则》的规定执行
征求意见	应当明确期限,一般不少于 30 日。涉及消费者权益的,应当向社会公开征求意见,并对反馈意见进行处理协调

续上表

程序	要求
技术审查	标准化技术委员会从技术角度进行审查后,如需表决,不少于出席会议代表人数的3/4同意方为通过。起草人及其所在单位的专家不能参加表决
批准	应当按照社会团体组织程序在符合性审查后批准
编号	团体标准编号依次由团体标准代号、社会团体代号、团体标准顺序号和年代号组成
发布	以社会团体文件形式予以发布。社会团体应当公开其团体标准的名称、编号、发布文件等基本信息。团体标准涉及专利的,还应当公开标准涉及专利的信息。鼓励社会团体公开其团体标准的全文或主要技术内容

4. 团体标准实施

团体标准由本团体成员约定采用或者按照本团体的规定供社会自愿采用。社会团体自行负责其团体标准的推广与应用。社会团体可以通过自律公约的方式推动团体标准的实施。社会团体自愿向第三方机构申请开展团体标准化良好行为评价。团体标准化良好行为评价应当按照团体标准化系列国家标准(GB/T 20004)开展,并向社会公开评价结果。团体标准实施效果良好,且符合国家标准、行业标准或地方标准制定要求的,团体标准发布机构可以申请转化为国家标准、行业标准或地方标准。鼓励各部门、各地方在产业政策制定、行政管理、政府采购、社会管理、检验检测、认证认可、招投标等工作中应用团体标准。鼓励各部门、各地方将团体标准纳入各级奖项评选范围。

5. 团体标准监督管理

团体标准监督主体和职责见表2-9。

团体标准监督主体和职责　　　　　　　　　　　　　　　　表2-9

监督主体	职责
标准化行政主管部门、有关行政主管部门	应当向社会公开受理举报、投诉的电话、信箱或者电子邮件地址,并安排人员受理举报、投诉。对举报、投诉,标准化行政主管部门和有关行政主管部门可采取约谈、调阅材料、实地调查、专家论证、听证等方式进行调查处理。相关社会团体应当配合有关部门的调查处理
国务院有关行政主管部门	国务院有关行政主管部门结合本行业特点,制定相关管理措施,明确本行业团体标准发展方向、制定主体能力、推广应用、实施监督等要求,加强对团体标准制定和实施的指导和监督

续上表

监督主体	职责
县级以上人民政府标准化行政主管部门、有关行政主管部门	依据法定职责,对团体标准的制定进行指导和监督,对团体标准的实施进行监督检查
社会团体	应主动回应影响较大的团体标准相关社会质疑,对于发现确实存在问题的,应及时进行改正。责令限期停止活动的社会团体,在停止活动期间不得开展团体标准化活动
任何单位或者个人	有权对不符合法律法规、强制性标准、国家有关产业政策要求的团体标准进行投诉和举报

对于全国性社会团体,由国务院有关行政主管部门依据职责和相关政策要求进行调查处理,督促相关社会团体妥善解决有关问题;如需社会团体限期改正的,移交国务院标准化行政主管部门处理。对于地方性社会团体,由县级以上人民政府有关行政主管部门对本行政区域内的社会团体依据职责和相关政策开展调查处理,督促相关社会团体妥善解决有关问题;如需限期改正的,移交同级人民政府标准化行政主管部门处理。对于不同的监督结果,有不同的处理程序。团体标准监督处理程序见表2-10。

团体标准监督处理程序 表2-10

监督对象	监督结果	处理程序
团体标准	不符合强制性标准规定的	由标准化行政主管部门责令限期改正;逾期不改正的,由省级以上人民政府标准化行政主管部门废止相关团体标准,并在标准信息公共服务平台上公示,同时向社会团体登记管理机关通报,由社会团体登记管理机关将其违规行为纳入社会团体信用体系
	不符合"有利于科学合理利用资源,推广科学技术成果,增强产品的安全性、通用性、可替换性,提高经济效益、社会效益、生态效益,做到技术上先进、经济上合理"的	由标准化行政主管部门责令限期改正;逾期不改正的,由省级以上人民政府标准化行政主管部门废止相关团体标准,并在标准信息公共服务平台上公示

续上表

监督对象	监督结果	处理程序
社会团体	未依照本规定对团体标准进行编号的	由标准化行政主管部门责令限期改正；逾期不改正的，由省级以上人民政府标准化行政主管部门撤销相关标准编号，并在标准信息公共服务平台上公示
	利用团体标准实施排除、限制市场竞争行为的	依照《中华人民共和国反垄断法》等法律、行政法规的规定处理

二、采信团体标准规定

团体标准采信是指将符合一定条件的团体标准，通过特定的程序转化为国家标准、行业标准、地方标准的活动。2023年8月，《推荐性国家标准采信团体标准暂行规定》(国标委发〔2023〕39号)发布实施，搭建了将先进适用团体标准转化为国家标准的渠道，有效促进团体标准创新成果推广应用，增加推荐性国家标准供给，提升国家标准质量水平。该暂行规定结合我国现有推荐性国家标准和团体标准特点，在推荐性国家标准工作机制基础上，畅通渠道、简化程序、缩短时间，规范国家标准采信团体标准程序。

(一)采信条件

推荐性国家标准采信团体标准的采信条件有四条：

一是坚持需求导向和社会团体自愿原则。采信团体标准的推荐性国家标准与被采信团体标准技术内容原则一致。立足国家标准体系建设需求，针对国家标准体系中缺失的重要标准，在充分尊重社会团体意愿基础上，组织团体标准采信工作。

二是符合推荐性国家标准制定需求和范围，技术内容具有先进性、引领性。具有一定先进性的标准，才能够被采信。

三是符合团体标准化良好行为标准的社会团体。通过评价符合GB/T 20004.1—2016、GB/T 20004.2—2018等国家标准的社会团体，其制定的标准才具备被采信条件。

四是团体标准实施满两年,且实施效果良好。

(二)采信程序

《推荐性国家标准采信团体标准暂行规定》(国标委发〔2023〕39号)缩短了采信标准制定周期,简化了立项评估,可以省略起草阶段、缩短征求意见时间,从计划下达到报批周期控制在12个月以内,大幅提升了推荐性国家标准采信团体标准的时效性。该规定还对采信标准的版权、编号等作出了规定。为配合该规定实施,国家市场监督管理总局组织开发的"推荐性国家标准采信团体标准项目申报系统"(http://zxd.sacinfo.org.cn/adoptTB/register/xmsb)已正式开通上线。符合团体标准化良好行为标准的社会团体可以通过采信标准申报系统,提出采信申请,并按照操作提示注册账号。同时,依据规定要求,提交社会团体法人登记证书、团体标准化良好行为评价的证明、团体标准及其编制说明的纸质文本和电子版文本、采信建议书等有关材料。国务院标准化行政主管部门将组织开展采信申请评估、评估结果公示等工作,评估通过后,下达推荐性国家标准计划。

第四节 交通运输标准化政策

交通运输部印发了《关于加强和改进交通运输标准化工作的意见》(交科技发〔2014〕169号)、《交通运输标准化"十四五"发展规划》(交科技发〔2021〕106号)等文件,不断加强标准化工作管理,推动交通运输标准发展。

一、交通运输标准化管理机构

根据《标准化法》的有关规定,国务院有关行政主管部门分工管理本部门、本行业的标准化工作。就交通运输领域的标准化工作而言,交通运输部负责综合交通运输和公路、水路领域标准化相关管理工作,即涉及铁路、公路、水路、民航、邮政两种及两种以上领域需要协调衔接和共同使用的技术要求,应当制定综合交通运输标准,由交通运输部负责。国家铁路局、中国民用航空局、国家邮政局按照各自职责分别负责铁路、民航、邮政领域标准化相关管理工作。

交通运输行业标准由交通运输部组织制定并批准颁布。交通运输部标准化主管机构负责综合交通运输、公路、水运行业标准(工程建设标准除外)管理工作。交通运输部公路工程行业标准主管机构、交通运输部水运工程行业标准主管机构分别负责公路、水运工程建设行业标准管理工作。交通运输部标准化主管机构和公路工程、水运工程行业标准主管机构统称交通运输部标准管理机构。

交通运输部在标准化方面的主要职责包括:①负责组织拟订并监督实施公路、水路、民航等行业规划、政策和标准,参与拟订物流业发展战略和规划,拟订有关政策和标准并监督实施;②承担道路、水路运输市场监管责任,组织制定道路、水路运输有关政策、准入制度、技术标准和运营规范并监督实施;③承担公路、水路建设市场监管责任,拟订公路、水路工程建设相关政策、制度和技术标准并监督实施;④负责拟订综合交通运输标准,协调衔接各种交通运输方式标准;⑤拟订经营性机动车营运安全标准,指导营运车辆综合性能检测管理,参与机动车报废政策、标准制定工作。

二、加强改进交通运输标准化工作

为进一步提高交通运输标准化工作水平,推进行业治理体系和治理能力现代化,2014年8月,交通运输部印发《关于加强和改进交通运输标准化工作的意见》(交科技发〔2014〕169号),从"四个交通"(综合交通、智慧交通、绿色交通、平安交通)发展、深化改革和转变政府职能的要求入手,紧紧围绕健全标准化管理体系与技术体系这一方向,明确提出了行业标准化的指导思想和总体目标。针对综合交通运输标准管理体系不健全、重点领域标准化技术体系不完善、标准质量和实施效果有待加强等突出问题,从深化体制改革、健全管理体系,围绕行业发展、完善技术体系,优化运行机制、提高质量水平三个方面,提出了若干意见,并明确了相应的保障措施。

(一) 总体思路

贯彻落实党的十八大、十八届三中全会精神,面向"四个交通"发展需求,全面深化标准化工作体制机制改革,加强标准化管理体系和技术体系建设,强化标准有效实施,为交通运输工程建设、产品和服务质量的提升提供保障。《关于加强和改进交通运输标准化工作的意见》(交科技发〔2014〕169号)提出了"深化改革、服务发展,需求引领、重点突破,政府主导、企业主体,多方参与、协同推进,尊重科学、重在实施"五项加强和改进交通运输标准化工作的基本原则。

(二)发展目标

交通运输标准化工作的总体目标是:经过3年努力,基本建成政府、企业、社会组织各司其职的标准化管理体系,各种交通运输方式标准有效衔接的机制健全顺畅;综合运输、安全应急、节能环保、管理服务等领域的标准化技术体系系统完善,标准质量和实施效果显著增强,标准与科技研发的结合更加紧密;国际标准化活动的参与度与话语权明显提升,标准化对交通运输科学发展的支撑和保障作用充分发挥。

(三)重点任务

一是健全交通运输标准化组织机构。促进综合交通运输发展,标准化工作是重要抓手,是规范和引领综合交通运输体系建设的重要技术支撑。加强综合交通运输标准化工作,需要议事协调机构。设立交通运输部标准化管理委员会,负责指导交通运输标准化工作,审议交通运输标准化战略、规划、政策、法规,审定交通运输标准化年度工作计划,协调衔接各种交通运输方式标准。

二是明确政府、社会组织、企业三方在标准化工作中的定位与作用。政府部门应改革其标准化工作,加强对标准化工作的分类指导,加强强制性标准管理,完善推荐性标准体系,重点加强关键共性、基础性、公益性的推荐性标准管理;同时积极引用和有效使用标准,加强行业管理,做好市场监管和服务。企业要发挥其在标准化中的主体作用,鼓励企业制定和采用先进标准,通过提升企业标准化工作水平,提高企业竞争力;鼓励企业参与或承担国家和行业标准制修订工作;积极推进企业成立标准制修订联盟,制定联盟标准。对于社会组织,应鼓励其开展标准化工作,在市场化程度高、技术创新活跃的专业领域,探索社会组织标准制修订模式和体制,稳步推进社会组织标准化工作健康发展,并逐步通过社会组织标准的增量带动政府推荐性标准的改革。

三是加强专业标准化技术委员会管理。针对目前存在的专业标准化技术委员

交通运输
团体标准编制概要

会存在职能上的交叉和缺位以及考核评价机制不完善的情况,优化专业布局,减少职能交叉,完善考核评价机制;成立综合交通运输标准化技术委员会,广泛吸纳铁路、公路、水路、民航、邮政以及城市交通等领域的管理专家和技术专家参与,协调各种运输方式间需要统一的技术、管理和服务要求,拟订相关标准。

四是完善交通运输技术标准体系。围绕发展需求,完善行业技术标准体系,并结合行业发展形势变化和新的技术标准需求,对技术标准体系实施动态管理。注重国家标准、行业标准、地方标准的衔接,鼓励地方结合实际制定地方标准,对有国家或行业标准的,支持地方制定严于国家和行业标准的地方标准。制定国家标准、行业标准时,应积极吸纳地方标准相关内容。

五是加强重点领域标准制定。各级交通运输主管部门要把标准化工作作为转变政府职能的重要抓手,加强重点领域标准的制修订。包括:在取消行政审批和许可的领域,需要加强监管的领域,抓紧制定和完善相关标准,加快综合运输、安全应急、节能环保、管理服务、城市客运等领域的技术标准制定;加强工程建设、养护管理、运输装备、信息化等领域关键标准的制修订。

六是推进标准有效实施。标准实施是标准发生效用的必要环节,在加强重点领域标准制修订的同时,应注重强化标准实施。应运用质量监督抽查、产品质量认证、市场准入、工程验收管理以及标准符合性审查等多种方式推进标准有效实施。鉴于目前交通运输行业标准审查工作量越来越大,标准的评估工作尚未深入开展,需要进一步健全交通运输标准审查评估机制,强化对标准协调性、规范性的审查,以及对标准实施效果的评估。特别要注重加强对强制性标准的实施监督。同时,应树立将标准化作为推进工作的重要抓手意识,全面推进行业标准化工作,包括推进企业安全生产标准化、运营服务标准化、公路施工标准化和船型标准化等工作。

七是加强标准制修订全过程管理。完善标准制定程序,及时披露标准制定过程信息,保证制定过程公开透明。优化标准审批流程,缩短制定周期。建立健全标准修订快速程序,加强标准维护更新。严格标准复审,保证标准的有效性和适用性。

八是加大科技研发对标准的支撑。强化科技计划执行与标准制修订的互动。加大科技计划对标准研制的支持力度,鼓励有条件的科技项目成果转化形成标准。标准制修订要有效承接科技创新成果,提高标准的技术水平。

九是积极参与国际标准化活动。提高国际标准制定的参与度和话语权。推动交通运输行业优势特色技术制定为国际标准。加强行业标准中外文版同步出版工作,推动我国标准的海外应用。

三、"十四五"交通运输标准化发展规划

(一)制定背景

为进一步强化综合交通运输标准体系建设,促进铁路、公路、水路、民航和邮政等各种运输方式、各领域标准协调衔接,编制《交通运输标准化"十四五"发展规划》(交科技发〔2021〕106号),并纳入"十四五"规划体系。2021年10月,交通运输部、国家标准化管理委员会、国家铁路局、中国民用航空局、国家邮政局联合印发的《交通运输标准化"十四五"发展规划》(交科技发〔2021〕106号),定位为综合交通运输专项规划,覆盖铁路、公路、水路、民航和邮政五大领域,涵盖国家、行业、地方、团体、企业标准五个层级,包括政策制度、技术标准、国际化、实施监督、支撑保障等五个方面,指导全行业"十四五"期间标准化工作。

(二)总体思路和目标

"十四五"期间交通运输标准化发展的总体思路就是"一条主线、四个着力",即:以建设适应高质量发展的标准体系为主线,着力加强重点领域标准有效供给,着力提升标准实施效能,着力推动标准国际化发展,着力提升标准化治理能力,为推动综合交通运输高质量发展,加快建设交通强国提供有力保障。"十四五"期间,交通运输标准化发展目标主要包括三个方面:

一是高质量标准体系基本建立。在体系结构方面,完成国家和行业标准制修订1200项,重点是加快综合交通运输、新基建、新业态新模式、应急保障等新兴领域和"短板"领域标准制定。这是根据《交通运输标准化体系》(交科技发〔2017〕48号),综合了铁路、公路、水路、民航和邮政各领域标准制修订需求,经过充分评估和计算得出的。在标准质量方面,要进一步提升标准制修订效率,将标准制修订周期从现在的约25个月压缩至18个月以内。这与国家标准化发展目标保持一致。

二是标准运行机制更加健全。标准化政策制度体系更加完备,标准与计量、检

验检测、认证认可等充分衔接,促进交通运输工程、产品和服务质量明显提升。交通运输重点产品抽样合格率将从现在的90%左右提升至95%以上,为实现高质量发展提供有力保障。

三是标准国际化水平显著提升。推动工程建设、装备制造等领域标准在海外得到更加广泛应用,铁路装备、疏浚装备等重点领域标准率先达到国际领先水平。国际标准转化率要达到85%以上,进一步提升国际国内标准一致性程度,加快推进国际国内标准一体化进程。

(三)重点任务

一是构建适应交通运输高质量发展的标准体系。主要包括各专业领域标准体系建设,健全强制性标准,优化提升推荐性标准,以及团体和企业标准化建设重点等具体任务。

二是加快服务国家重大战略标准研制。主要包括京津冀协同发展、长江经济带发展、粤港澳大湾区建设、长三角一体化发展、黄河流域生态保护和高质量发展以及成渝地区双城经济圈建设等区域协调发展战略,以及乡村振兴战略标准体系建设和运行机制方面的具体任务。

三是加强重点领域高质量标准有效供给。聚焦交通强国建设要求,提出了基础设施、交通装备、运输服务、智慧交通、安全应急保障和绿色交通六个方面标准制修订任务。

四是推进国际标准共建共享。主要包括深化标准国际交流与合作、提升标准国际化水平、夯实国际化发展基础等方面的具体任务。

五是创新标准实施应用和监督管理。主要包括建立健全标准实施监督机制,加强工程、产品和服务质量监督等方面的具体任务。

六是加强计量、检验检测和认证体系建设。主要包括完善计量技术体系,加强检验检测和认证认可服务能力等方面的具体任务。

对照重点任务,凝练了"八大专项工程",包括区域协同发展标准化工程、基础设施标准推进工程、交通装备标准推进工程、运输服务标准推进工程、智慧交通标准推进工程、安全应急保障标准推进工程、绿色交通标准推进工程、标准国际化聚力工程等,支撑各项任务的落实。

四、交通运输标准管理制度

为加强交通运输行业标准的管理,提高标准制修订工作质量与效率,加快完善标准化政策制度体系,交通运输部制定了系列文件,确保标准化工作有规可依、有章可循。交通运输标准化管理文件见表2-11。

交通运输标准化管理文件　　　　　表2-11

序号	分类	文件名称	文号或标准号
1	部门规章	交通运输标准化管理办法	交通运输部令2019年第12号
2		民用航空标准化管理规定	交通运输部令2016年第30号
3	规范性文件	邮政业标准化管理办法	国邮发〔2023〕54号
4		团体标准和企业标准转化为铁路国家标准和行业标准暂行规定	国铁科法〔2023〕29号
5		交通标准化工作规则	厅科教字〔2006〕411号
6		交通运输行业专业标准化技术委员会管理办法	交办科技〔2020〕9号
7		交通运输专业标准化技术委员会考核评估办法	交办科技〔2022〕30号
8		铁路行业专业标准化技术委员会管理办法	国铁科法〔2023〕30号
9		铁路行业专业标准化技术归口单位管理办法	国铁科法〔2023〕31号
10		铁道行业技术标准管理办法	国铁科法〔2014〕23号
11		铁路工程建设标准管理办法	国铁科法〔2014〕24号
12		中国民用航空行业标准管理办法	AP-375SE-2012-008
13		民航工程建设行业标准管理办法	民航发〔2020〕13号
14		公路工程建设标准管理办法	交公路规〔2020〕8号
15		水运工程建设标准管理办法	交水规〔2020〕12号
16		交通运输标准审查管理规定	交办科技〔2019〕109号
17	行业标准	交通运输标准制定、修订程序和要求	JT/T 18—2020
18		公路工程行业标准制修订管理导则	JTG 1002—2022
19		公路工程行业标准编写导则	JTG 1003—2023
20		水运工程标准编写规定	JTS 101—2014
21		水运工程建设行业标准管理规程	JTS/T 129—2022
22		民航工程建设行业标准编写规范	MH/T 5045—2020
23		交通运输标准外文版管理办法	交办科技〔2022〕16号

五、交通运输标准制定程序

交通运输标准涉及国家标准、行业标准、地方标准、团体标准、企业标准,对于制定程序有不同的要求。交通运输标准制定程序见表2-12。

交通运输标准制定程序 表2-12

程序	国家标准	行业标准	地方标准、团体标准、企业标准
立项	报国务院标准化行政主管部门立项	由交通运输部立项,其中铁路、民航、邮政领域的行业标准分别由国家铁路局、中国民用航空局、国家邮政局立项	按照国务院标准化行政主管部门有关规定执行
成立专业标准化技术委员会/专家组	国家或者行业推荐性标准的起草、技术审查工作,应当由专业标准化技术委员会承担;强制性标准的起草、技术审查工作,可以委托专业标准化技术委员会承担。未成立专业标准化技术委员会的,应当成立专家组承担		
起草	专业标准化技术委员会或者专家组应当在广泛调研、深入研讨、试验论证的基础上,起草标准征求意见稿		
征求意见	交通运输标准当采取多种方式征求行业内外有关部门、协会、企业以及相关生产、使用、管理、科研和检测等单位的意见。综合交通运输标准涉及铁路、民航、邮政领域的标准,还应当征求国家铁路局、中国民用航空局、国家邮政局意见		
技术审查	可以采用会议审查、书面审查或者网络电子投票审查方式。强制性标准应当采用会议审查。对技术、经济和社会意义重大以及涉及面广、分歧意见多的推荐性标准,原则上应当采用会议审查		
发布	报国务院标准化行政主管部门按照有关规定发布	行业标准由交通运输部编号、发布,其中铁路、民航、邮政领域的行业标准分别由国家铁路局、中国民用航空局、国家邮政局编号、发布,报国务院标准化行政主管部门备案	

续上表

程序	国家标准	行业标准	地方标准、团体标准、企业标准
编号、归档	交通运输国家标准、行业标准按照国务院标准化行政主管部门制定的编号规则进行编号。交通运输国家标准、行业标准制定过程中形成的有关资料，应当按照标准档案管理相关规定的要求归档		按照国务院标准化行政主管部门有关规定执行

六、交通运输标准实施与监督

交通运输标准的实施与监督涉及公开、执行、监督检查、投诉举报、反馈和评估、处罚等程序。交通运输标准实施程序与监督要求见表2-13。

交通运输标准实施程序与监督要求　　　　表2-13

实施程序	监督要求	
公开	交通运输强制性标准应当免费向社会公开。推动交通运输推荐性标准免费向社会公开。鼓励团体标准、企业标准通过标准信息公开服务平台向社会公开	企业应当依法公开其执行的交通运输标准的编号和名称，并按照标准组织生产经营活动；执行自行制定企业标准的，还应当公开产品、服务的功能指标和产品的性能指标。企业研制新产品、改进产品或者进行技术改造，应当符合标准化要求
执行	交通运输强制性标准应当严格执行。鼓励积极采用交通运输推荐性标准。不符合交通运输强制性标准的产品、服务，不得生产、销售、进口或者提供	
监督检查	县级以上人民政府交通运输主管部门应当依据法定职责，对交通运输标准实施情况进行监督检查。强制性标准实施情况应当作为监督检查的重点	
举报投诉	县级以上人民政府交通运输主管部门应当建立举报投诉制度，公开举报投诉方式。接到举报投诉的，应当按照规定及时处理	
反馈和评估	交通运输部应当建立交通运输标准实施信息反馈和评估机制，根据技术进步情况和行业发展需要适时进行实施效果评估，并对其制定的标准进行复审。复审结果应当作为修订、废止相关标准的依据。复审周期一般不超过5年	铁路、民航、邮政领域的标准实施信息反馈和评估机制分别由国家铁路局、中国民用航空局、国家邮政局执行

续上表

实施程序		监督要求
反馈和评估	鼓励有关单位和个人向县级以上地方人民政府交通运输主管部门或者标准化行政主管部门反馈标准实施情况	县级以上人民政府交通运输主管部门应当加强计量、检验检测、认证认可基础能力建设,完善相关制度,提升技术水平,增强标准化工作监督检查及服务能力
处罚	交通运输企事业单位违反有关规定的,依照有关法律、行政法规的规定予以处罚	

七、交通运输标准体系

我国交通运输标准体系已基本建立。2017年,交通运输部、国家标准化管理委员会发布《交通运输标准化体系》(交科技发〔2017〕48号),首次对铁路、公路、水路、民航、邮政等领域的6489项标准(含现行业标准和规划标准)进行梳理,摸清行业标准体系建设的"底账"。同期发布了交通运输标准化体系、信息化、智能交通等专业标准体系。这些标准在服务国家重大战略实施、支撑综合立体交通网建设、推动交通信息化、推动智慧交通发展等方面提供了重要的技术支撑。

综合来看,我国交通运输标准体系在"十三五"时期已经基本建立,"十四五"期间继续向着更高质量、更高效的方向发展,以适应和推动交通运输行业的现代化和高质量发展。

(一)交通运输标准化体系内涵和定位

《交通运输标准化体系》(交科技发〔2017〕48号)是按照交通运输行业发展需求,围绕标准化工作的全要素、全过程及其内在联系构建而成的科学有机整体,包括政策制度、标准研究、制修订、国际化、实施监督、支撑保障等内容,涵盖铁路、公路、水运、民航和邮政各领域。这一体系具有系统性、协调性和前瞻性的特征。它的定位是行业标准化工作的顶层设计,是对今后一段时期标准化政策制度建设、标准制修订、标准国际化活动、标准实施监督及支撑保障工作的宏观布局,是统筹协调铁路、公路、水运、民航和邮政标准化工作的基本依据。加强交通运输标准化体系建设,促进各种交通运输方式标准协调衔接和融合发展,对于实现交通运输治理体系和治理能力现代化,构建现代综合交通运输体系,推动交通运输行业转型升级、提质增效具有重要意义。标准化体系与规划均是对交通运输标准化工作的全面部署。标准化体系着眼于宏观布局，是对较长一段时期标准化工作的整体设计；标准化规划是按照标准化体系框架和发展方向，立足交通运输阶段性发展要求，制定的具有一定时效和范围的工作计划，提出阶段性发展目标和重点任务。标准化体系是标准化规划编制的依据，标准化规划是标准化体系建设的保障。交通运输标准化体系依靠制定和实施不同阶段、不同范围的行业标准化规划实现。

交通运输行业按照不同领域、不同专业已形成比较完善的技术标准体系，如《综合交通运输标准体系》《铁路行业技术标准体系》《公路工程标准体系》《水运工程标准体系》《民用航空标准体系》《邮政业标准体系》等，以及各专业标准化技术委员会编制的技术标准体系。交通运输标准化体系是构建各领域、各专业技术标准体系的基础，覆盖各领域、各专业技术标准体系的标准需求。各领域技术标准体系根据行业重点任务需求编制，确定一定时期内标准制修订任务。各专业技术标准体系根据专业发展方向编制，指导本专业标准制修订等工作。交通运输标准体系见表2-14。

交通运输标准体系 表2-14

序号	名称	发布时间
1	交通运输标准化体系	2017年
2	综合交通运输标准体系	2022年
3	绿色交通标准体系	2022年
4	交通运输安全应急标准体系	2022年
5	交通运输信息化标准体系	2019年
6	交通运输智慧物流标准体系建设指南	2022年
7	国家车联网产业标准体系建设指南（智能交通相关）	2021年
8	"十四五"邮政业标准体系建设指南	2022年
9	港口标准体系	2024年
10	内河船与水路运输标准体系	2024年
11	臂架起重机标准体系	2024年
12	疏浚装备标准体系	2024年

续上表

序号	名称	发布时间
13	交通运输航海安全标准体系	2024年
14	交通运输航测标准体系	2024年
15	交通运输救捞与水下工程标准体系	2024年
16	集装箱标准体系	2024年
17	交通运输信息通信及导航标准体系	2024年
18	交通运输环境保护标准体系	2024年
19	道路运输标准体系	2024年
20	汽车维修标准体系	2024年
21	城市客运标准体系	2024年
22	交通工程设施(公路)标准体系	2024年
23	汽车挂车标准体系	2024年
24	客车标准体系	2024年

(二)体系框架

交通运输标准化体系包括标准化政策制度体系、技术标准体系、标准国际化体系、标准化实施监督体系和支撑保障体系5个部分,覆盖交通运输各领域标准化工作全过程。交通运输标准化体系结构见表2-15。

(三)标准政策制度体系

政策制度体系是标准化工作合理有序开展的依据。交通运输标准化政策制度体系包括《标准化法》《中华人民共和国标准化法实施条例》(中华人民共和国国务院令第53号)等法律法规、部门规章及规范性文件。其中,法律法规是标准化工作的基本遵循;部门规章是行业标准化工作的基础制度,规定了行业标准化工作的基本原则、职责分工和标准化全过程管理的基本要求;规范性文件明确了标准立项、制修订、审查、发布、出版、复审、专业标准化技术委员会管理、经费管理、实施评价和统计等方面的具体要求和任务。交通运输标准化政策制度体系结构见图2-1。

表 2-15 交通运输标准化体系结构

	综合交通运输标准化（交通运输部负责）	铁路运输标准化（国家铁路局负责）	公路运输标准化（交通运输部负责）	水路运输标准化（交通运输部负责）	民航标准化（中国民用航空局负责）	邮政标准化（国家邮政局负责）
政策制度体系	综合交通运输323项：现行国家标准46项；现行行业标准32项；国家标准需求101项；行业标准需求144项	铁路标准1399项：现行国家标准185项；现行行业标准1139项；国家标准需求19项；行业标准需求56项	公路标准1692项：现行国家标准289项；现行行业标准584项；国家标准需求144项；行业标准需求675项	水运标准2026项：现行国家标准158项；现行行业标准479项；国家标准需求161项；行业标准需求1228项	民航标准889项：现行国家标准42项；现行行业标准435项；国家标准需求0项；行业标准需求412项	邮政标准138项：现行国家标准15项；现行行业标准56项；国家标准需求14项；行业标准需求53项
	技术标准体系（共6489项，现行3475项，需求3014项）					支撑保障体系
法律法规、部门规章、规范性文件	标准国际化体系	国际标准制修订	参与国际标准化活动		国内外标准翻译	组织保障、人才培养、经费支持
	标准化实施监督体系	工程、产品质量监督	标准实施效果评价	计量	检验检测	认证
	标准化工作参与主体					
	政府部门	专业标准化技术委员会	社会团体、联盟		企业	社会公众

交通运输
团体标准编制概要

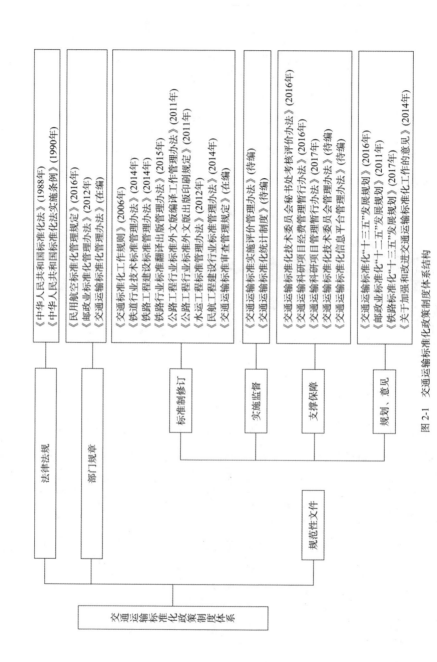

图 2-1 交通运输标准化政策制度体系结构

(四)技术标准体系

技术标准体系是交通运输标准化体系建设的核心,是合理规划和有效管理标准制修订工作的重要手段,有助于明确交通运输行业不同类型标准的边界,减少标准间的重复、交叉、矛盾等问题,理清政府与市场标准制修订范围,规范标准的制修订管理,提高标准的整体质量和水平,对于完善各领域、各标准化技术委员会标准体系布局具有指导作用。交通运输技术标准体系结构见图2-2。

综合交通运输标准包括涉及两种及两种以上交通运输方式协调衔接的相关标准,各运输方式单独使用和单一服务所涉及的标准不纳入综合交通运输标准体系范畴。综合交通运输标准对于促进不同运输方式之间的有效衔接与协同发展,提高综合交通运输一体化服务水平,促进综合交通运输体系建设具有重要作用。综合交通运输标准分为基础、运输服务、运输装备与产品、工程设施、安全应急、信息化、节能环保、统计评价等8类。

铁路标准分为铁路装备、工程建设、运营与服务等3类。铁路装备标准包括通用与综合、机车车辆、工务工程、通信信号、牵引供电等;工程建设标准包括基础、综合、勘察、设计、施工、验收等;运输服务标准包括基础通用、行车组织、客运与服务、货运与服务、治安防控等。

公路标准分为基础、安全应急、运输服务、公路建设、公路养护、公路管理、公路运营、信息化、节能环保、设施装备等10类。基础标准包含术语、符号与标识、分类与编码等;安全应急标准包含道路工程建设安全、道路运输与作业安全、安全管理、应急救助等;运输服务标准包含道路运输作业条件与规范、汽车维修、服务质量与评价等;公路建设标准包括勘测、设计、施工、监理、改扩建、造价等;公路养护标准包括养护管理、评定、设计与施工等;公路管理标准包括收费公路、公路执法等;公路运营标准包括运行评估与组织协调、出行服务等;信息化标准包含信息采集与格式、数据交换与共享等;节能环保标准包含生态保护、污染防治等;设施装备标准包含运输车辆、交通工程设施产品等标准。

水运标准分为基础、安全应急、运输服务、工程建设、信息化、节能环保、设施设备等7类。基础标准包含术语、符号与标识、分类与编码等;安全应急标准包含水路运输与作业安全、航海安全、救助打捞、事故应急等;运输服务标准包含水路运输

交通运输
团体标准编制概要

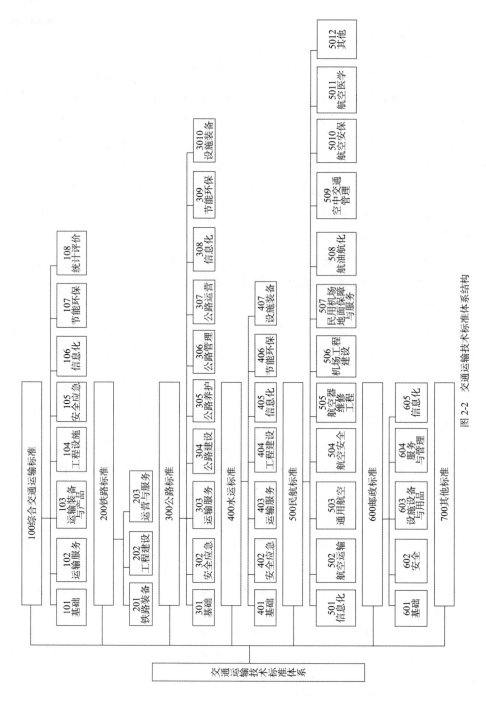

图2-2 交通运输技术标准体系结构

作业条件与规范、测绘服务、服务质量与评价等;工程建设标准包括综合、规划、勘测、设计、施工、试验、检测与监测、监理、安全、工程造价、环保、工程信息等;信息化标准包含信息采集与格式、数据交换与共享等;节能环保标准包含生态保护、污染防治等;设施装备标准包含运输船舶、港口设施设备、疏浚装备等标准。

民航标准包括民用航空领域的各类标准,分为信息化、航空运输、通用航空、航空安全、航空器维修工程、机场工程建设、民用机场地面保障与服务、航油航化、空中交通管理、航空安保、航空医学和其他等12类。

邮政标准分为基础、安全、设施设备与用品、服务与管理、信息化等5类。其他标准包括交通运输标准化工作管理、科技信息和报告管理、政府网站管理、行政执法、反恐怖防范要求、信用管理等。

(五)标准国际化体系

构建交通运输标准国际化体系对于提升行业国际影响力和话语权,支撑我国交通运输产品、技术、装备、服务"走出去",助力"一带一路"建设具有重要作用。为提高交通运输标准国际化水平,应进一步加大国际标准制修订工作力度,重点在高速铁路、港口机械、集装箱、疏浚装备、智能运输、工程建设等领域,加强国际标准跟踪评估,重视人才培养,深入了解国际标准制定需求,研究国际标准制定程序和规则,培育和推动行业优势特色技术标准成为国际标准。交通运输行业要充分利用国家标准国际化合作机制与平台,全面谋划和参与国际标准化战略、政策和规则的制定修改,提升我国对国际标准化活动的贡献度和影响力。积极与各国,特别是"一带一路"共建国家建立联系,深化交通运输行业的标准互认、标准体系对接、国际标准共同制定等工作。完善与相关国际标准化技术组织的对接机制,争取担任国际标准化组织领导职务,承担秘书处管理工作。实施国际标准化人才培育计划,培养懂技术、懂规则的国际标准化专业人才。依托国际交流和对外援助,开展面向发展中国家的标准化人才培训与交流项目,互利互助共同推动标准化发展。

结合海外工程承包、设备出口和对外援建,交通运输行业加快标准外文翻译工作,推动交通运输标准"走出去"。应积极推动建立交通运输行业标准的中外文同步出版工作机制,加快铁路、公路、水运等领域重要标准的外文翻译出版,加强高速铁路、长大桥隧、深水筑港等先进技术标准的国际应用。开展面向"一带一路"共建国家标准"走出去"需求调研，优先组织开展服务设施联通、贸易畅通等急需领域的国家、行业标准外文版翻译及出版工作，推进"一带一路"建设。

（六）实施监督体系

标准实施监督是贯彻执行业标准和保障标准得到有效应用的重要手段，是提高交通运输服务、工程建设和产品质量的重要技术支撑，是标准化体系的重要组成部分。交通运输标准化实施监督体系主要包括标准宣贯、工程与产品质量监督、标准实施效果评价，以及计量、检验检测、认证等内容。工程与产品质量监督是标准实施监督的重要方式，计量、检验检测和认证是保证标准实施监督的重要技术基础。交通运输行业主管部门根据有关法律法规和技术标准规范，对重点工程和产品开展质量监督，有效促进了标准实施应用。在工程质量监督方面，发布了《铁路建设工程质量监督管理规定》(交通运输部令第2号)、《铁路建设工程质量安全监管暂行办法》(国铁工程监〔2016〕9号)、《民航专业工程质量监督管理规定》(中国民用航空总局令第178号)、《公路水运建设工程质量安全督查办法》(交安监发〔2016〕86号)，为依法加强工程质量监管提供了制度保障。在产品质量监督抽查方面，发布了《交通运输产品质量行业监督抽查管理办法（试行）》(交科技发〔2012〕32号)、《交通运输行业重点监督管理产品目录》《铁路产品质量监督抽查管理办法》(国铁科法〔2014〕33号)，以及产品质量监督抽查实施规范和实施细则，涵盖铁路、公路和水运领域的重点产品。国家邮政局依据相关标准开展了住宅信报箱建设规范检查和邮政业安全生产设备配置检查工作，促进了标准的实施。

计量是实现单位统一、保障量值准确可靠的活动，通过对检验检测设备进行计量检定、校准，为检测数据的准确可靠提供技术保障。交通运输行业十分重视计量工作。在机构设置方面，成立了国家轨道衡计量站、国家铁路罐车容积计量站、国家道路与桥梁工程检测设备计量站、国家水运工程检测设备计量站和国家船舶舱容积计量站，组建了全国铁路专用计量器具计量技术委员会、全国公路专用计量器具计量技术委员会。在管理制度方面，制定了铁路、民航领域计量管理办法和计量人员管理办法，发布了铁路、公路工程和水运工程试验检测仪器设备计量管理目录。为满足交通运输发展和标准化发展对计量的紧迫需求，需着力提升交通运输计量技术创新能力，加快交通运输专用计量测试技术的基础研究工作，系统开展计量标准体系建设，完善专业量传溯源体系。重点研究与动态测量、远程测试、无损检测、多参数集成测试等相关的量传溯源方法，加强专业计量校准服务能力建设，加快计量技术规范的制修订。构建行业计量服务网络，成立全国水运专用计量器具计量技术委员会。完善交通运输试验检测仪器设备计量管理目录，加强对贸易结算、安全防护、环境监测、行政执法等领域计量器具的监管，提升行业重点计量器具质量。

检验检测是依据方法标准，对工程和产品进行质量判定，并出具判定结果的行为，是标准实施的重要技术基础。交通运输行业制定了《公路水运工程试验检测管理办法》和《道路运输车辆技术管理规定》(交通运输部令2023年第3号)，设立了涵盖公路水运工程检验检测、汽车综合性能检测两类业务领域的检验检测机构。为进一步提升检验检测机构服务质量，根据国家和行业关于整合检验检测认证机构相关意见精神，指导和推动检验检测机构立足行业实际，科学确定功能定位，优化布局结构，转变发展方式，着力构建运行有效的试验检测诚信体系，开展行为规范、流程标准、技术先进的检验检测工作，逐步发展为具有较强综合能力的社会第三方检验检测服务机构，提升综合实力和市场竞争力，更好地服务交通运输事业发展。

认证是由认证机构证明产品、服务、管理体系符合相关标准或技术规范强制性要求的合格评定活动，是标准实施的有效途径之一。认证对象包括体系、产品和服务。交通运输产品认证工作应围绕行业重点监督管理产品目录开展，覆盖交通工程建设和运输各个领域，涵盖道路用沥青、公路桥梁支座、波形梁钢护栏等交通运输产品，对推动行业产品标准实施，从源头强化交通建设质量和交通运输安全管理具有重要作用。要进一步加强市场自愿性产品认证，提高自愿性产品认证在设计、招投标、工程建设等活动中的采信度。加快公路工程构件、交通工程、船舶及用品、港口产品、道路运输产品、汽车维修检测设备等方面产品认证规则的制定。拓展产品认证范围，开展节能减排产品等的认证工作。探索服务认证方法及模式，开展运输服务、物流、邮政速递服务、汽车租赁或出租服务、汽车船舶保养和修理等服务认证工作。

ESG[Environmental(环境)、Social(社会)和Governance(公司治理)的缩写]是指一种通过将环境、社会与治理因素纳入投资决策与企业经营，从而积极响应可持续发展理念的投资、经营之道。ESG评级作为衡量企业综合价值、引导绿色投资的关键指标，其重要性日益凸显。交通运输行业作为国民经济的重要支撑，其ESG表现直接关系到行业的绿色转型和社会的可持续发展。未来，随着交通企业聚焦绿色转型、信息披露逐步标准化,行业表现有进一步提升的空间。

(七)支撑保障体系

在组织保障方面,交通运输部成立了交通运输部标准化管理委员会,统筹协调综合交通运输、铁路、公路、水运、民航和邮政领域标准化工作。交通运输部科学研究院成立了交通运输部标准化管理工作支撑机构,负责标准化政策制度研究、交通运输技术标准审查和信息平台维护等工作。行业现有标准化研究单位、专业标准化技术委员会和标准技术归口管理单位40余家,组织开展交通运输各领域标准制修订、技术审查、宣贯、复审等工作。进一步加强标准化科研及技术支撑机构能力建设,改善科研基础条件,加大人才培养力度,激发科研人员创新活力,支持其承担标准化科研项目,提高标准化工作支撑能力。优化专业标准化技术委员会布局,减少专业交叉,强化标准化技术委员会管理,形成覆盖全面、范围清晰、责任明确、布局合理的组织体系。加强跨领域、综合性联合工作组建设,提高标准化技术委员会成员构成的广泛性、代表性。支持标准化科研机构、标准化技术委员会及标准出版发行机构等发展,加强标准化服务能力建设。

在人才队伍方面,交通运输行业建立了一支1500余人的标准化队伍,含铁路、公路、水运、民航和邮政各领域标准化管理人员和专业技术人员,在加快推进标准化工作、提升行业标准化总体水平方面,发挥着重要作用,有力保障了行业标准化工作的开展。随着对标准重要性认识的提高,越来越多的专业人员加入标准化队伍中,参与标准研究、制修订及论证咨询等工作。进一步加强标准化人才队伍建设,实施标准化人才培养计划,加强标准化人员保障,重点加强标准化专业人才、管理人才和企业标准化人员培养,加强行业计量、检验检测、认证人才队伍建设。加强行业亟须的国际型、复合型标准化领军人才培养,提高行业实质性参与国际标准化活动的能力。培养既掌握标准化专业知识,又熟悉专业技术、精通外语、了解国际规则、懂得国家政策和行业发展规划的标准化专家人才,建立行业标准化专家库。将从事标准化工作的业绩与技术职称评定、个人荣誉与待遇挂钩,吸引优秀专业人才从事标准化工作。

在经费支持方面,经费保障是标准化工作发展的基础。标准化经费的来源,包括交通运输行业的标准化项目经费、国家标准制修订经费和工程与产品质量监督工作经费,主要用于开展标准研究、制修订、翻译、复审、实施监督等工作。在保障现有标准化经费投入的基础上,需进一步加大对基础性、公益性标准研究制定的支持力度,集中优势资源,保障重要标准研究制定和推广实施,加大对标准实施工作的投入。拓展标准化经费来源渠道,逐步建立标准化工作社会多元化投入机制,引导鼓励企业、团体和社会加大标准化活动投入,形成政府资助、多方投入、共同支持的标准化经费保障格局。建立经费统筹管理机制,统筹用好标准化资金,加强项目管理,合理有效使用资金,形成健全的经费保障机制。

第三章
交通运输标准化发展

第一节　交通运输标准化的意义

根据《交通运输标准化管理办法》(交通运输部令2019年第12号),在中华人民共和国境内从事综合交通运输、铁路、公路、水路、民航、邮政领域的标准,统称为交通运输标准。交通运输标准包括国家标准、行业标准、地方标准、团体标准和企业标准五个类别。国家标准分为强制性标准、推荐性标准,行业标准、地方标准是推荐性标准。法律、行政法规和国务院决定对工程建设强制性标准的制定另有规定的,从其规定。

一、交通运输标准化发展

交通运输部负责综合交通运输和公路、水路领域标准化相关管理工作。国家铁路局、中国民用航空局、国家邮政局按照各自职责分别负责铁路、民航、邮政领域标准化相关管理工作。涉及铁路、公路、水路、民航、邮政两种及以上领域需要协调衔接和共同使用的技术要求,应当制定综合交通运输标准。

"十三五"以来,交通运输标准化工作快速发展。"十三五"期间,适应交通运输发展要求的标准体系基本建立,交通运输部组织制定了综合交通运输、安全应急、绿色交通、物流和信息化5部专业标准体系。截至2023年底,交通运输现行有效国家标准908项,行业标准3145项,地方标准2405项,开展了800余项团体标准制定。

2021年,交通运输部、国家标准化管理委员会、国家铁路局、中国民用航空局、国家邮政局联合印发《交通运输标准化"十四五"发展规划》(交科技发〔2021〕106号)。该规划提出,以建设适应高质量发展的标准体系为主线,着力加强重点领域标准有效供给、着力提升标准实施效能、着力推动标准国际化发展、着力提升标准化治理能力,遵循统筹协调、创新引领、系统推进、开放兼容的基本原则。到2025年,基本建立交通运输高质量标准体系,标准化运行机制更加健全,标准国际化水平显著提升,标准化支撑加快建设交通强国、构建国家综合立体交通网的作用更加突出。

二、交通运输标准化作用

支撑综合立体交通网建设。以"联网、补网、强链"为重点,制定发布一系列综合交通运输标准,支撑了全国25个枢纽城市和超过300个货运枢纽项目建设,促进大宗货物和集装箱"公转铁""公转水"中长距离运输,以及铁水联运、江海联运的高质量发展。

推动交通装备升级。以数字化、绿色化为重点,制定实施基于近场通信(NFC)的集装箱电子箱封、寄递无人车等标准,促进多式联运装备、载运工具和新型装备技术的推广应用。

提升运输服务品质。强化"互联网+政府服务",通过制定道路运输、水路运输、海事执法等电子证照标准,累计支撑发放电子证照1500多万张,做到了"让信息多跑路、让群众少跑腿"。

助力智慧交通发展。发布自动化集装箱码头操作系统、起重机远程操纵作业等技术标准,有力促进了青岛前湾、上海洋山等一批具有世界领先水平的自动化码头建设。

筑牢交通安全底线。道路交通标志和标线系列强制性标准,在公路和城市道路的应用里程超过了535万公里。通过"交通语言"设置的标准化,引导和规范道路使用者有秩序地使用道路,提高了路网整体运行效率,保障了公众安全、有序出行。

促进绿色低碳发展。通过优化运营车辆、运营船舶燃油消耗量限值标准,发布实施相关新能源汽车应用标准,为交通运输企业选择高能效、低排放车辆和船舶提供指导,助力实现碳达峰、碳中和目标。

第二节　我国交通运输标准化发展情况

交通运输部十分重视标准化工作，以习近平新时代中国特色社会主义思想为指导，紧密围绕加快建设交通强国重要要求，着力健全综合交通运输、智慧物流、绿色交通、安全应急等重点领域标准体系，积极打造与加快建设交通强国相适应的标准体系，着力推进标准化与科技创新协同，稳步扩大标准制度型开放，为构建安全、便捷、高效、绿色、经济、包容、韧性的可持续交通体系提供了强有力的标准支撑。

一、交通运输标准化管理体系基本健全

(一) 逐步完善交通运输标准化政策制度体系

交通运输部成立了交通运输部标准化管理委员会，统筹推进铁路、公路、水路、民航和邮政各领域标准化工作，构建了综合交通运输标准化管理新体制。2019 年，交通运输部发布《交通运输标准化管理办法》(交通运输部令 2019 年第 12 号)。以此为核心，交通运输部、国家铁路局、中国民用航空局、国家邮政局印发了铁路、公路、水路、民航、邮政标准化管理办法，形成了"1＋5"的交通运输标准化政策制度体系，相继印发了《交通运输行业标准管理办法》(交科技规〔2024〕1 号)、《铁路工程建设标准管理办法》(国铁科法〔2014〕32 号)、《铁道行业技术标准管理办法》(国铁科法〔2014〕32 号)、《中国民用航空行业标准管理办法》(AP-375SE-2012-008)、《民航工程建设行业标准管理办法》(MD-CA-2014-01)、《公路工程建设标准管理办法》(交公路规〔2020〕8 号)、《水运工程建设标准管理办法》(交水规〔2020〕12 号)、《交通运输标准审查管理规定》(交办科技〔2019〕109 号)、《交通运输标准外文版管理办法》(交科技〔2022〕16 号)等政策制度 16 项，促进标准质量提升。同时，印发《交通运输行业专业标准化技术委员会管理办法》(交办科技〔2020〕9 号)、《交通运输专业标准化技术委员会考核评估办法》(交办科技〔2022〕30 号)、《铁路行业专业标准化技术委员会管理办法》(国铁科法〔2023〕30 号)、《铁路行业专业标准化技术归口单位管理办法》(国铁科法〔2023〕31 号)等 4 项制度，推动交通运输标准化技术机构规范化建设。

(二)强化标准化战略规划顶层设计

2017年,交通运输部联合国家标准化管理委员会印发了《交通运输标准化体系》(交科技发〔2017〕48号),构建了涵盖政策制度、技术标准、国际化、实施监督和支撑保障五个方面的工作体系,综合交通运输标准化管理水平明显提升。2019年,交通运输部会同国家标准化管理委员会、国家铁路局、中国民用航空局、国家邮政局联合印发了《交通运输标准化"十四五"发展规划》(交科技发〔2021〕106号),全面指导全行业"十四五"时期标准化工作。

(三)优化标准化技术委员会业务布局

重组全国民用航空运输、全国内河船与水路运输标准化技术委员会,组建全国空中交通管理标准化技术委员会。截至目前,交通运输领域的全国专业标准化技术委员会共计21个,行业专业标准化技术委员会13个,涉及综合交通运输、集装箱、智能运输系统、信息通信及导航、城市客运、轨道交通电气设备与系统(下设机车车辆电气、通信信号、牵引供电分技术委员会)、交通工程设施(公路)、道路运输、汽车维修、内河船与水路运输、港口(下设疏浚装备分技术委员会)、航海安全、航测、救捞与水下工程、航空运输、空中交通管理、邮政业等专业领域。交通运输领域全国和行业专业标准化技术委员会信息分别见表3-1、表3-2。

全国专业标准化技术委员会   表3-1

序号	名称	专业范围
1	全国综合交通运输标准化技术委员会(SAC/TC571)	两种及以上运输方式协调衔接和共同使用(包括综合客运枢纽、综合货运枢纽、复合通道及交叉设施、旅客联程运输、货物多式联运衔接、运载单元、专用载运工具、快速转运设备、换乘换装设备以及统计、评价、安全应急与信息化等)
2	全国集装箱标准化技术委员会(SAC/TC6)	集装箱
3	全国轨道交通电气设备与系统标准化技术委员会(SAC/TC278)	轨道交通电气设备与系统

交通运输
团体标准编制概要

续上表

序号	名称	专业范围
4	全国轨道交通电气设备与系统标准化技术委员会机车车辆电气分技术委员会（SAC/TC278/SC1）	轨道交通电气设备与系统范围内机车车辆电气
5	全国轨道交通电气设备与系统标准化技术委员会通信信号分技术委员会（SAC/TC278/SC2）	轨道交通电气设备与系统范围内通信信号
6	全国轨道交通电气设备与系统标准化技术委员会牵引供电分技术委员会（SAC/TC278/SC3）	轨道交通电气设备与系统范围内牵引供电
7	全国交通工程设施（公路）标准化技术委员会（SAC/TC223）	公路、桥隧和交通工程及沿线设施
8	全国汽车维修标准化技术委员会（SAC/TC247）	汽车维修
9	全国智能运输系统标准化技术委员会（SAC/TC268）	智能运输系统
10	全国智能运输系统标准化技术委员会智慧交通物流分技术委员会（SAC/TC268/SC1）	交通运输领域与智能运输系统相关的智慧物流
11	全国道路运输标准化技术委员会（SAC/TC521）	客货运输管理的运输企业、运输从业人员、运输生产组织及运输场建设等管理方面的技术要求；道路运输装备和产品的使用要求、运输作业及监管装备要求
12	全国城市客运标准化技术委员会（SAC/TC529）	公共汽车、电车和轨道交通运营，出租汽车、轮渡及水上旅游客运，城市客运枢纽场站和其他客运附属服务设施
13	全国汽车标准化技术委员会挂车分技术委员会（SAC/TC114/SC13）	汽车挂车及汽车列车的连接尺寸及连接件的技术要求和试验方法

续上表

序号	名称	专业范围
14	全国汽车标准化技术委员会客车分技术委员会（SAC/TC114/SC22）	客车及专用装置
15	全国起重机械标准化技术委员会臂架起重机分技术委员会（SAC/TC227/SC4）	臂架起重机
16	全国内河船与水路运输标准化技术委员会（SAC/TC130）	内河船与水路运输管理与服务、技术与产品
17	全国港口标准化技术委员会（SAC/TC530）	港口安全、管理、作业、服务
18	全国港口标准化技术委员会疏浚装备分技术委员会（SAC/TC530/SC1）	疏浚专用装备及仪器设备
19	全国航空运输标准化技术委员会（SAC/TC464）	航空运输（公共航空运输和通用航空运输）安全、保障和服务，包括航空运输飞行安全、地面安全、航空安保、货运安全、设施与设备、应急救援、空中交通服务、航空电信、航空情报、航空气象、旅客及行李运输、航空货邮运输、通航作业、危险品航空运输、绿色航空飞行和绿色机场等
20	全国空中交通管理标准化技术委员会（SAC/TC602）	空中交通管理，包括基础通用、国家空域管理、空中交通流量管理、空中交通服务、航空电信（通信、导航、监视、飞行校验）、航空气象、人员管理、数据及自动化等
21	全国邮政业标准化技术委员会（SAC/TC462）	邮政领域基础、安全、管理、服务及相关技术等

行业专业标准化技术委员会　　　　　　　　　表3-2

序号	名称	专业范围
1	铁路行业内燃机车标准化技术委员会	铁路行业内燃机车专业领域机车车体、内燃动力系统、走行系统设备，机车车辆辅助系统机械设备

续上表

序号	名称	专业范围
2	铁路行业电气设备与系统标准化技术委员会	铁路行业电气设备与系统
3	铁路行业电气设备与系统标准化技术委员会机车车辆电气分技术委员会	铁路行业电气设备与系统范围内机车车辆电气
4	铁路行业电气设备与系统标准化技术委员会通信信号分技术委员会	铁路行业电气设备与系统范围内通信信号
5	铁路行业电气设备与系统标准化技术委员会牵引供电分技术委员会	铁路行业电气设备与系统范围内牵引供电
6	交通运输信息通信及导航标准化技术委员会	交通运输行业信息化、通信及导航
7	交通运输环境保护标准化技术委员会	交通运输行业公路、水路领域环境保护
8	交通运输航海安全标准化技术委员会	通航秩序管理、船舶监督、船员管理、船舶检验、行业安全管理
9	交通运输航测标准化技术委员会	交通运输航标、测绘、水上安全通信技术
10	交通运输救捞与水下工程标准化技术委员会	海上救助打捞、水下工程作业、潜水装具和潜水系统、相关人员选拔培训
11	中国工程建设标准化协会公路分会	公路工程建设、养护和运营管理
12	中国工程建设标准化协会水运专业委员会	水运工程建设与维护
13	民航工程建设标准化技术委员会	民航工程的勘察与测绘、选址与规划、设计施工验收、监理、检测与评价、运行与维护及相关管理

二、适应高质量发展的标准体系基本形成

重点领域标准体系持续完善。"十四五"期间,交通运输部完成综合交通运输、安全应急、绿色交通、物流和信息化等重点领域标准体系修订,推动各专业领域

标准体系协调衔接。修编发布《综合交通运输标准体系（2022年）》（交办科技〔2022〕52号），涵盖基础通用、交通设施、运输装备、运输服务、统计评价等方面92项标准。强化铁路、公路、水路、民航和邮政标准与综合交通运输标准协调衔接，促进综合交通运输一体化融合发展。交通运输部会同国家标准化管理委员会联合印发《交通运输智慧物流标准体系建设指南》（交办科技发〔2022〕97号），构建涵盖基础设施、运载装备、系统平台、电子单证、数据交互共享、运行服务管理的技术标准体系，包括国家标准和行业标准72项，促进交通运输业数字化转型升级。深入落实碳达峰碳中和工作部署，印发《绿色交通标准体系（2022年）》（交办科技〔2022〕36号），包括基础通用、节能降碳、污染防治、生态环境保护修复、资源节约集约利用等方面242项标准，加快形成绿色低碳运输方式。加强交通运输安全应急标准化建设，印发《交通运输安全应急标准体系（2022年）》（交办科技〔2022〕82号），包括基础通用、工程建设与运营安全、旅客运输安全、货物运输安全、应急管理、设施设备等方面383项标准，着力提升安全应急管理标准化水平。

高质量标准供给水平不断提升。截至2023年12月，交通运输领域现行有效国家标准共计908项，其中"十四五"期间发布国家标准193项，交通运输领域国家标准数量统计与分布见表3-3。交通运输领域现行有效行业标准共计3145项，"十四五"期间发布行业标准582项，各领域行业标准数量统计见表3-4。加快基础设施、交通装备、运输服务、智慧交通、安全应急保障和绿色交通等重点领域标准供给。

国家标准数量统计与分布（单位：项）　　　　　表3-3

类别	综合交通运输	铁路	公路	水运	民航	邮政	合计
现行有效国家标准	66	223	328	228	37	26	908
"十四五"发布国家标准	23	27	63	66	1	13	193

行业标准数量统计与分布（单位：项）　　　　　表3-4

类别	综合交通运输	铁路	公路	水运	民航	邮政	合计
现行有效行业标准	135	1115	795	709	297	94	3145
"十四五"发布行业标准	48	121	163	163	68	19	582

聚焦综合立体交通网络、客货运枢纽系统、农村交通基础设施等领域，推动标准制修订，支撑综合立体交通网建设。加快推进以数字化、绿色化为主要特点的重

大成套装备技术标准制修订,推动交通装备升级换代。加快推进基础条件、作业程序、装备技术和服务质量等方面标准制修订,强化适老化服务标准研制,推进旅客联程运输"一票制"、多式联运"一单制""一箱制"发展,提升运输服务品质和效率。加快智慧交通技术、数据资源融合、北斗卫星导航系统应用等方面关键技术和共性基础标准制修订,提升交通运输信息化水平,推动智慧交通快速发展。推进交通基础设施安全技术、安全生产预防控制、自然灾害交通防治和突发事件应急处置等标准制修订,提升交通设施设备本质安全水平,保障交通运输安全发展。加快绿色交通发展新技术、新设备、新材料、新工艺标准制修订,促进绿色低碳交通建设。

此外,加快建设强制性标准体系,系统推进安全生产、职业健康与劳动保护、工程建设等方面强制性标准制修订,强化强制性标准"保基本、兜底线"的作用和技术法规地位,筑牢交通安全发展底线。对现行有效推荐性国家标准、行业标准开展集中复审,形成"立、改、废"结论,消除标准中不适应综合运输一体化、高质量发展的内容,推动标准提档升级。

三、标准服务国家重大战略实施效果更加突出

围绕京津冀协同发展、长江经济带发展、粤港澳大湾区建设、长三角一体化发展、黄河流域生态保护和高质量发展以及成渝地区双城经济圈建设需要,协同推动区域性地方标准制定实施。交通运输部、河北省人民政府联合印发《支撑雄安新区交通运输高质量发展标准体系》,推动高速公路车道级主动控制技术、长距离毫米波交通雷达、改性沥青新材料等标准制定与实施应用,以高标准助力创造"雄安质量"。交通运输部、国家市场监督管理总局、重庆市人民政府、四川省人民政府联合印发《推动成渝地区双城经济圈综合交通运输高质量发展标准体系》,系统推进区域标准化建设,是新形势下以标准提升促进区域协调发展、优势互补的重要举措,对川渝合力打造区域交通一体化发展的高水平样板,主动服务和融入国家重大发展战略具有示范作用。

更好发挥标准对于重大工程高质量建设、乡村振兴战略实施的支撑作用。交通运输部发布 JTG/T 3331-04—2023《多年冻土地区公路设计与施工技术规范》等标准,助力出疆入藏大通道建设;依托港珠澳大桥等重大工程,发布 JTG/T 3652—

2022《跨海钢箱梁桥大节段施工技术规程》、JTG/T 5124—2022《公路跨海桥梁养护技术规范》等标准,为国内外工程建设提供重要参考。围绕"四好农村路"高质量发展,发布 JTG 2111—2019《小交通量农村公路工程技术标准》等标准;发布 JT/T 1442—2022《乡镇运输服务站运营服务规范》,提升农村运输服务水平;发布 YZ/T 0179—2021《农产品寄递服务及环保包装要求》等标准,推进农村绿色寄递发展。

第三节 国际交通运输标准化发展情况

目前,国际三大标准组织包括国际标准化组织(ISO)、国际电工委员会(IEC)和国际电信联盟(ITU)。根据 ISO/IEC 指南 21-1,2005 的定义:广义国际标准是指由国际标准化组织(ISO)或国际标准组织通过并公开发布的标准,狭义国际标准专指 ISO 和 IEC 标准。国际标准在世界范围内统一使用。

随着世界区域经济体的形成,区域标准化日趋发展。有些区域已成立标准化组织,如欧洲标准化委员会(CEN)、欧洲电工标准化委员会(CENELEC)、欧洲电信标准学会(ETSI)、太平洋地区标准大会(PASC)、泛美技术标准委员会(COPANT)、非洲地区标准化组织(ARSO)等。

一、国际及区域标准化组织发展情况

(一)国际标准化组织(ISO)

国际标准化组织(ISO)是目前世界上最大、最有权威性的国际标准化专门机构,成立于1947年。截至2023年12月,ISO 共设立技术委员会(TC)、分技术委员会(SC)共830个,涉及粮食和农业、化学、建筑施工、可持续环境、信息技术、卫生医药、货运包装等17个主要领域。其中与交通运输相关领域的技术委员会包括 TC8 船舶与海洋技术、TC20 航空和航天器、TC22 道路车辆、TC51 单元货物搬运用托盘、TC96 起重机、TC104 货运集装箱、TC110 工业车辆、TC149 自行车、TC188 小船、TC204 智能交通系统、TC241 道路交通安全管理系统、TC269 铁路应用、TC315

交通运输
团体标准编制概要

冷链物流等,占 ISO 技术委员会总数的 3% 左右。截至 2023 年 12 月,ISO 已发布 25000 余项现行标准,其中涉及交通运输领域相关标准约 3100 余项。各领域 ISO 标准发布比例见表 3-5。

ISO 国际标准主要领域及所占比重　　　　表 3-5

序号	标准所属领域	占比
1	信息技术、图形、摄影	21.7%
2	机械工程	15.6%
3	交通运输	12.4%
4	非金属材料	6.4%
5	建筑施工	5.6%
6	食品农业	5.3%
7	矿石金属	4.8%
8	化学	3.8%
9	专业技术	3.6%
10	可持续环境	3.2%
11	能源	3.2%
12	横向主体	3.1%
13	货运、包装和配送	1.0%
14	服务	0.6%
15	企业管理和创新	0.2%
16	安全和风险	0.1%
17	其他	0.3%

2021 年 2 月,ISO 发布《ISO 战略 2030》,确定了 2030 年的目标为:ISO 标准无处不在;标准得到广泛应用,满足全球需要;制定基于全球共识的标准,倾听所有意见。围绕三大目标进一步提出六大重点任务,包括:展示标准的好处、创新以满足用户的需求、在市场需要时交付 ISO 标准、抓住国际标准化的未来机遇、加强 ISO 成员的能力建设、提高 ISO 体系的包容性和多样性。

(二)国际电工委员会(IEC)

国际电工委员会(IEC)成立于1906年。截至2023年12月,IEC设立TC和SC共216个,主要负责有关电气工程和电子工程领域中的国际标准化工作。截至2023年12月,IEC现行标准14000余项。IEC标准涉及环境保护、智能制造、医疗保健、城市和社区、运输、网络安全、人工智能、物联网等领域。在交通运输领域,IEC主要着力在电动汽车、海上运输、铁路系统、航空、可持续电气化交通等领域,具体包括蓄电池和电池组技术委员会(IEC/TC21)、道路车辆和电动工业用载货车技术委员会(IEC/TC69)、电动汽车充电接口国际标准工作组(IEC/SC23H)、船舶电气设备技术委员会(IEC/TC18)、海上导航与无线电通信设备及系统技术委员会(IEC/TC80)、轨道交通电气设备与系统技术委员会(IEC/TC9)、用于机场照明和信号标志的电气装置技术委员会(IEC/TC97)、航空电子过程管理技术委员会(IEC/TC107)、可持续电气化交通系统委员会(SyC SET)等。

IEC的宗旨是促进电气、电子工程领域中标准化及有关问题的国际合作,增进国际理解。目前,IEC的工作领域已由单纯研究电气设备、电机的名词术语和功率等问题,扩展到电子、电力、微电子及其应用、通信、视听、机器人、信息技术、新型医疗器械和核仪表等电工技术的各个方面。

(三)国际电信联盟(ITU)

国际电信联盟(ITU)成立于1865年5月17日,是联合国的一个重要专门机构,负责制定全球电信标准,向发展中国家提供电信援助。ITU的组织结构主要分为电信标准化部门(ITU-T)、无线电通信部门(ITU-R)和电信发展部门(ITU-D),其中电信标准化部门的主要职责是完成国际电信联盟有关电信标准化的目标,使全世界的电信标准化。ITU全球会员包括193个成员和900多家公司、大学、国际和区域组织。ITU-T的主要产品是规范性建议,即确定电信工作运行和互通方法的标准。ITU的建议不具约束力,但由于其质量高,而且保证了网络的互联性,使电信服务能够在全世界范围内提供,因此一般都得到遵守。现行的ITU-T建议有4000多条,涉及的主题从服务定义、网络架构和安全,到拨号调制解调器,到Gbit/s光传输系统,再到下一代网络、未来网络、网络服务、云计算、无处不在的传感器网络、电子健康、气候变化和 IP 等相关问题,涵盖了当今信息通信技术(ICT)的所有基本要素。与 ISO、ITU 相比,目前我国交通运输领域在 ITU 工作范围内所涉及的领域较少。

(四)欧盟标准化组织

欧盟(European Union,EU)标准化组织体系主要包括欧盟各成员国、工业界、利益相关方、标准用户等几个方面。欧洲标准化委员会(CEN)、欧洲电工标准化委员会(CENELEC)和欧洲电信标准协会(ETSI)是欧盟区域的主要标准化组织,与三大国际标准组织对应。此外,德国标准化协会、法国标准化协会等欧盟各成员国国家标准化组织也积极参与到全球标准化的进程中,为欧盟标准化工作贡献自己的力量。欧盟标准化体系不仅已覆盖了大部分欧洲国家,还和全球大多数主要经济体的标准化体系保持合作。因此,在一定程度上,欧洲标准化体系即欧盟标准化体系。

2021 年 2 月,欧洲标准化委员会(CEN)和欧洲电工标准化委员会(CENELEC)发布《CEN-CENELEC 战略 2030》,确定了发展的五大目标:一是欧盟和欧洲自由贸易联盟承认并利用欧洲标准化体系的战略价值;二是客户和利益相关方受益于最先进的数字化解决方案,制定符合数字经济需求的标准;三是提高对 CEN 和 CENELEC 标准的使用和认识;四是欧洲标准化工作首选 CEN 和 CENELEC 系统;五是加强国际化领导力和雄心,通过强化 ISO 和 IEC 来加强全球外联和影响力。

二、国外主要国家标准化发展情况

(一)美国

美国国家标准技术研究院(NIST)为美国标准化领域唯一的官方机构,代表联邦协调政府机构活动,协调各类组织的标准化工作。而美国标准化工作的主体为美国国家标准化学会(ANSI),成立于 1918 年,起着美国标准化行政管理机关的作用,是非营利性质的民间标准化团体。美国标准体系包括政府专用标准与自愿性标准,其中自愿性标准所占比例较大。美国政府商务部、陆军部、海军部等部门以及美国材料与试验协会、美国机械工程师协会(ASME)、美国矿业与冶金工程师协会、美国土木工程师协会、美国电气工程师协会等组织都曾参与 ANSI 的筹备工作。实际上,ANSI 已成为美国国家标准化中心,美国各界标准化活动都围绕它进行,它使政府有关系统和民间系统相互配合,在政府和民间标准化系统之间起到了桥梁作用。ANSI 协调并指导美国全国的标准化活动,给标准制定、研究和使用单位以帮助,提供国内外标准化信息,经费来源于会费和标准资料销售收入,无政府基金。ANSI 一般不制定标准,其标准绝大多数来自各专业协会、团体标准。ANSI 的标准是自愿采用的,美国认为,强制性标准可能限制生产率的提高,但由法律引用和政府部门制定的标准,一般属强制性标准。

美国交通运输标准,在标准化总体运行机制下,多数由各协会、团体制定。例如,美国国家公路与运输协会(AASHTO)作为美国交通运输的非营利性研究机构,是美国最著名的公路与交通协会,其目标是建立安全的交通系统,在确保机动性的同时促进经济繁荣和环境保护,对于美国国家交通运输法规与政策的制定和颁布有较大话语权。AASHTO 的标准和规范涵盖海陆空交通系统,逐步形成了完备的交通运输工程标准体系。AASHTO 的标准、规范和指南数目繁多,相互交叉,内部逻辑关系虽然清晰但较为复杂,其标准体系跟众多欧美区域、国家和协会标准的特点一致,且与其他协会保持非常密切的协作关系,如美国材料与试验协会。

当前,美国比历史上任何时期都更加重视标准及其作用的发挥,近年来连续出台标准化发展战略。2021 年 1 月,ANSI 发布了《美国标准战略(2020)》,指出"标准在如今比美国历史上任何时刻都重要",并强调美国政府要发挥主导作用,并"有计划地向全球推广美国标准的价值"。2023 年 5 月,美国发布了《美国政府关键和新兴技术国家标准战略》,旨在加强美国标准的国际化能力,保障美国在国际标准制定方面的领导地位和竞争力。在该战略中优先选定的关键和新兴技术(CET)领域主要有:通信和网络技术,半导体和微电子技术(包括计算、内存和储存技术),人工智能和机器学习,生物技术,定位、导航和定时服务,分布式账本技术和数字身份基础设施,可再生能源生产和储存,量子信息技术。同时,还确定了一些将影响美国全球经济和国家安全的 CET 的具体应用领域:自动化和互联基础设施,生物银行,自动化、互联和电动交通,关键矿产供应链,网络安全与隐私,碳捕捉、去除、利用和储存。这一战略强调了联邦政府对 CET 国际标准的支持,这将强化私营部门主导的标准工作机制,并提升美国全球技术创新和产业发展的竞争力。2024年7月,美国国家标准技术研究院(NIST)发布《美国关键和新兴技术国家标准战略实施路线图》,其目标是增强美国在关键和新兴技术领域的领导力,确保美国的技术优势和国家安全。

(二)日本

日本标准化工作框架主要是第二次世界大战后建立完善的。日本标准化工作体制政府色彩较浓,标准化采取政府主导、民间参与的管理体制。政府主管标准化机构主要是日本工业标准委员会(JISC)和农林产品标准委员会(JASC)。由政府认可的民间标准化组织主要有日本标准化协会(JSA),开展标准化调查、研究、开发、信息化、教育培训等工作。另外,各行业协会、学会、工业协会等民间团体,负责制定本行业内需要统一的标准和日本工业标准(JIS)的研究起草任务。

日本的交通运输标准涵盖多个方面,包括交通规则、智能交通系统、道路法规等。在智能交通系统方面,包括MaaS(出行即服务)、ETC2.0(电子收费系统)、自动驾驶技术等,通过采取"官民联合"(即政府、企业合作)的基本方针,推动自动驾驶和产业化工作,已具备较强的标准化国际影响力。目前,日本经济产业省和国土交通省分别对接国际标准化组织道路车辆技术委员会(ISO/TC22)、国际标准化组织智能运输系统技术委员会(ISO/TC204)及联合国世界车辆法规协调论坛(UN/WP29),共同开展自动驾驶标准化研究。此外,为了推动自动驾驶汽车的普及,日本修订了《道路运输车辆法》,增加了自动运行装置的安保标准,引入了汽车电子检查,并创立了通过软件程序改造车辆的许可制度。这些修订旨在确保自动驾驶汽车的安全性,并促进其商业化。

(三)德国

德国实行的是政府授权民间管理的标准化管理体制,政府不过多地直接干预国家整体经济的运行。德国标准化协会(DIN)是非营利性的民间机构,成立于1917年。德国联邦政府与DIN签署协议,使其成为标准化主管机关,对外代表德国参与国际和欧洲标准化活动,对内负责国内标准化活动,包括制修订标准等。DIN与欧盟、国际标准化组织保持着密切的对口关系,在国家标准化组织、欧盟区域标准化组织与国际标准化组织之间架起桥梁。

德国标准化战略始终遵循动态开放的原则,根据经济社会发展、技术创新及国家战略的实际需求而制定和调整。2016年,DIN在"工业4.0标准化路线图(2013年)"的基础上研究制定了新的标准化战略,强调把标准作为强化德国经济地位的重要工具来使用,并重点关注大趋势的数字化、跨行业技术与传统行业标准化的协同发展、平衡私有机构标准化与德国/欧盟立法的关系等。德国紧紧抓住标准化工作全球化的机遇,实质性地参与国际标准化活动,推动本国标准上升为区域标准(欧盟标准)和国际标准。

德国交通运输标准按照国家标准化管理体制,由相关标准化协会、团体负责制定管理。由于德国标准与欧盟标准、国际标准的联系较为紧密,德国现有标准中90%以上都是等同采用欧盟标准或国际标准,因此,在交通运输领域,德国标准对国际标准的采用程度非常高,同时许多欧盟标准和国际标准(如铁路方面)都是在德国标准的基础上编制而成的。德国在自动驾驶领域走在世界前列,2021年5月通过的《自动驾驶法》允许L4级别智能汽车在德国公共道路指定区域运营,并规定了相应的技术要求、行驶条件和数据处理规则。德国在智能交通系统方面也进行了大量研发和部署,包括电子收费系统、交通信息提供、车辆通信等,以提高交通效率和安全性。德国的交通工程专业在全球享有盛誉,其教育和研究涵盖了公路、铁路、航空、海运等各种交通方式,以及交通规划、交通管理、交通设施设计、交通安全、交通经济等多个方面。此外,德国道路设计规范体系非常完善,包括道路规划、设计、施工、运营等各个阶段,以及道路的空间线形、横断面形式、交叉口形式、自行车交通引导形式等基础设施设计要素,以实现安全、高效的运输目标。

第四节 我国交通运输标准国际化情况

近年来,我国交通运输标准化更加积极融入国际标准治理体系,标准国际交流与合作更加密切,在国际标准制修订、标准外文版翻译与海外工程应用等方面取得丰硕成果,在国际舞台上贡献交通智慧。

交通运输
团体标准编制概要

一、国际国内标准协同发展持续推动

截至 2023 年 12 月,交通运输领域先后由中国专家主持制定发布国际标准共 43 项。2011 年 11 月 30 日,我国交通运输行业首次主持制定的国际标准《ISO 18186:2011 集装箱-RFID 货运标签系统》正式发布。近年来,我国在疏浚装备、集装箱、智能运输、臂架起重机等领域国际标准制修订工作中取得了突破。同时,加强国际标准技术储备。交通运输部自 2023 年起开展交通运输领域国际标准提案项目需求调研征集工作,研究组建国际标准提案库,通过强化国际标准化工作统筹,推动成熟度较高、可信性较强的国际标准提案申报,推动中国技术融入国际标准体系。

二、标准外文版体系更加完善

截至 2023 年 12 月,交通运输行业共发布外文版标准 555 项,涵盖英、法、德、日、俄等多语种。JTG B01—2014《公路工程技术标准》、JTG D60—2015《公路桥涵设计通用规范》、JT/T 1208—2018《国际道路货物运输车辆选型技术要求》等交通运输外文版标准发布实施,有力支撑了交通运输工程建设、产品、技术与服务等领域国际交流与合作,高质量服务共建"一带一路"。肯尼亚蒙内铁路、印尼雅万高铁、柬埔寨金港高速公路等"一带一路"重点项目采用我国标准,为标准国际化发展作出"中国贡献"。

三、标准化国际交流与合作不断深化

截至 2023 年 12 月,交通运输行业共有 12 个标准化技术委员会的秘书处支撑单位与三大国际标准组织建立了技术对口关系,持续深化参与国际标准组织治理和重大政策规则制定,贡献中国智慧。交通运输领域与有关国际标准组织技术机构的对口关系见表 3-6。我国专家在集装箱、疏浚装备领域担任平台及台架式集装箱工作组(ISO/TC104/SC2/WG6)、散货集装箱工作组(ISO/TC104/SC2/WG7)及挖泥船工作组(ISO/TC8/WG11)召集人职务,担任铁路应用技术委员会(ISO/

TC269)机车车辆分委会主席,承担铁路应用技术委员会(ISO/TC269)基础设施分委会轮值秘书处。

交通运输领域与有关国际标准组织技术机构的对口关系　　　　表3-6

序号	ISO、IEC的标准化技术委员会名称及编号	国内技术对口的标准化技术委员会	
		名称及编号	秘书处所在单位
1	国际电工委员会轨道交通电气设备与系统标准化技术委员会(IEC/TC9)	全国轨道交通电气设备与系统标准化技术委员会(SAC/TC278)	中车株洲电力机车研究所有限公司
2	国际标准化组织铁路应用技术委员会(ISO/TC269)	铁路基础通用及运输设备技术归口单位	中国铁道科学研究院集团有限公司
3	国际标准化组织城市和社区可持续发展技术委员会可持续流动与交通分委会(ISO/TC268/SC2)	动车组、客货车辆机械及机车车辆制动设备技术归口单位	中车青岛四方车辆研究所有限公司
4	国际标准化组织集装箱技术委员会(ISO/TC104)	全国集装箱标准化技术委员会(SAC/TC6)	交通运输部水运科学研究院
5	国际标准化组织船舶与海洋技术委员会内河航行船分委会(ISO/TC8/SC7)	全国内河船与水路运输标准化技术委员会(SAC/TC130)	交通运输部水运科学研究院
6	国际标准化组织道路交通安全管理体系技术委员会(ISO/TC241)	全国交通工程设施(公路)标准化技术委员会(SAC/TC223)	交通运输部公路科学研究院
7	国际标准化组织智能运输系统技术委员会(ISO/TC204)	全国智能运输系统标准化技术委员会(SAC/TC268)	交通运输部公路科学研究院
8	国际标准化组织航空与航天器技术委员会航空货运与地面和设备分委会(ISO/TC20/SC9)、机场基础设施分委会(ISO/TC20/SC17)	全国航空运输标准化技术委员会(SAC/TC464)	中国民航科学技术研究院

交通运输
团体标准编制概要

续上表

序号	ISO、IEC 的标准化技术委员会名称及编号	国内技术对口的标准化技术委员会	
		名称及编号	秘书处所在单位
9	国际标准化组织船舶与海洋技术委员会挖泥船工作组（ISO/TC8/WG11）	全国港口标准化技术委员会疏浚装备分技术委员会（SAC/TC530/SC1）	中国交通建设股份有限公司
10	国际标准化组织起重机械技术委员会臂架起重机分委会（ISO/TC96/SC8）	全国起重机标准化技术委员会臂架起重机分技术委员会（SAC/TC227/SC4）	交通运输部水运科学研究院
11	国际标准化组织道路车辆技术委员会（ISO/TC22）及国际电工委员会电动道路车辆和电动工业用载货车技术委员会（IEC/TC69）	全国汽车标准化技术委员会挂车分技术委员会（SAC/TC114/SC13）	交通运输部公路科学研究院
12		全国汽车标准化技术委员会客车分技术委员会（SAC/TC114/SC22）	中国公路车辆机械有限公司

除三大国际标准组织外，交通运输行业部分标准化技术委员会及单位与三大国际标准组织之外的相关国际组织建立了良好的工作联系。如：我国专家担任国际铁路联盟（UIC）高速委员会主席；邮政业标准化技术委员会对接万国邮政联盟（UPU）开展国际标准化工作，推动北斗卫星导航系统在国际寄递领域应用，2023年我国成功当选 UPU 地理编码工作组主席国；交通运输航海安全标准化技术委员会与国际海事组织（IMO）建立业务联系；交通运输航测标准化技术委员会分别参与国际航标协会（IALA）、国际海事组织（IMO）、国际海道测量组织（IHO）等 3 个国际组织事务工作。各相关委员会积极开展国际标准化交流，分享国际标准化实践成果，举办现代绿色港航国际标准化论坛、首届中国民航标准化国际论坛等。

第四章
团体标准政策与团体标准发展

第一节 我国团体标准政策

标准化创新已成为国家科技发展战略的重要组成部分。开展团体标准工作是促进市场在标准化资源配置过程中发挥作用的重要手段,也是国家从供给侧对标准化工作进行改革的重要方式。我国标准化改革的目标是把以政府供给为主的标准体系,转变为由政府主导制定的标准和市场自主制定的标准共同构成的新型标准体系。因此,团体标准是我国政府标准化体制改革,与国际接轨的必然产物。

一、团体标准发展现状

早在1988年,我国已进行了团体标准制定的实践。1988年5月1日,由中国工程建设标准化协会防腐蚀专业委员会主编的 CECS 01:1988《呋喃树脂防腐工程技术规程》批准发布,开启了我国团体标准在工程建设领域应用的历史。

从1988年起,我国团体标准经过民间自发、技术标准联盟化和国家全面培育三个发展阶段。2015年2月11日,国务院常务会议明确提出,鼓励学会、协会、商会和产业技术联盟等制定发布满足市场和创新需要的团体标准,选择部分领域开展试点。2015年3月11日,国务院印发《深化标准化工作改革方案》(国发〔2015〕13号),部署改革标准体系和标准化管理体制,改进标准制定工作机制,强化标准的实施与监督。2016年3月10日,国家质量监督检验检疫总局、国家标准化管理委员会印发《关于培育和发展团体标准的指导意见》（国质检标联〔2016〕109号），标志着我国团体标准培育工作开始走向正轨。2016年5月4日，全国团体标准信息平台建立。2019年1月9日，国家标准化管理委员会、民政部联合发布《团体标准管理规定》（国标委联〔2019〕1号）。

近年来，我国团体标准发展势头迅猛，呈现出"多、快、新、高"的特点。团体标准制修订速度普遍较快，能够及时、快速响应市场需求。同时，团体标准以市场需求为导向，迅速跟进新技术、新产品、新业态，能够填补标准空白，而且工作机制灵活，适应能力强。从技术内容层面看，团体标准的技术指标往往处于国内领先水平，部分团体标准可达到国际领先水平。国家鼓励社会团体制定高于、严于推荐性国家标准的团体标准。团体标准以其先进技术促使优势产品能够脱颖而出，从而引领行业高质量发展。

从2016年开始，发布团体标准数量以每年30%的速度增加。2022年，社会团体在全国团体标准信息平台上公布17675项团体标准。2023年，社会团体在全国团体标准信息平台上公布23162项团体标准。截至2024年9月30日，共有8240家社会团体在全国团体标准信息平台注册，其中在民政部登记注册的有973家，在地方民政部门登记注册的有7267家。社会团体在全国团体标准信息平台共公布89857项团体标准，其中在民政部登记注册的社会团体公布36039项，在地方民政部门登记注册的社会团体公布53818项。从国民经济行业划分来看，社会团体公布的团体标准涵盖了全部20个国民经济行业分类，其中团体标准数量最多的为制造业，共34155项，占团体标准总数的38.01%；其次是农、林、牧、渔业类，信息传输、软件和信息技术服务业类等行业；交通运输、仓储和邮政业类公布团体标准数量共2059项，占团体标准总数的2.29%，在国民经济行业分类中排位居中。各行业团体标准数量如图4-1所示。

二、团体标准管理政策

2015年3月，国务院印发的《深化标准化工作改革方案》（国发〔2015〕13号）提出"培育发展团体标准"，明确了我国团体标准改革发展方向，并对团体标准的定位、制定主体、管理及组织实施等方面作出了明确规定。同年6月，国家标准化

第四章
团体标准政策与团体标准发展

管理委员会开展首批团体标准试点工作,为团体标准化工作模式和方法探索路径、积累经验。2017年11月,我国颁布新修订的《标准化法》,确立了团体标准的法律地位,明确了团体标准与创新的关系,以及团体标准与其他标准之间的关系。团体标准成为新型标准体系中的重要组成部分。2021年10月,中共中央、国务院发布《国家标准化发展纲要》,强调要不断提高市场自主制定标准的质量,通过实施团体标准培优计划,建立政府颁布标准、采信市场自主制定标准的机制以及企业标准领跑者制度、标准创新型企业制度等创新机制与制度,激发市场主体的积极性与主动性,加快制定能够满足市场需求和创新发展的引领性、高质量标准。

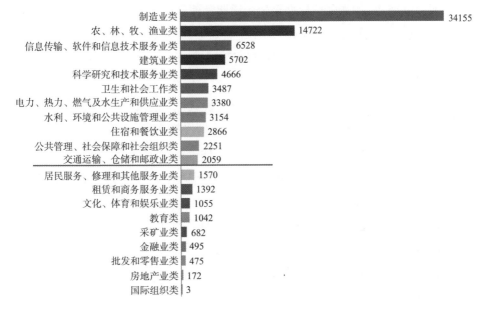

图4-1 各行业团体标准数量

为规范、引导和监督团体标准工作,国家标准化管理委员会等有关部门还出台了一系列政策规定和标准,包括《关于培育和发展团体标准的指导意见》(国质检标联〔2016〕109号)、《团体标准管理规定》(国标委联〔2019〕1号)以及《团体标准化》(GB/T 20004)系列标准等。2022年2月,国家标准化管理委员会等十七部门联合印发了《关于促进团体标准规范优质发展的意见》(国标委联〔2022〕6号),对推进团体标准优质发展具有重要意义。2023年8月,国家标准化管理委员会发布《推荐性国家标准采信团体标准暂行规定》(国标委发〔2023〕39号),其中除对拟采信的团体标准提出符合需求和范围、内容具有先进性及引领性、实施效果良好等原则性要求外，还明确了社会团体应符合团体标准化良好行为标准。2024年8月，国家标准化管理委员会印发《团体标准组织综合绩效评价指标体系》（国标委发〔2024〕34号），进一步促进团体标准规范优质发展。

《关于促进团体标准规范优质发展的意见》（国标委联〔2022〕6号）是团体标准发展的纲领性文件，规定了"十项条件"，简称"团十条"：

一是提升团体标准组织标准化工作能力。团体标准组织应当建立规范的标准化工作机制，制定系统的团体标准管理和知识产权处置等制度，严格履行标准制定的有关程序和要求，加强团体标准全生命周期管理。建立完整、高效的内部标准化工作部门，配备专职的标准化工作人员。

二是建立以需求为导向的团体标准制定模式。团体标准组织要找准团体标准的制定需求，紧密围绕新技术、新产业、新业态、新模式，主动对接重大工程、产业政策、国际贸易，统筹考虑团体标准的推广应用模式，广泛吸纳生产、经营、管理、建设、消费、检测、认证等相关方参与，充分发挥技术优势企业作用，制定原创性、高质量的团体标准，填补标准空白。鼓励相关团体标准组织围绕产业链供应链需求联合制定团体标准。涉及国家安全和公共利益的网络安全团体标准，应当征求国家网信部门和国务院有关主管部门的意见。

三是拓宽团体标准推广应用渠道。鼓励团体标准组织建立标准制定、检验、检测、认证一体化工作机制，推动团体标准在招投标、合同履约等市场活动中实施应用，打造团体标准品牌。大力开展团体标准宣传，提高社会对团体标准的认知度与认可度。标准化行政主管部门和有关行政主管部门按照国家有关规定开展团体标准应用示范工作。

四是开展团体标准化良好行为评价。国务院标准化行政主管部门完善团体标准化良好行为系列国家标准。鼓励团体标准组织根据团体标准化良好行为系列国家标准开展自我评价，自愿在全国团体标准信息平台上公开声明，进入团体标准化良好行为清单，提升团体标准组织的诚信和影响，供相关方使用团体标准时参考。团体标准的使用方或采信方，可以自行评价或委托具有专业能力和权威性的第三方机构进一步对团体标准组织标准化良好行为进行评价，作为使用和采信团体标准的重要依据。

五是实施团体标准培优计划。国务院标准化行政主管部门会同有关部门，紧贴国家战略性新兴产业,对接区域重大战略,聚焦科技创新和社会治理现代化,制定团体标准培优领域清单。建立培优团体标准组织库,选择具备能力的团体标准组织进行培优。建立对培优团体标准组织工作绩效的科学考核评估机制,形成有进有出的动态调整机制,培养一批优秀的团体标准组织,发挥标杆示范作用,带动团体标准化工作水平整体提升。

六是促进团体标准化开放合作。鼓励基于团体标准提出国际标准提案,支持符合条件的团体标准组织承担国际标准组织的国内技术对口单位,推荐有能力的专家成为国际标准注册专家。鼓励团体标准组织建立吸纳外商投资企业和外国专家参与团体标准制定的机制。

七是完善团体标准发展激励政策。国务院标准化行政主管部门建立健全推荐性国家标准采信团体标准的机制,会同国务院有关行政主管部门共同推动将团体标准作为科研项目成果的重要考核指标之一。鼓励各部门、各地方将在助推经济社会高质量发展中取得显著成效的团体标准纳入奖励范围。鼓励企业、高等院校、科研机构等用人单位在职称评定中增加团体标准的评分权重。鼓励有关部门建立相关融资增信制度,激励企业通过执行团体标准提供高质量产品和服务。

八是增强团体标准组织合规性意识。团体标准组织应当加强诚信自律,依据章程规定的业务范围开展团体标准化工作;已有强制性标准的,不得重复制定团体标准;不得出现抄袭标准等侵犯标准著作权的行为;禁止利用团体标准化工作的名义进行营利和违法违规收费;不得利用团体标准从事法律法规禁止的事项。团体标准组织要建立完善投诉受理机制,发现确实存在问题的,要及时进行改正。

九是加强社会监督和政府监管。任何单位或者个人有权对违法违规的团体标准化行为进行投诉和举报。各级标准化行政主管部门加强对团体标准的监督,优化"双随机、一公开"监管模式,对违反法律法规、不符合强制性国家标准、侵犯标准著作权等问题依法依规进行处理,通过全国团体标准信息平台向社会公布团体标准组织违法违规行为和处理结果,并向有关行政主管部门通报相关信息。充分发挥新闻媒体对团体标准的正面引导和监督作用,对团体标准组织形成约束力。

十是完善保障措施。各级标准化行政主管部门、有关行政主管部门要认识到位、措施到位、行动到位,做好工作安排部署,加强协同配合,形成工作合力。及时总结团体标准发展的经验和模式,解决和预防团体标准发展过程中的重大问题和潜在风险。进一步加强团体标准相关政策的宣传，提升业务指导和支持能力，促进团体标准组织间的交流合作、相互协调。推动专业标准化技术委员会、标准化研究机构服务支持团体标准化工作，为团体标准化工作提供专业化支撑。

国家标准化管理委员会于2024年8月印发《团体标准组织综合绩效评价指标体系》（国标委发〔2024〕34号），引导团体标准组织制定原创性、高质量标准，拔高了团体标准组织发布、制定团体标准的"门槛"，促进团体标准规范优质发展。

三、团体标准的定位

团体标准作为我国新型标准体系的成员，其主体、形成过程、性质、范围以及定位等均与其他类标准不同。团体标准是社会团体协调市场主体共同制定的市场标准。与政府主导标准相比，团体标准的定位和特点体现在以下两方面：

一是以市场及创新需求为导向。团体标准的工作导向是绝对趋向于市场主体，是紧密结合市场脉搏、积极主动化地适应市场供需态势及变化能力的时效性标准。团体标准的起草单位、编制团队、归口部门均属于能够"一贯跟踪分析有关行业的市场主体动向与市场微观导向的高专业素质并标准化精准认知及明细走向趋势，具有高水平预测分析或精准研判能力"的专业化团队。团体标准的工作导向具有较强的自主性规律和自愿性原则。团体标准的结构与编写具有采纳建议性和推荐性，涵盖的相关限量和指标不但科学合理，而且不像强制性国家标准或企业标准那样，显现出或限量苛刻、或指标极高的硬规性，具有非常适应市场考量和应用考验的"硬核"意义，是极度适应技术产品化和品牌促成化以及产品安全化的市场通用性标准。

二是在市场竞争中优胜劣汰。政府主导制定的标准在制修订过程中存在"协调性"确定，需要与现有标准协调一致，标准之间不存在竞争关系。团体标准的制定主体、相关利益方及应用范围决定了竞争关系的存在，在相同领域可以存在技术指标类似的标准，它们不会在标准制定前互相协商规避冲突，而会在标准实施时通过市场竞争优胜劣汰。这也恰恰是团体标准的重要特点——反映最新的创新成果，充分激发创新活力。

四、团体标准的意义

《国家标准化发展纲要》确立了"优化政府颁布标准与市场自主制定标准二元结构,大幅提升市场自主制定标准的比重"的改革创新目标。在发展目标"由数量规模型向质量效益型转变"方面,团体标准有着显著优势。

团体标准由依法成立的学会、协会、商会、联合会、产业技术联盟等社会团体制定并发布,由本团体成员约定采用或者按本团体的规定供社会资源采用。社会团体特别是行业协会,在维护本行业企业共同利益、监督行业产品和服务质量、鼓励公平竞争、促进行业健康发展等方面起到不可替代的重要作用,在市场竞争中更容易被认可、占据有利地位。行业协会往往比企业更具有融合上下游产学研资源优势。行业协会制定团体标准,可以更好地发挥资源配置优势,集聚设计、制造、检测、应用乃至原材料、工艺装备等各方力量,推进产业链和创新链的深度融合。

随着国家标准、行业标准与地方标准适用范围和产出机制的收紧,团体标准上升为国家标准、行业标准政策的开放,在未来一段时间内,团体标准将成为最重要的新标准产出源头。2017年11月修订的《标准化法》和相关法规、政策对于"专利和科技成果融入团体标准"的认可,也为标准和专利的绑定提供了支持。团体标准的发展与创新技术的研发结合,形成相互促进的作用,从而助力新质生产力发展。作为非政府主导的团体标准,在标准国际化上也有着相当灵活的优势。随着各行业产品、技术和管理模式等"走出去"需求的日益旺盛,团体标准将成为我国相关产业国际化过程中的重要抓手。

由此可见,未来随着标准化改革的不断深入,无论是在数量和规模、功能和作用方面,还是在推广和应用、竞争和创新方面,团体标准将是综合多方面的,最具价值的主流、核心标准类型。

第二节　国外团体标准发展现状

在欧美等发达国家,团体标准已有100余年的发展史,其运行机制、规则、模式和经验都较为成熟和完善,且具有鲜明的专业化特点。

一、国外团体标准制定

美国、德国、英国、日本、俄罗斯等国拥有大量制定标准的专业性社会组织,这些组织大多面向包括企业、政府、研究机构和个人在内的所有利益相关方开放。例如美国材料与试验协会、德国工程师协会、挪威船级社等,均是国际上享有盛誉的团体标准制定组织。从这些组织的运行模式来看,团体标准主导的主体大致分为两类:一类以政府授权的民间机构为主导,例如美国、英国、德国等;另一类由政府来主导民间标准化组织制定标准,例如日本、俄罗斯等。团体标准已经成为这些国家标准体系的重要组成部分之一。中、美、日团体标准发展情况对比见表4-1。

中国、美国和日本团体标准发展情况对比　　　　表4-1

国家	开展标准化工作的社会团体总数（个）	团体标准总数（项）	团体制定标准的平均数量（项）
中国	5836	35399	6
美国	700	93000	133
日本	196	5285	27

注:中国数据来源于全国团体标准信息平台2022年2月24日数据,其他数据来源于文献;其他数据来源于:朱翔华.团体标准化发展的国内外比较研究[J].标准科学,2020(5):16-22.

二、国外典型组织机构标准工作

美国材料与试验协会(ASTM)的主要任务是制定材料、产品、系统和服务等领域的特性和性能标准、试验方法和程序标准,促进有关知识的发展和推广。迄今为止,美国材料与试验协会已经制定发布12000多项标准。电气与电子工程师协会(IEEE)是一个国际性的电子技术与信息科学工程师协会,同时也是全球最大的非营利性专业技术学会,总部位于美国纽约,迄今为止已经制定了1300多项标准。美国机械工程师协会(ASME)主要从事发展机械工程及其相关领域的科学技术,鼓励基础研究,促进学术交流和合作,开展标准化活动,现拥有工业和制造业领域700多项标准,这些标准在全球90多个国家被采用。这3个典型组织机构开展团体标准的工作情况见表4-2。

国外3个典型组织机构开展团体标准工作情况　　　　表4-2

组织机构名称	美国材料与试验协会（ASTM）	电气与电子工程师协会（IEEE）	美国机械工程师协会（ASME）
成立时间	1898年	1884年	1880年
会员数量（个）	32000	420000	100000
会员分布国家数（个）	110	160	140
已发布标准数量（项）	>12000	>1300	>700

三、国外团体标准转化为国家标准

很多发达国家可以直接将团体标准升级为国家标准。以美国为例，美国国家标准化学会（ANSI）是美国国家标准的审批机构，也是美国官方认可的民间标准机构协调中心。它本身很少制定标准，只是将民间组织制定的具有全国影响力的基础标准接纳为国家标准。美国的团体标准高度发达，有700个独立的标准制定机构，这些机构通常是各行业协会等民间组织，其中约20家机构在国际标准化舞台上有较大影响力，例如ASTM、IEEE、美国保险商试验所（UL）、ASME等。美国约有75%的协会标准（即团体标准）已被转化为国家标准。美国的协会标准在被转化为国家标准后，将会以双编号形式发布，即在原来的协会标准编号前再加上"ANSI/"，以体现协会标准的归属权，保护协会标准的知识产权。在美国，与港口机械密切相关的国家标准有ANSI/ASME B30.4—2015《门座和立柱式起重机》、ANSI/ASME B30.24—2018《集装箱起重机》、ANSI/CEM A402—2003《带式输送机》、ANSI/ITSDF B56.5—2019《无人驾驶工业车辆安全标准》、ANSI/AWS D1.8/D1.8M—2021《结构焊接规范》等，其中CEM为美国输送设备制造商协会联合会的英文简称，ITSDF为美国工业卡车标准发展基金会的英文简称，AWS为美国焊接协会的英文简称。这些标准均由各组织机构的协会标准转化为国家标准，同时很多标准也是我国出口港口机械产品时必须依据的标准。

欧洲机械搬运协会（FEM）发布的标准主要包括起重机械、连续装卸机械、工业车辆、仓储机械等专业标准，其中《起重机械设计规范》（FEM 1.001—1998）是全球最为认可的港口机械和起重机械领域的协会标准,其在国际上的认可度甚至远远高于ISO的起重机标准。我国大量出口国外的港口机械和其他起重机械大多依据FEM标准,甚至国内很多港口企业在采购设备时也参考FEM标准。

第三节　我国交通运输团体标准发展情况

近年来,国家标准化管理委员会、交通运输部等有关部委、机构积极引导交通运输行业团体标准健康发展,市场主体标准创新能力进一步提升。

一、政府部门推动交通运输团体标准发展

2021年10月28日,交通运输部、国家标准委、国家铁路局、中国民用航空局、国家邮政局联合印发《交通运输标准化"十四五"发展规划》(交科技发〔2021〕106号)。该规划提出:"规范和引导团体标准和企业标准发展,鼓励第三方评估机构开展标准比对和评价。"2020年4月9日,中国民用航空局印发《关于培育发展民航团体标准的指导意见》(民航发〔2020〕17号)。2023年11月5日,国家铁路局印发《团体标准和企业标准转化为铁路国家标准和行业标准的暂行规定》(国铁科法〔2023〕29号)。这些团体标准发展政策,极大地指导了中国交通运输协会、中国铁道学会、中国公路学会、中国航海学会、中国航空运输协会、中国快递协会等一批具有法人资格和相应专业技术能力的交通运输类社会团体组织,大力加强团体标准建设,有效填补了国家、行业和地方标准的空白,充分释放市场主体标准化活力。

二、交通运输领域团体标准发展情况

根据《交通运输标准化发展报告(2023年)》等资料,我国在民政部登记注册的交通运输类社会团体组织约有24家。全国团体标准信息平台显示,截至2024年9月,这24家交通运输类社会团体在全国团体标准信息平台自我声明公开团体标准

共计1287项，见图4-2。

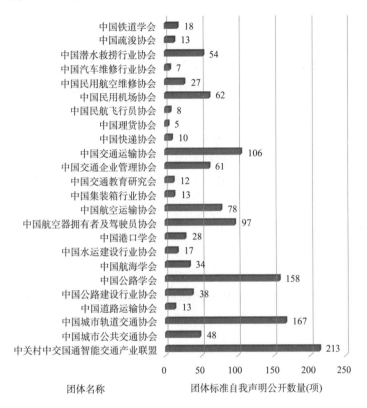

图4-2 交通运输团体标准数量统计与分布

中国交通运输协会团体标准工作于2019年启动，涉及综合交通运输、铁路、公路、水路、民航、邮政等行业，截至2024年9月30日，共制定发布了106项团体标准；中国铁道学会团体标准工作于2017年启动，陆续成立了中国铁道学会标准化（轨道、路基、电气化、桥梁、隧道、通信信号、灾害防治、环境保护等）专业技术委员会，共制定发布了18项团体标准；中国公路学会团体标准工作于2015年6月正式启动，是国家标准委和中国科协首批团体标准双试点单位，共制定发布了158项团体标准；中国航海学会于2020年开始组织团体标准制定工作，其标准化工作重点是我国航海领域的技术标准和工程建设标准，涉及航行安全、港口工程、智能航运等十余个方面，共制定发布了34项团体标准；中国港口协会自2017年开始组织制定团体标准，其标准化工作重点是港口领域的技术标准，也有少量港口工程建设标

交通运输
团体标准编制概要

准,共制定发布了28项团体标准;中国水运建设行业协会自2018年开始组织团体标准立项制定工作,其标准化工作重点是水运工程建设领域的工程建设标准和技术标,共制定发布了17项团体标准;中国航空运输协会于2018年5月启动团体标准工作,共制定发布了78项团体标准;中国民用机场协会于2018年12月启动团体标准建设工作,共制定发布了62项团体标准;中国航空器拥有者及驾驶员协会于2017年9月启动团体标准工作,共制定发布了97项团体标准;中国民用航空维修协会于2019年8月启动团体标准工作,共制定发布了27项团体标准;中国快递协会团体标准委员会成立大会于2021年6月17日召开,共制定发布了10项团体标准;中国汽车维修行业协会于2016年11月成立技术和标准化委员会,共制定发布了7项团体标准。

在国家和交通运输部的积极引导下,交通运输团体标准创新能力持续增强。聚焦5G、人工智能、区块链,以及新基建、新业态、新模式等领域,先进适用的团体标准供给加快。强化团体标准体系构建,中国公路学会发布了车路协同自动驾驶标准体系,中国民用机场协会发布了团体标准体系框架。围绕自动驾驶、智能航运、基础设施数字化等方面加快团体标准制定,团体标准不断做强做优,积极引领行业创新发展。

第五章
中国交通运输协会团体标准

第一节 中国交通运输协会团体标准发展

中国交通运输协会(以下简称中交协)成立于1982年,是经原国家经济委员会批准的,由交通运输、铁道、民航、邮政和军事交通等部门和单位共同发起,从事交通运输、物流等有关企业事业单位及个人自愿结成的,具有法人资格的全国性、行业性和非营利性社会组织。作为综合性运输协会,中交协坚持以为国家、为行业、为企业、为社会的"四个服务"宗旨,在政府和企业起桥梁、纽带作用及参谋助手作用,促进我国交通运输和现代物流的发展。在新的时期,中交协以推动综合运输和物流发展为主线,围绕交通运输发展方式转变,坚持服务宗旨,加强为会员服务和大力发展会员,进一步扩大和加强与海内外同行的交流与合作,为我国交通运输和现代物流的进步与发展,作出新的贡献。

一、团体标准发布情况

中国交通运输协会标准化技术委员会(以下简称标委会)成立于2020年6月9日,经过4年来的迅速发展,中交协团体标准立项数量和发布数量在交通运输类社会团体组织中已居于前列。截至2024年底,共计立项500项团体标准,发布160多项团体标准。中交协团体标准编制工作时间轴见图5-1。

交通运输
团体标准编制概要

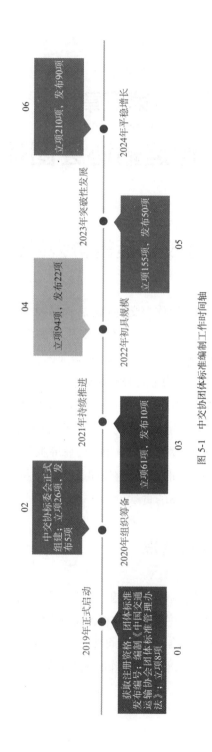

图 5-1 中交协团体标准编制工作时间轴

第五章
中国交通运输协会团体标准

中交协发布的团体标准涵盖了多个细分方向，不仅覆盖了传统的交通基础设施、运输工具和运输组织，还扩展到了互联网、环保、新材料等新兴领域。尤其是以轨道交通机车车辆、桥隧及工程管理、道路加固防护养护、互联网新业态方向最为突出。这反映了中交协在推动交通运输行业高质量发展方面发挥了积极作用，以及对新技术、新业态的积极响应和有效回应。通过这些团体标准的制定和实施，促进了交通运输行业技术进步，提高了服务质量，保障了安全运营，推动交通运输行业可持续发展。

一是满足行业需求。针对网约车、互联网货运新业态发展中出现的新问题，中交协发布了 T/CCTAS 11—2020《网络预约出租汽车平台公司安全运营自律规范》、T/CCTAS 24—2021《互联网货运平台安全运营规范》等团体标准，许多省、地市交通运输管理部门以中交协团体标准作为行政管理依据参考，不再另行制定地方标准。为适应 2022 年北京冬奥会加强进京车辆安全监管的紧急需要，中交协组织编制了 T/CCTAS—2021《公路货运车辆超限超载不停车检测点系统技术规范》，有力地支持了 2022 年北京冬奥会的交通安全保障工作。T/CCTAS 32—2022《铁路建设项目开通运营前安全评估规范》得到了国家铁路局的高度认可和采信。T/CCTAS16—2020《高强钢轻量化波形梁护栏》推动了交通运输行业新材料的应用，弥补了产品标准空白，成为推动新技术应用的典型案例。

二是填补市场空白。T/CCTAS 65—2023《多旋翼无人机医疗物品运输技术要求》是国内首个医用无人机运输标准，对无人机在医疗行业的应用，有着重要的推动作用。T/CCTAS 50—2023《快运术语》客观反映了快运行业在国民经济中的作用，有利于规范快运市场秩序。由团体标准转化为行业标准的 TB/T 30012—2024《铁路运营安全评估规范》，填补了国内铁路运营安全评估行业标准的空白。T/CCTAS 62—2023《交通运输环境产品声明（EPD）通用规则》是国内首部与国际接轨的交通运输低碳方面的团体标准，有利于推动交通运输环境产品声明开发，并与欧盟标准对接，促进交通运输绿色低碳发展。

三是推动团体标准向国家标准、行业标准转化。2023 年 11 月，国家铁路局出台《团体标准和企业标准转化为铁路国家标准和行业标准的暂行规定》（国铁科法〔2023〕29 号），打开了团体标准升级转化为国家标准与行业标准的直通路。中交协正在组织编制铁路领域的 13 项团体标准，其中由团体标准转化的 TB/T 30012—2024《铁路运营安全评估规范》行业标准已经发布。《锂电池铁路运输规范》《铁路机车车辆监造技术规范》两项团体标准,已纳入行业标准制定计划。

二、团体标准质量保障机制

(一)审查制度

标委会通过严格的审查制度,保证团体标准的质量。一是五次会议审查制度。中交协通过《中国交通运输协会团体标准管理办法》(中交协秘字〔2019〕25号)、《中国交通运输协会团体标准制修订管理导则》等文件,将团体标准制定分为不同阶段,并以立项审查、大纲审查、征求意见稿(草案)审查、技术审查、符合性审查五次会议的形式,从提案立项到报批发布,层层审查,保证标准制定的质量和水平。二是要求起草单位提供相应的佐证材料。在标准的起草过程中,要求起草单位对技术内容进行研讨、论证、调研、试验验证、检验检测等,在审查会议期间向标委会报送相应的材料证明,确保团体标准技术内容的严谨、客观、真实有效。

(二)"事项单+流程单"工作模式

标委会的五次会议审查制度,对于平均制定周期12个月左右团体标准的制定程序来说是较为紧凑的。针对团体标准管理等工作,明确办理工作应满足"事项单"列表,明确办理事项时序"流程单",推进"事项单+流程单"的工作模式,加大协调管理,进一步优化流程,提高工作效率。

(三)委员负责制

为加强标准制定过程中的一致性,提高整体的效率和水平,在标委会审查会议中,推行委员负责制。即从团体标准任务下达后的大纲审查会起,就要求在召开审查会议时,至少保证有一位标委会委员参与审查会议,同时要求参与委员的连贯性。在符合性审查之后,委员的责任一直延续到报批发布。

三、启用团体标准服务系统

随着中交协团体标准立项数量的增加,团体标准协调、审查工作愈加繁重。为规范团体标准审查流程,进一步推动团体标准化工作的公开、透明,团体标准数字化建设迫在眉睫。为此,中交协研发了团体标准服务系统(网址:http://47.95.210.179:6761/zjxttbz),提供线上全流程数字化管理平台,使得团体标准从制定到实施全流程更加公开透明。团体标准服务系统的功能,涵盖了在线标准制定与管理、培训与教育资源以及通知与更新。这些功能不仅提高了团体标准制定的效率,也为起草单位提供了便捷的标准服务。团体标准服务系统的启用,是中交协团体标准工作的一项重要里程碑,它极大地提升了中交协在标准化领域的工作能力。

第二节 团体标准组织机构及工作机制

社会团体的标准化组织机构建设是开展团体标准化工作的基础保障。组织机构建设既要求有一个科学合理的组织架构,又要求有合理的运行保障机制。从国内外社会团体标准化组织机构的构成来看,没有任何两个社会团体的标准化组织机构完全一致,但出于标准化工作的目的,社会团体都通过设立标准管理机构和标准制定机构,依据明确的制度开展标准制定审查工作,以保证团体标准制定的开放、透明和公平。明确标准化组织机构设置的内容和要求,是开展团体标准化工作的必要条件。为了规范社会团体的标准化机构建设,社会团体应按照开放、透明和公平的原则,明确其标准化组织机构设置的内容和设置要求,确定标准化组织机构的职责和成员要求,组建、变更和撤销要求等,并通过制度形式把机构要求固定下来,加强对标准制定机构和标准制定过程的监督,以提升团体标准制定的科学性和合理性。

一、团体标准组织机构的设置

(一)机构设置的原则

《标准化法》规定,制定团体标准应当遵循开放、透明、公平的原则。社会团体的标准化组织机构设置也应遵循以上原则。GB/T 20004.1—2016 进一步指出："开放是指团体开展标准化活动宜面向所有成员开放,反映成员需求,并确保成员能够有机会参与标准化活动,鼓励团体面向所有方面开放加入团体的渠道。"

公平是指团体开展标准化活动宜确保成员享有与成员身份相对应的权利,并承担相应的义务。透明是指团体开展标准化活动宜通过适当的渠道向所有成员提供团体的标准化组织机构、运行机制、决策规则、标准制定程序及标准化工作进展等方面的信息,团体可通过公开的渠道对外公布与团体标准化活动有关的信息。同时,团体开展标准化活动宜以协商一致为原则,按照标准制定程序考虑利益相关方的不同观点,协调争议,妥善解决对于实质性问题的反对意见,获得团体成员普遍同意。

(二)机构设置的内容

社会团体标准化机构设置的内容,应围绕工作目的而定。社会团体应致力于制定出能满足市场需求的标准,从而设立标准制定机构。标准制定工作按不同领域、不同层级设置分支机构,例如标准化工作委员会、工作组等。标准制定机构还应明确规则,以促使标准制定机构对团体成员开放,标准化工作规则对团体成员透明,团体成员可以公平地参与标准化工作。

协会、商会分支机构技术力量不足,尤其是在开展工作初期阶段,可由标准化工作委员会统筹统一社会组织内的标准化制定工作,并在此基础上不断探索完善符合中国国情的社会团体标准化组织工作体制机制。同时,为了保证标准制定的科学性和规范性,社会团体还应成立标准管理机构。标准管理机构可根据对标准化工作管理内容的不同,设置不同的管理部门,例如履行日常工作的秘书处,管理标准制定过程、管理标准中知识产权、管理申诉的部门,以及外部专家机构等。

(三)机构设置的要求

无论机构设置成什么样,对机构的设置均应明确其工作职责、成员要求、组建、变更和撤销要求等内容。

1.工作职责

对标准制定机构来说,其职责主要是负责提出团体标准的立项、完成团体标准的起草。目前,主要由社会团体的分支机构作为发起组织单位和起草单位承担。对标准管理机构来说,其职责主要是对团体标准化工作进行决策、管理和协调,具体包括对团体标准化活动的重大事项进行决策,制定团体标准化活动相关的政策和制度、确保各项政策和制度实行、协调团体标准化活动中有关的争议、开展与其他标准化机构的联络等。

在明确各类机构职责分工的同时,还要明确不同机构之间开展工作的顺序和衔接机制。例如,团体标准经标准编制机构完成了起草工作后,由标准管理机构进行最终审核并批准,经社会团体组织依据程序发布。标准制定流程涉及不同机构之间的程序流转。只有通过明确的制度设计,界定各机构的职责和进入下一阶段的条件后,才能保证标准制定过程的有序衔接。

2. 人员要求

确定了机构的职责后,就应基于其职责确定机构的基本组成,包括下属分支机构和人员的设置,并明确各岗位的职责和对各岗位人员的要求。对人员的要求,不仅要明确什么样的人员可以胜任该岗位,还要明确该人员在岗位上应履行什么样的职责。

3. 组建、变更和撤销要求

标准化组织机构也应根据生命周期,明确其组建、变更和撤销的要求。任何一个机构都应该通过一个开放、公平和透明的程序来组建,并明确其变更和撤销的条件和批准要求。

(四)机构的基本功能

开展标准化活动的组织机构,具有标准化决策、标准管理和标准编制等功能。

1. 标准化决策

标准化决策机构主要负责制定团体标准化的战略规划,对与团体标准化活动相关的政策、制度、标准制定程序、技术协调和标准化文件的通过等进行决策。

2. 标准管理

标准管理协调机构主要组织落实团体标准化工作的各项政策和制度;管理和

协调团体标准化工作,处理有关团体标准的制定程序、编写规则、知识产权管理等具体事项以及标准制定中出现的争议;开展与其他标准化机构的联络;根据团体不同领域建立具有广泛代表性的标准化技术组织,确定标准化技术组织的工作范围等。

3. 标准编制

标准编制机构主要组织落实和执行工作计划,负责标准制定全过程组织和技术把关,完成具体标准的起草并就标准技术内容达成协商一致等。

二、团体标准组织工作机制

为顺利开展团体标准化工作,一般应具备会议机制、联络机制和申诉机制。

1. 会议机制

为顺利开展团体标准化工作,GB/T 20004.1—2016 建议,团体制定与标准化活动有关的会议组织制度,对会议的频率、方式、参加人员以及组织召开会议的要求等进行规范。

标准制定程序中的会议可以采用一般的会议方式,也可以根据具体实际情况,利用电话、互联网和视频会议等电子手段来开展。会议所需要的必备文件一般采用诸如电子邮件等各类便捷的通信手段提前发送给团体成员及其他参会人员。

标准技术审查会议专家人数可根据具体情况而定,宜不少于 5 人。审查通过时,原则上应当协商一致。如需表决,宜有不少于出席会议代表人数的四分之三同意为通过,起草人及其所在单位的专家不能参加表决。

2. 与其他标准化机构的联络机制

《团体标准管理规定》(国标委〔2019〕1 号)鼓励社会团体参与国际标准化活动,推进团体标准国际化。为了协调团体与其他标准化机构(如国内、国外和国际的标准化机构)的活动,团体可以与这些机构建立联络,例如,互派观察员、彼此作为联络组织等。

3. 申诉机制

为便于团体成员就团体标准的相关事项进行申诉,GB/T 20004.1—2016 建议,团体设置申诉制度,以明确团体成员对标准化活动的申诉权限、申诉内容,以及团体内相关机构处理成员申诉的程序和要求。

三、团体标准的制定程序

遵循一定的制定程序是一般技术文件成为标准的必要条件之一。它为团体成员能够公平有效地参与团体标准制定、获取相关文件、知悉有关信息等提供途径,促进团体标准制定过程的规范化,提高标准制定工作质量和工作效率。

社会团体规定团体标准制定程序予以正式发布并实施。团体标准制定程序宜制定为单独的文件,如适宜可列入团体的相关制度文件。团体标准制定程序文件中要明确每个阶段的工作内容、工作主体、期限、进入下一阶段的条件等。

根据《团体标准管理规定》(国标委〔2019〕1号),团体标准制定程序一般包括:提案、立项、起草、征求意见、技术审查、符合性审查、批准、编号和发布及复审7个阶段,各阶段任务和负责机构见表5-1。

团体标准制定程序 表5-1

序号	阶段	主要任务	形成文件
1	提案	标准化技术委员会接收标准制修订项目提案,对项目提案进行评估后形成团体标准项目建议书,并上报管理协调机构	团体标准项目建议书
2	立项	标准化技术委员会对团体标准项目建议书的必要性、可行性等进行审查,审查通过后形成团体标准制修订项目计划。团体宜在全体成员范围内通报团体标准制修订项目计划,以便成员参与标准编制工作或发表意见。鼓励团体通过合适的渠道向社会公布团体标准制修订项目计划	项目计划

续上表

序号	阶段	主要任务	形成文件
3	起草	起草单位对相关事宜进行调查分析、试验和验证等，确定标准技术内容，不断讨论和完善，形成拟用于征求意见的团体标准提案	征求意见稿
4	征求意见	起草单位对团体标准征求意见稿进行征求意见，并对反馈意见进行处理、协调	送审稿
5	技术审查	标准化技术委员会从技术角度进行审查后，经过协商一致或投票方式对是否通过给出结论	报批稿
6	符合性审查、批准、编号和发布	社会团体在组织符合性审查后，按照议事规则批准团体标准，并予以公开发布	正式标准
7	复审	根据技术发展、市场需求，标准化技术委员会对已发布的团体标准的适用性进行评估，并给出复审结论	复审结论

第三节 中国交通运输协会标准化组织建设

中交协自2019年就制定印发了《中国交通运输协会团体标准管理办法》（中交协秘字〔2019〕5号），2024年修订完善第二版。在此办法基础上，先后制定了《中国交通运输协会标准化技术委员会工作规则》《中国交通运输协会标准化技术委员会秘书处工作细则》《中国交通运输协会标准化技术委员会专家库管理办法》《中国交通运输协会标准知识产权管理实施细则》（中交协秘字〔2024〕157号）、《中国交通运输协会标准化申诉投诉处理实施细则》（中交协秘字〔2024〕159号）、《中国交通运输协会团体标准涉及专利处置规则》（中交协秘字〔2024〕156号）等一系列文件，明确了团体标准由标委会全程协调、管理标准编制工作。

一、标委会的设置

从2020年6月中交协标委会成立起，中交协先后发布了《中国交通运输协会标准化技术委员会工作规则》《中国交通运输协会标准化技术委员会秘书处工作细则》《中国交通运输协会标准化技术委员会专家库管理办法》等制度文件作为标委会组织管理和建设的依据。

(一)工作任务

根据《中国交通运输协会标准化技术委员会工作规则》,标委会主要有以下工作任务:①遵循国家有关方针政策,提出协会团体标准工作方针、政策和技术措施的建议;②分析全国交通运输领域市场和创新需求,组织业内有关单位提出和制定团体标准;研究提出协会团体标准制修订规划、年度计划和标准体系建议,组织对协会团体标准体系表的维护;③负责协会团体标准的立项论证、大纲审定、审查、报批、实施信息反馈和评估、复审等工作的归口和统筹,为协会团体标准工作提供技术支撑;④根据协会团体标准规划、年度计划,承担协会委托的相关团体标准草拟工作;⑤组织协会团体标准的宣贯、培训和推广工作;⑥组织交通运输领域团体标准研究、人才培训、咨询服务工作,与国内外相关技术机构进行学术交流;⑦负责建立和管理标委会工作档案。

根据以上工作任务,标委会主要负责的工作内容有:编制团体标准制修订发展规划和年度计划;负责团体标准的技术管理;对团体标准提案审查立项;组织团体标准的审查工作;确定标准的发布;推荐团体标准转化为国家标准或行业标准;可聘请第三方专家或单位对项目进行技术审查;承担协会交办的其他有关工作。

(二)组织构成

标委会由委员组成,设主任委员和副主任委员。标委会委员应由全国交通运输领域建设、运营、管理、科研、教学和监督检验等方面具有较高理论水平和丰富实践经验的人员担任,应熟悉和热心团体标准工作,能积极参加协会团体标准活动。

委员的任职要求为:应具有中级及以上专业技术职称;熟悉并愿意从事团体标准工作,具有相关领域的专业知识;以及其他章程中规定的条件。主任委员、副主任委员原则上应具有高级及以上专业技术职称。

标委会委员需由秘书处提名和业内有关单位推荐,经中交协批准、聘任。委员可以连聘连任,对不履行职责,年度无故两次以上不参加委员会活动,或因工作变动不适宜继续担任委员者,标委会可另行提出推荐人选,报中交协批准、聘任。

主任委员应由交通运输领域权威技术专家担任。主任委员和副主任委员不得来自同一单位。同一单位在标委会任职的委员原则上不得超过3名。

二、日常办事机构

中国交通运输协会标准化技术委员会秘书处(以下简称秘书处)是标委会的日常办事机构。秘书处设秘书长,总体负责秘书处的日常工作;副秘书长,具体负责相关标准的立项、审查、报批、宣贯、培训、交流、实施效果评估、复审等工作。秘书处在正、副主任委员和秘书长领导下开展工作。

秘书处负有组织标委会工作的职责:①组织提出标委会组织机构设置的建议。负责中国交通运输协会标准化技术委员会专家库的建立和日常管理。组织提出标委会讨论、审议的协会团体标准工作方针、政策、规则、团体标准体系、计划、科研项目和技术措施等建议草案。组织对协会团体标准体系表的维护。受协会的委托,组织标委会团体标准的立项论证会、审查会、报批会、实施效果评估、复审等工作,组织标委会年会,负责会议文件起草、整理等工作。②提出参加团体标准立项论证、审查、报批、实施效果评估、复审的委员及专家候选名单报主任委员。根据协会团体标准规划、年度计划,组织有关委员和专家落实协会委托的团体标准制修订等任务。提出参加有关标准化活动的建议,及时向各有关委员和专家提供有关标准资料、文件;并做好标准化活动相关资料的准备,做好资料归档工作。③组织协会团体标准和相关国际标准、国家标准、行业标准、地方标准的宣讲、解释和咨询,调查研究和分析标准实施中的问题。负责与国内外相关技术机构开展标准化技术交流活动。联系国内外有关标准化技术委员会、协会、学会,对与交通运输领域相关的标准提出意见或建议。负责标委会的宣传报道工作。根据标委会通过的各项决议,制定具体贯彻措施、方法和步骤,并付诸实施。完成协会下达的其他任务。

秘书处应提出标委会年度重点工作建议,提交标委会全体委员会议讨论通过后,制定相应的工作方案,并组织实施。对于未列入年度工作计划的相关标准化工作,秘书处应与有关方面沟通后,制订相应的工作方案,并组织实施。

三、专家库管理

中国交通运输协会标准化技术委员会专家库(以下简称专家库)旨在保障和提升中交协标准化水平和质量,为标委会的各项工作提供智力支撑。

专家库设立在标委会下,接受标委会的领导,由秘书处负责建立和日常管理。

专家库由全国交通运输领域建设、运营、管理、科研、教学和监督检验等方面具有较高理论水平和丰富实践经验的专家组成,应当具备以下条件:原则上应具有中级及以上专业技术职称;熟悉并愿意从事团体标准工作,具有相关领域的专业知识。

专家库专家的选取有一定的程序要求,专家由秘书处组织提名和推荐。

专家的主要职责包括:参加协会团体标准工作方针、政策和技术措施的制定和论证。参加协会团体标准制修订规划、年度计划和标准体系的编制和论证;参加协会团体标准的立项论证、大纲审定、审查、报批、实施信息反馈和评估、复审等工作,提出专家意见和结论。参加协会团体标准的宣贯、培训、交流、咨询活动;严格保守在完成标委会委托工作中接触的商业秘密和技术秘密。遵守标委会的章程,维护标委会的权益和荣誉。完成标委会委托的其他工作。

专家库实行动态管理,由秘书处对专家参与标委会各项工作的情况进行年度统计和考核。专家具有以下情形之一的,取消专家资格:①无特殊原因累计3次或因故累计5次不参加技术委员委托工作的;②违背客观事实,工作不负责任,2次提供有失公允或错误意见和结论的;③不公正履行专家职责,为本人或他人谋取不正当利益的。

从专家库选取专家时,秘书处应当根据团体标准的性质和特点,确定专家人数、职称、专业,随机选出活跃在科研、生产工作一线,在专业水平和知识结构上与评审要求相符的专家参与评审。专家选取遵循回避原则,符合以下条件之一的专家不能参加评审:①团体标准与本人有经济技术利益关系的;②团体标准编制单位主动要求回避的;③参与评审相关工作可能会影响评审结果的。

从2020年6月标委会正式成立至今,标委会共召开标准审查会1000多场,较好地完成了标委会在标准建设方面的工作职责。标委会同时负有进行团体标准培训培养人才的职责。2024年4月,由中交协主办的交通运输团体标准管理与编写技能提升培训班在北京成功举办,来自全国各地交通运输企事业单位、科研院所、行业组织、头部企业、高校等100余位学员参加了培训。

第四节　中国交通运输协会团体标准制定程序及机制

由中交协组织制定、修订、废止、发布、实施的团体标准是交通运输标准的重要组成。中交协鼓励会员单位、各企事业单位及其他社会力量积极参与团体标准制定、修订工作,推动团体标准的实施。

一、总体原则和要求

(一)工作方针

中交协团体标准制定、修订、发布、实施遵循开放、透明、公平的原则。

一是符合国家相关法律、法规、政策,不得低于现行强制性国家及行业标准的相关技术要求,不得与国家有关产业政策相抵触,并与有关国家标准和行业标准协调配套。

二是遵循科学合理利用资源、推广科技成果、增强产品安全性、通用性、可替换性的原则,提高社会、经济、生态效益,做到技术上先进,经济上合理。

三是市场主导,创新驱动。以满足市场和创新需要为目标,聚焦新材料、新结构、新技术、新工艺、新业态,发挥市场对标准化资源配置作用,促进新质生产力发展。

四是推动团体标准在交通运输行业实施推广应用。鼓励会员单位、各企事业单位及其他社会力量积极参与团体标准制定、修订工作。

五是团体标准立足交通运输行业科研成果和实践经验基础上,保证团体标准的科学性、规范性、时效性。鼓励制定高于推荐性标准相关技术要求的团体标准;

鼓励制定具有国际领先水平的团体标准。

六是为节约社会资源,提高标准制定效率,可以与其他社会团体等单位共同研制或联合发布团体标准。

七是禁止在团体标准中规定资质资格、认可认证、审批登记、评比达标、监管主体和职责等事项。禁止利用团体标准实施妨碍商品、服务自由流通等排除、限制市场竞争的行为。

(二)标准编号

中交协团体标准编号依次由团体标准代号(T/)、中交协在全国团体标准平台备案代号(CCTAS)、团体标准顺序号和标准发布的年份号组成,格式为团体标准代号/协会代号标准顺序号-年份号。如 T/CCTAS ××××—202×。

二、制定程序

标委会负责中交协团体标准化工作。团体标准制定工作程序包括提案、立项、大纲、起草、征求意见、技术审查、符合性审查、发布和出版印刷等阶段,各项程序依序进行。

团体标准制定周期一般不超过 12 个月。特殊情况下,经申请批准,最多可延长至 24 个月,团体标准制定从立项起 1 年内未公开征求意见的,团体标准项目自动撤销。应国家或行业主管部门要求,为应对突发紧急事件制定的团体标准,制定过程中可缩短时限要求。标准第一起草单位应对团体标准及其技术内容负责,标准第一起草人应为标准主要起草负责人。团体标准实施中的具体问题,由标准第一起草单位研究答复。

(一)提案和立项

提案阶段也称预研阶段。团体标准提案可由中交协提出,也可以由会员单位或其他社会力量提出发起。中交协提出的标准提案,标委会负责团体标准的制定等工作。

由会员单位或其他社会力量向标委会提出发起标准制修订,发起方应按要求

交通运输
团体标准编制概要

填写,报送中交协团体标准项目制修订申报书及相关文件。标准项目内容涉及专利的,应提供专利的相关证明及专利持有人授权文件。

标准制修订发起方对标准提案立项的必要性、可行性等进行论证,标委会组织会议进行审查。立项阶段是对团体标准项目申报书的必要性、可行性等进行审查,审查通过后形成团体标准制修订项目计划,以中交协文件的形式予以发布。

团体标准立项阶段工作流程包括:①团体标准项目申报单位向标委会提交相关资料;②标委会对材料的完整性和规范性进行初审;③符合要求的团体标准项目拟提交专家评估;不符合规定要求的,提出处理意见并退回申报单位;④标委会组织评估专家对项目的必要性、可行性等进行审核;⑤审核结论分为"通过""不通过""暂缓通过"三种。经专家审核不通过的项目退回申报单位,通过的项目进行正式公告下达计划并通知申报单位。

团体标准的立项工作程序依照《中国交通运输协会团体标准管理办法》(中交秘字〔2019〕25号)进行,主要采取会议的形式审核以下内容:①立项申请提交的材料是否齐全、信息完整。②立项的必要性和可行性。根据申报书提供的材料,评估申请项目的合理性,包括其前景、作用、解决的根本问题,尤其是对国家、行业的创新发展、高质量发展和提质增效发展的支撑作用(评估项目是否属于市场化程度高、技术创新速度快的领域;是否属于经过前期研究和必要的论证技术成熟的项目;是否属于对推进领域创新发展、产品生产工艺和质量性能改进等具有较大影响的项目;是否属于对国际贸易亟须的标准且能够满足贸易需求的项目;是否属于对于领域持续健康发展具有良好规范作用的质量规范文件、通用技术要求、实施操作指南等规范性文件),以及与国家标准、行业标准、地方标准的协调配套关系(例如目前尚无国家、行业标准或计划,产品发展亟须引领和支撑的项目;与现行的法律法规、国家标准和行业标准协调配套的项目)等。③拟立项标准的主要技术内容、适用范围和标准名称等。④制定该项标准的基本方案,包括参加编写人员或组织、专家资历、其他基本条件、经费预算及来源、计划时间进度、执行步骤和保障措施等。⑤提案是否通过审核获得立项,按照专家表决结果执行。五分之四及以上审查专家同意为通过。通过审核后,在中交协官方网站上进行为期5个工作日的公示,然后由中交协发布公告下达团体标准制定计划。

(二)大纲

通过立项审查后,标准编制进入大纲阶段。团体标准制定计划下达后,标准制定发起方应尽快落实起草单位及主要起草人,组建起草组,编制工作大纲和标准草案。

工作大纲是指组织或个人为了完成特定任务或项目而制订的详细计划和指导方针,它是项目管理的关键组成部分。制订翔实明确的工作大纲可以帮助明确项目或任务的最终目标,合理分配每个成员或部门的职责和任务(其中包含的进度计划表,有助于监控项目进度,确保项目能够按时完成);还可以合理分配资金等资源,优化资源管理。同时,工作大纲也是风险管理,项目监控与评估的依据。

工作大纲应包括下列内容:标准编制筹备工作进展,标准编制的依据、背景和意义,标准编制的工作基础,主要技术内容和需要解决的问题,需要开展的专题调查、研究、试验和验证,起草单位和人员组成,任务分工,进度计划安排,经费预算和筹措方案等。

标委会组织审查工作大纲、标准草案。

(三)起草

团体标准的编写参照 GB/T 1.1—2020 的规定执行。以 ISO/IEC 标准化文件为基础的团体标准的编写,参照 GB/T 1.2—2020 的规定执行。以国际标准为基础起草的团体标准,应当符合有关国际组织的版权政策。

起草组应按照大纲要求开展调研、分析论证、标准文本及编制说明的起草工作,形成征求意见稿(草稿)后报标委会。经审查通过的,起草组应根据审查意见做必要的补充修改。

起草组完成团体标准征求意见稿后,应当向使用本标准的相关行业专家、协会会员、教育、科研机构、消费者、生产者和管理者等利益关联方广泛征求意见,并向社会公众公开征求意见。通过中交协官网公开征求意见或组织定向信函征求意见。征求意见材料应当包括团体标准征求意见稿、编制说明及有关证明文件。

被征求意见的单位或个人应当在截止日期前回复意见,逾期未回复,按无异议处理。对重大的意见分歧应当给出理由,论据或技术经济论证由起草单位完成。

征求意见期限一般为30个自然日。

起草组应对征集的意见进行汇总处理修改,形成团体标准技术审查稿。标准征求意见稿存在重大修改的,应重新征求意见。

(四)征求意见

征求意见阶段的工作主要包括:①对团体标准草案征求意见稿、编制说明征求意见;②对反馈的意见进行统计、处理;③征求意见稿修改后形成标准草案技术审查稿。

征求意见阶段是形成标准化文件的必要程序。在这个阶段,标准的起草单位应当在完成团体标准征求意见稿后,应当向使用本标准的相关行业专家、研究机构、生产者和管理者等标准利益的各相关方征求意见。

根据《中国交通运输协会团体标准管理办法》(中交秘字〔2019〕25号),征求意见的期限不少于30日。在征求意见时,中交协将出具关于标准征求意见的通知函(在中交协官方网站公示)。起草单位应当提供征求意见材料,包括团体标准征求意见稿、编制说明及有关文件。

GB/T 20004.1—2016建议,团体标准宜在全体成员范围内征求意见,也鼓励团体通过合适的渠道向社会公开征求意见。也就是说,在征求意见阶段,应就标准内容广泛地征求意见。通常来说,征求意见的范围应涉及各利益相关方,包括科研领域、生产领域、销售领域、使用领域、检测领域、大专院校、公益机构和管理部门,必要时还可在网络等公开的媒体上征求意见。被征求意见单位应有足够的代表性,重视对有可能产生分歧的单位的意见征求工作。被征求意见的单位应在规定期限内回复,如无意见也应复函说明,逾期不复函的,按无异议处理。被征求意见单位在提出比较重大的意见时,应说明论据或提出技术经济论证等。

起草单位对征集的意见进行归纳整理。在归纳整理时,需做好意见发放和回收情况的统计。若回函比例很低,需考虑此次征求意见环节的有效性,如发放范围是否适当等,必要时可重新征求意见。

对于收到的反馈意见,起草单位应对意见逐项作出明确处理:采纳、部分采纳、未采纳。根据具体情况,还可以有:待试验验证后确定、由标准审查会决定等。未采纳的意见,要给出充分、合理的理由。

在全部意见经分析研究和处理后,起草单位对标准征求意见稿进行修改,形成团体标准技术审查稿。对标准征求意见稿有重大修改的,必要时应重新征求意见。

起草组将团体标准技术审查稿、编制说明、征求意见汇总处理表及有关附件,按照审议材料要求一并提交到标委会。

(五)技术审查

起草组将团体标准技术审查稿及编制说明、征求意见汇总处理表等审查材料提交到标委会。标委会组织专家进行技术审查,主要审查内容包括标准的协调性、规范性、统一性、合理性等。

经审查通过的团体标准技术审查稿,起草组根据审查意见对标准技术审查稿做必要的修改,形成送审稿,并将报批材料上报至标委会。提供全部文件的电子版和纸质版,以纸质版为准。

未通过技术审查的团体标准,第一起草单位应根据审查意见组织修改完善,重新申请审查。技术审查通过后仍须对标准主要技术内容进行修改,应重新按《中国交通运输协会团体标准管理办法》(中交秘字〔2019〕25号)的规定进行技术审查。无法协调一致的,可提出项目终止申请。技术审查阶段完成时间不应超过2个月。

(六)符合性审查

团体标准符合性审查由标委会组织,采用会议审查形式;以标委会委员为主参加,可邀请熟悉某专业方向标准的专家作为特邀专家参与审查。审查时,标委会应提前将团体标准送审稿、编制说明、意见汇总处理表(含技术审查意见)及有关附件报送审查专家。

审查表决时须填写团体标准专家签字表决表,必须有五分之四及以上审查专家同意方为通过。没有通过的,起草组应根据审查纪要对送审稿进行修改后,重新报标委会组织审查。符合性审查阶段完成时间一般不应超过1个月。

(七)发布备案和出版印刷

经审查符合要求的团体标准,在中交协官网发布公告和标准编号,并在相关平台同步。标委会负责团体标准的发布和备案。中交协委托出版机构负责团体标准出版。

(八) 实施宣贯

1. 推广应用

中交协及标准起草单位有义务开展团体标准的实施推广以及产品认证采标工作。中交协及标准起草单位应积极主动开展或参与标准宣贯及标准化咨询、培训等技术服务工作，定期调研标准实施情况、评估实施效果。鼓励有条件的会员单位优先采用已发布的团体标准，发挥团体标准试点示范作用，传播标准化理念，推广标准化经验。

实施效果好且符合国家标准、行业标准要求的团体标准，积极申请转化为国家标准或行业标准。

2. 修改调整

秘书处负责建立团体标准实施信息反馈机制。会员、团体标准使用单位以及其他单位、个人可以通过中交协网站等渠道反馈团体标准在实施中产生问题和修改建议。秘书处应当及时分析处理反馈的团体标准实施信息。

团体标准发布后，个别技术要求需要进行调整、补充或者删减的，可以采用修改单的方式进行修改，修改内容一般不超过3项。采用修改单方式修改团体标准的，应当按照团体标准的制修订程序进行标准修改单的起草、征求意见、审查和审批发布。

3. 复审和废止

根据GB/T 20000.1—2014《标准化工作指南 第1部分：标准化和相关活动的通用术语》的相关定义，标准的复审是指"决定规范性文件是否应予以确认、更改或废止的审查活动"。一般情况下，社会团体在实施标准的3~5年后，组织开展标准复审。根据《中国交通运输协会团体标准管理办法》（中交协秘字〔2019〕25号），团体标准批准发布后，3年内应进行复审，特殊情况可延期，复审可结合中交协团体标准实施效果评估工作开展，以确认标准继续有效或予以修订、废止。复审采用会议审查形式，审查结束时提交复审结论。

团体标准复审结果按下列情况分别处理：①团体标准确认为继续有效的，该团体标准不改变顺序号和年份号。当标准重新出版时，在标准封面上标准编号下写明"××××年确认有效"字样。②需要修改的团体标准作为修订项目立项，立项程序按立项相关的要求执行。修订的团体标准顺序号不变,原年号改为修订后发布的年号。③已无存在必要的团体标准,予以废止。废止的标准号不再用于其他中交协团体标准的编号。复审结论在中交协官网上发布公告。

(九)著作权

团体标准由标委会归口,版权属于中交协所有,任何组织和个人未经同意,不得擅自印刷、销售。标准起草单位、主要起草人享有在正式出版标准中的署名,以获得与该标准相关的荣誉等权利。团体标准如果涉及专利,应当在立项时参照《中国交通运输协会团体标准管理办法》(中交秘字〔2019〕25号)的要求处置标准所涉及的专利问题。

(十)经费

团体标准制定工作所需的资料费、差旅费、会议费、劳务费、印刷费、调查研究费、检验试验费、验证确认费等相关费用参照有关规定执行,还可以通过接受捐赠或自筹,以及获得财政支持等方式解决。团体标准计划项目承担单位应为标准制修订提供必要的工作条件及经费保障。

三、管理协调机制

为规范中交协标准化管理协调工作,制定了《中国交通运输协会标准知识产权管理实施细则》(中交协秘字〔2024〕157号)、《中国交通运输协会标准化申诉投诉处理实施细则》(中交协秘字〔2024〕159号)作为中交协标准化管理协调工作的基础文件。团体标准涉及专利的处置是知识产权管理中尤为重要组成部分,除《中国交通运输协会标准知识产权管理实施细则》(中交协秘字〔2024〕157号)、对涉及专利的管理协调总体要求作了规定外,另行制定了《中国交通运输协会团体标准涉及专利处置规则》(中交协秘字〔2024〕156号)。

(一)知识产权管理

为规范中交协团体标准管理工作,鼓励创新和技术进步,促进中交协团体标准合理采用新技术,保护中交协会员和相关企业及个人的知识产权,保障中交协团体标准的有效实施,制定了《中国交通运输协会标准知识产权管理实施细则》(中交协秘字〔2024〕157号)。这一细则与《中国交通运输协会团体标准管理办法》(中交协秘字〔2019〕25号)配套使用。

在制修订和实施中交协团体标准过程中,标准涉及的知识产权,应当是必要的知识产权,即实施该项标准必不可少的知识产权。

标委会统一管理中交协团体标准的知识产权管理及保护工作。中交协鼓励任何组织和个人在使用中交协团体标准,鼓励相关机构依据中交协团体标准开展的认证、检验和检测等活动。

1. 版权

中交协团体标准相关出版物形式包括纸质版本和电子版本,内容包括但不限于中交协团体标准及其衍生品。中交协团体标准的版权属中交协所有,任何组织、个人未经协会授权,不得复制、销售和翻译。

任何组织、个人以经营为目的,以各种形式复制中交协团体标准的任何部分,必须事先征得中交协的书面同意;任何组织、个人将标准的任何部分存入电子信息网络用于传播,必须事先征得中交协的书面同意;出版单位出版标准汇编时,必须事先征得中交协的书面同意。

非正式审批或发布的中交协团体标准,任何组织不得以任何形式出版发行。

中交协团体标准文本中应明确起草单位和起草人。

中交协会员可通过秘书处得到标准内容。

对违反规定的,中交协将通过行政或者法律途径予以处理,并追缴有关费用。

2. 专利

专利包括有效的专利和专利申请。中交协团体标准如涉及专利时,应充分考虑专利权人合法权益,专利信息披露、专利实施许可声明以及专利的处置等具体程序参照GB/T 20003.1的规定执行,专利信息披露、专利实施许可声明以及专利的处置等应取得协会标准制定成员的认可。中交协对于专利的处置要求详见第127页"(三)涉及专利的处置"。

3. 标识

中交协团体标准的标识为"中国交通运输协会团体标准",英文标识为

"T/CCTAS",该标识所有权归中交协所有,未经授权不得随意使用。

中交协各部门及相关机构通过标准开展的认证、检测和推广等活动,应在取得书面授权后,在协会的指导下使用此标识。

未经中交协授权使用标识的,中交协有权责令其停止使用。拒不改正的,中交协暂停其会员资格,必要时依照《中华人民共和国标准化法实施条例》(国务院令第53号)等相关法规处理。

4. 联合发布

中交协与其他的相关组织共同制定、发布标准,版权属发布各方共同所有;各方依据标准开展的认证、检验和检测等活动应各方协商所涉及的责、权、利,各方应在开展活动前达成一致;各方共同承担在制定和使用标准时所带来的法律责任。

(二)申投诉机制

申诉,是指标准制修订和使用过程中组织或个人受到中交协所作决定的直接影响时提出的异议。投诉,是指任何组织或个人认为中交协团体标准制修订和使用过程中工作人员或者组织存在违法违规问题的举报。

为加强中交协团体标准制修订和使用过程的规范管理,及时、准确、公正地处理标准制修订和使用过程申诉、投诉,规范标准制修订和使用申诉投诉处理工作,保护交通运输企业和个人的合法权益,依据国家相关法律法规的规定,制定《中国交通运输协会标准化申诉投诉处理实施细则》(中交协秘字〔2024〕159号)。这一细则与《中国交通运输协会团体标准管理办法》(中交协秘字〔2019〕25号)配套使用。

1. 基本规定

处理申诉、投诉应当遵循以下原则:①以事实为依据,以法律法规为准绳原则;②保护当事人合法权益原则;③合法性与合理性原则;④公开、公平、公正原则;⑤高效与经济原则。

负责处理申诉、投诉的工作人员,与申诉、投诉事件有直接利害关系的,应当回避。负责处理申诉、投诉的工作人员对涉及任何与申诉、投诉有关的非公开情况负有保密责任。

2. 申诉的处理程序

当事人对有关标准化工作的决定有异议的,应当向秘书处提出申诉,对处理结果仍存有异议的,可以向标委会提出申诉。

当事人认为协会标准化工作过程中的行为严重侵害了自身的合法权益的,也可以直接向秘书处提出申诉。

当事人申诉应当采用书面形式,一式两份,并载明下列事项:①当事人的名称、地址、联系电话、邮政编码(当事人为自然人的应当写明:姓名、住址、联系电话、邮政编码);②被申诉人的名称、地址、联系电话、邮政编码;③申诉的要求、理由及相关的事实根据当事人委托代理人进行申诉的,应当向中交协提交授权委托书。

当事人向秘书处提出申诉应当符合下列条件:①有明确的被申诉方;②有具体的申诉请求、事实和理由;③属于中交协标准化工作范畴。

以下申诉不予受理或者终止受理:①裁机构或者其他行政机关已经受理或者处理的;②申诉事项已被法院作为诉讼证据予以采信的;③当事人无法证实自己权益受到侵害的;④不属于标准化工作范畴的。

秘书处应当自收到申诉书之日起15日内,作出以下处理:①申诉符合规定的予以受理;②申诉不符合规定的,应当通知申诉人,并告知不予受理的理由。

秘书处受理当事人申诉后,应当在10日内将申诉书副本发送被申诉人,被申诉人收到申诉书副本后,应当在15日内提交答辩书和有关证据。

申诉人应当对自己的申诉提供证据。中交协认为有必要收集证据的,可以根据法律、行政法规及中交协规章的规定,自行收集或者召集有关当事人进行调查,有关当事人应当配合。

中交协对专门性问题认为需要鉴定或者检测的,可以交由当事人约定的法定鉴定或者检测机构鉴定、检测,也可以由中交协指定并经当事人同意的法定鉴定或者检测机构鉴定、检测。鉴定或者检测费用由申诉人承担。鉴定、检测的时间不计入申诉处理时间。

当事人提出的申诉案件属于不需要承担行政责任的可以采用调解方式予以处理,协会调解达成一致意见的,应当制作调解书。调解书由申诉人、被申诉人、承办人签名,加盖中交协印章送达当事人。

对被申诉人的违规行为,中交协应当依照有关规定作出相应行政处理。

中交协应当在受理当事人申诉之日起60日内办结;情况复杂的,经标委会批准,可适当延长办理期限,但延长期限不得超过30日。

申诉案件办结后,承办人应当将处理结果告知申诉人。

3.投诉的处理程序

向秘书处提出的有效投诉应当包括下列事项:①有明确的被投诉方;②有具体的投诉事实,并提供相关初步证据;③投诉人的有效联系方式等。

秘书处接到投诉后,进行初步核实,下列投诉不予受理,或者终止受理:①法院、仲裁机构或者其他行政机关已经受理或者处理的;②投诉事项已被法院作为诉讼证据予以采信的;③涉及的内容不属于标准化工作范畴的;④投诉事实不清,且无法核实的;⑤不符合有效投诉规定的;⑥对同一投诉事项已经作出处理,且没有新情况、新理由的。

秘书处应当自收到投诉书之日起15日内,作出以下处理:①投诉符合本细则规定的予以受理;②投诉不符合本细则规定的,不予受理,投诉人有有效联系方式的,告知投诉人不予受理的理由。

处理投诉案件,中交协认为有必要收集证据的,可以根据法律、行政法规及中交协规章的规定,自行收集证据或者组织人员进行调查,有关方面应当配合,如实提供相关证据。对被投诉人的违规行为,中交协应当依照有关规定作出相应行政处理。

中交协应当在受理当事人投诉之日起60日内办结情况复杂的,经标委会批准,可适当延长办理期限,但延长期限不得超过30日。诉案件办结后,投诉人有有效联系方式的,应当将处理结果告知投诉人。

(三)涉及专利的处置

为规范中交协团体标准涉及专利的处置,鼓励创新和合理采用新技术,保护公众和专利权人及相关权利人合法权益,依据《中国交通运输协会标准化管理办法》(中交协秘字〔2019〕25号)、GB/T 20003.1制定了《中国交通运输协会团体标准涉及专利处置规则》(中交协秘字〔2024〕156号)。

涉及专利包括有效的专利和专利申请,主要是指中交协团体标准的制定、实施过程中涉及专利相关事项的处置。

1.基本规定

标准中涉及的专利应当是必要专利,并应经工程实践等检验,在该项标准适用范围内具有先进性和适用性。必要专利是指实施该标准必不可少的专利。

标准涉及专利相关事项的处置，应当坚持科学、公开、公平、公正、统一的原则。标委会负责对所批准标准涉及专利相关事项处置的管理。

2. 标准制修订涉及专利

中交协团体标准制修订项目提案的单位或者个人应尽可能广泛地收集项目提案中涉及的必要专利信息，并披露自身及关联者拥有的必要专利，披露所知悉的他人（方）拥有的必要专利。在披露必要专利时，应填写必要专利信息披露表。

在向中交协和标委会提交提案时，应同时提交所制修订项目涉及必要专利信息披露表和证明材料。

在中交协团体标准制修订各阶段草案封面上，应当标注"在提交反馈意见时，请将您知道的相关专利连同支持性文件一并附上"作为征集潜在的专利信息提示。

如果在标准制修订过程中没有识别出标准的内容涉及专利，应在标准的前言中给出以下内容："请注意本文本的某些内容可能涉及专利。本文件的发布机构不承担识别专利的责任。"

如果在标准制修订过程中识别出标准的内容涉及了必要专利，应在相关阶段以及其后的所有阶段的标准草案、征求意见稿、送审稿和正式出版的标准的引言中，应当标注标准中已经识别涉及专利的信息。信息内容应按照 GB/T 1.1—2020 附录 D 的规定给出相关表述。

在中交协团体标准制修订任何阶段，参与标准制修订的单位或者个人应当及时向标准主要起草单位告知其拥有或知悉的必要专利，同时提供必要专利信息及相应证明材料，并对其真实性负责。

参与标准制修订的单位或者个人包括：标准起草单位（主要起草单位和其他参与标准起草单位）、标准编制单位、标委会委员、提供技术建议的单位或者个人等。

3. 相关方责任

鼓励未参与标准起草的单位或者个人，在标准制修订任何阶段披露其拥有和知悉的专利，同时将必要专利信息及相应的证明材料提交标准主要起草单位，并对其真实性负责。

中交协团体标准主要起草单位应当及时组织核实本单位拥有及获得的专利信息，并对专利的必要性、先进性、适用性进行论证。

任何单位或者个人可以直接将其知悉的专利信息和相关材料，寄送秘书处。

在制修订中交协团体标准过程中涉及专利的,标准主要起草单位应当及时联系专利权人或者专利申请人,告知本标准制修订预计完成时间和商请签署专利实施许可声明的要求,并请专利权人或者专利申请人按照下列选项签署书面专利实施许可声明:①同意在公平、合理、无歧视基础上,免费许可任何单位或者个人在实施该标准时实施其专利。②同意在公平、合理、无歧视基础上,收费许可任何单位或者个人在实施该标准时实施其专利。③不同意按照以上两种方式进行专利实施许可。

中交协团体标准内容不得包括基于未获得专利权人或者专利申请人签署书面专利实施许可声明的专利的条款。

当中交协团体标准修订导致已签署的专利实施许可声明不再适用时,应当重新签署书面专利实施许可声明。当标准废止时,已签署的专利实施许可声明同时终止。

对于已经向中交协团体标准主要起草单位提交专利实施许可声明的专利,专利权人或者专利申请人转让或者转移该专利时,应当保证受让人同意受该专利实施许可声明的约束,并将专利转让或转移情况及相应证明材料书面告知标准协会起草单位。

在中交协团体标准制修订过程中的每次审查会议期间,会议主持人都应提醒参会者慎重考虑标准是否涉及专利,通告标准草案涉及专利的情况和询问参会者是否知悉标准涉及的尚未披露的必要专利,并将结果记录在会议纪要中。

涉及专利的中交协团体标准送审、报批时,应当同时提交涉及专利的证明材料、专利实施许可声明、论证报告和已披露的专利清单等相关文件。标委会应当对提交的有关文件进行审核。

已披露的专利清单由相关专业委员会根据必要专利信息披露表和必要专利实施许可声明表等填写。

4. 涉及专利标准的发布与实施

中交协团体标准发布后,对涉及专利但没有签署专利实施许可声明的,标委会应责成标准主要起草单位在30日内,获得专利权人或者专利申请人签署书面的专利实施许可声明,并提交标委会。未能在30日内获得书面专利实施许可声明的,标委会视情况采取暂停实施该标准、启动标准修订或废止程序等措施。

中交协通过官方网站等媒体渠道公布标准涉及专利的信息。公布的相关信息包括：涉及专利的标准、已披露的专利清单和标委会秘书处联系方式。

中交协团体标准发布后，涉及专利的信息发生变化时，标准主要起草单位应当及时提出处置方案，经标委会审核后按照程序对该标准进行相应处置。

中交协团体标准实施过程中，涉及专利实施许可费问题，由标准使用人与专利权人或者专利申请人依据签署的专利实施许可声明协商处理。

中交协团体标准在制修订过程中引用涉及专利的标准条款时，应当按照涉及专利实施许可的规定，由主要起草单位办理专利实施许可声明。

下 篇

- 第六章 标准的结构和表述原则
- 第七章 团体标准编制规范
- 第八章 团体标准编制要求
- 第九章 各种功能类型标准的编写
- 第十章 标准编制材料
- 第十一章 交通运输团体标准应用
- 第十二章 交通运输团体标准应用案例

第六章
标准的结构和表述原则

第一节 要 素

标准作为标准化活动的产物,有着与科技图书、研究著作等不同的特点,与设计文件、工艺文件存在着差异,与法律法规等规范性文件也明显不同。标准内容的特殊性决定了其形式的独特性。标准文件有着特殊的结构和表现形式,而文件结构是决定文本质量的重要因素。标准中不同的内容有不同的功能,每个相对独立的功能单元称为"要素"。要素是构成文件结构的要件之一。

团体标准文件中涉及需要规定编排格式的要素包括:封面、目次、前言、引言、范围、规范性引用文件、术语和定义、符号和缩略语、参考文件和索引等。这些要素的有序编排构成了标准的基本框架。

一、要素的分类

通常,依据要素所起的作用与要素的存在状态两种属性划分要素。按照要素所起的作用,要素分为规范性要素和资料性要素。规范性要素包括范围、术语和定义、符号和缩略语、分类和编码/系统构成、总体原则和/或总体要求、核心技术要素、其他技术要素。资料性要素包括封面、目次、前言、规范性引用文件、参考文献、索引。按照要素的存在状态,要素分为必备要素和可选要素。必备要素包括封面、前言、范围、规范性引用文件、术语和定义、核心技术要素。可选要素即除以上六个必备要素外的其他所有要素。要素的分类见表6-1。

标准中要素的分类 表6-1

按照作用	规范性要素	范围、术语和定义、符号和缩略语、分类和编码/系统构成、总体原则和/或总体要求、核心技术要素、其他技术要素
	资料性要素	封面、目次、前言、引言、规范性引用文件、参考文献、索引
按照存在状态	必备要素	封面、前言、范围、规范性引用文件、术语和定义、核心技术要素
	可选要素	除以上六个必备要素外的其他所有要素

二、规范性要素与资料性要素

规范性要素是"界定文件范围或设定条款的要素"。从该定义可看出,规范性要素具有两方面的功能:其一,"界定"文件的范围。通过陈述文件的标准化对象、涉及的技术内容、适用的领域和文件使用者等对文件的边界进行界定。其二,"设定"条款。这是规范性要素的主要功能,它的作用是将条款固定下来。换句话说,设定条款就是将条款聚集在一起形成具有某种功能的要素。条款就是需要文件使用者遵守、理解或作出选择的内容,或者需要产品、过程或服务符合的内容。

无论是要素"范围",还是设定条款的要素,具体来讲,规范性要素就是应用标准化文件、声明符合文件时,需要研读的要素。首先,"范围"需要研读,以便清晰了解文件涉及的各方面的边界;其次,其他规范性要素中的条款更要研述,以便根据条款的类型,采取相应的行为或决定,如严格遵守、尽可能使用或者根据情况选用。文件中的第1章即是对文件边界进行界定后形成的规范性要素"范围"。除了范围之外,文体中设定条款的规范性要素通常有:术语和定义、符号和缩略语、分类和编码/系统构成、总体原则和/或总体要求、核心技术要素、其他技术要素等。从以上分析可看出,规范性要素主要是由"条款"构成。然而,为了帮助文件使用者更好理解和使用条款,在规范性要素中还可包括少量附加信息(如示例、注、脚注等),以便对规范性内容进一步解释或说明。

资料性要素是给出有助于文件的理解或使用的附加信息的要素。从该定义可看出,对于资料性要素的理解有两个关键点,一是"有助于",二是"附加信息"。资料性要素提供的不是供文件使用者直接"理解或使用"的条款,而是帮助"理解或使用"的信息,并且是依附于条款的附加信息。

在应用标准化文件、声明符合文件时,资料性要素不见得一定要研读,也就是说,不会因为没有阅读资料性要素而造成使用者遗漏那些需要遵守、符合或选择的内容。然而,资料性要素在文件中的存在发挥着其独特的功能,即帮助更好地理解或使用文件中的条款,它起到了提高文件适用性的作用。文件中的资料性要素有:位于文件正文之前的封面、目次、前言、引言,位于文件正文的规范性引用文件,位于文件正文之后的参考文献、索引。资料性要素全部由附加信息构成,通常有:规范性引用文件或参考文献中的"文件清单"和"信息资源清单"、目次中的"目次列表"和索引中的"索引列表"以及其他资料性要素中给出的"信息或说明"等。

"规范性""资料性"这两个词语在规定如何起草标准化文件的表述中经常会用到。除了规范性要素、资料性要素之外,还有规范性引用、资料性引用,规范性引用文件、资料性引用文件,规范性提示、资料性提示,规范性附录、资料性附录等相关概念。凡是用到"规范性",一定是与"条款"有关。规范性引用,即所引的内容就会成为引用它的文件的"条款";规范性提示,即提示文件使用者遵守、履行或符合文件自身其他位置的"条款";规范性附录中的内容(除附加信息外)即是规范性条款。凡是使用"资料性",一定与"附加信息"有关。资料性意味着只起辅助作用,是帮助文件理解或使用的内容。资料性内容存在与否不会对文件的使用造成实质影响。资料性引用,即所引的内容都会成为引用它的文件的附加信息;资料性提示,即提示文件使用者参看文件自身其他位置的内容,以帮助对文件的理解;资料性附录中的内容都是有助于理解或使用文件的附加信息。

三、必备要素与可选要素

必备要素是指在文件中必不可少的要素,也就是说,在任何文件中都应有这类要素。文件的规范性要素中有三个必备要素:范围、术语和定义、核心技术要素;资料性要素中也有三个必备要素:封面、前言、规范性引用文件。

可选要素是指在文件中存在与否取决于起草特定文件的具体需要的要素。也就是说,可选要素是那些在某些文件中可能存在,而在另外的文件中就可能不存在的要素。例如,在某文件中设置了要素"符号和缩略语";在另一个文件中,由于没有需要解释、说明的符号和缩略语,所以文件中就不会设置这一要素。因此,"符号和缩略语"这一要素是可选要素。

文件中除了封面、前言、范围、规范性引用文件、术语和定义以及核心技术要素这六个必备要素之外,其他要素都是可选要素。这里需要说明的是,文件中的"规范性引用文件""术语和定义"这两个要素,其章编号和标题的设置是必备的,然而其内容的有无需要根据文件的具体情况进行选择,即在有些文件中可以出现"规范性引用文件""术语和定义"标题下具体内容为空白的情况。

标准化文件是由要素构成的,而要素又是由"条款和附加信息"组成,并且有条文、图、表、学公式、附录、引用或提示等多种表述形式。

条款和附加信息组成了要素。规范性要素中主要有条款,还有少量附加信息;资料性要素全部是附加信息。

第二节　层　　次

标准文件的层次是从方便内容表述的角度出发,按照内容的从属关系划分的。一个文件可能具有多个层次,如从部分、章、条、段到列项的所有层次。实际具有的层次和设置应根据实际情况(篇幅的多少、内容的繁简)设定。

无论是什么繁简程度的标准,都至少有章、条、段三个层次,因此,也可以说,"章、条、段"是标准文件的必备层次。除了这三个层次以外,其余的层次都是可选的。在表述时,部分、章、条、段都采用阿拉伯数字加下脚点的形式;列项如需编号,采取拉丁字母和阿拉伯数字的编号形式。层次及编号见表6-2。

层次及编号　　　　　　　　　　　　　　表6-2

层次	是否具备	编号示例
部分	可选	××××.1
章	必备	8
条	必备	8.1
		8.1.1

续上表

层次	是否具备	编号示例
段	必备	无编号
列项	可选	列项符号:"——"和"·" 列项编号:a)、b)和1)、2)

一、部分

部分是标准划分出的第一个层次。一个标准文件的不同部分都有各自的部分编号,但是它们拥有同一个标准顺序号。一个标准分成了若干部分后,每个部分可以分别编制、修订和发布,并与未分为部分的文件遵守同样的起草原则和规则。

示例 6-1

	GB/T 20001《标准编写规则》	
1	GB/T 20001.1—2024	标准编写规则 第1部分:术语
2	GB/T 20001.2—2015	标准编写规则 第2部分:符号标准
3	GB/T 20001.3—2015	标准编写规则 第3部分:分类标准
4	GB/T 20001.4—2015	标准编写规则 第4部分:试验方法标准
5	GB/T 20001.5—2017	标准编写规则 第5部分:规范标准
6	GB/T 20001.6—2017	标准编写规则 第6部分:规程标准
7	GB/T 20001.7—2017	标准编写规则 第7部分:指南标准
8	GB/T 20001.8—2023	标准起草规则 第8部分:评价标准
9	GB/T 20001.10—2014	标准编写规则 第10部分:产品标准
10	GB/T 20001.11—2022	标准编写规则 第11部分:管理体系标准

对于一个标准的若干部分来说,因为是同一个标准的内部结构,那么它们所针对的应是同一个标准化对象。

(一)部分的划分原则

通常情况下,针对一个标准化对象宜编制成一个无须细分的文件,只有在特殊情况下才编制形成分为若干部分的文件。划分部分时,也应当遵循一定的原则。总体来说,划分部分的总原则是要提高适用性,便于标准的使用。比如,标准在未划分为不同的部分时,篇幅过长,不便于使用,这时就要考虑将该标准分为若干部分。除此之外,还需考虑以下因素:

1. 根据标准使用者的需求

不同的标准使用者的需求不同,关注的方面也会不同。因此,针对一个标准化对象,往往需要从使用者的角度考虑将标准分成若干部分,每个部分仅规定与使用者的需要相关的内容。这样使用者应用标准时,看到的内容都是他所需要的。

2. 根据编制标准的目的

标准编制目的不同,规定的技术内容就会不同。针对一个标准化对象,从编制目的角度可以将标准分成不同的部分,每个部分仅规定与编制目的有关的内容。

3. 按照标准的使用方式

(1)每个部分都能单独使用。将标准化对象分为若干特殊方面,每个部分分别涉及其中的一两个方面,并且都能够单独使用。

(2)通用和特殊部分配合使用。将标准化对象分为通用和特殊两个方面。这种情况下,通常将通用方面作为文件的第 1 部分,特殊方面作为其余各部分。由于通用部分规定的是其余部分中都涉及的通用规定,所以涉及特殊方面的部分都不再规定通用的内容,而采取引用通用部分的表述形式,以避免不同部分各自规定相关通用内容而导致不一致、不协调的问题。在这类文件中,由于针对具体的标准化对象,仅有通用方面或特殊方面都不完整,只有综合两方面的内容才能表达全面的要求。因此,这类文件中的各个部分都不应单独使用,而应将通用部分和特殊部分配合使用。

分成部分的文件还常常将各部分共同使用的"术语""符号"或"分类"等基础的部分作为件的第 1 部分(或靠前的第 2、第 3 部分),而其他部分引用这些基础部分。

(二)部分编号

部分编号应置于文件编号中的顺序号之后,使用从 1 开始的阿拉伯数字;部分编号与顺序号之间用下脚点相隔。例如 GB/T 20001.1、GB/T 20001.2,其中 20001 是文件的顺序号;"1"和"2"是部分编号,它并不是文件顺序号的组成成分。"部分"是标准的层次之一。与章条编号一样,部分编号是标准的内部编号,只不过被置于标准编号中。部分可以连续编号,也可以分组编号。

(三) 部分名称

每个部分都应该有名称。部分名称的组成方式与未进一步细分的标准的名称遵守同样的规则。在此基础上,部分名称还要反映出部分自身的特点。

二、章

在起草标准时,需要对标准正文(即从范围到附录之前的内容)进行层次划分,以便表述标准内容的从属关系。这时首先分出的层次就是章,它构成了标准正文层次结构的基本框架。

(一) 章的划分原则

章是文件正文中分出的第一个层次。在文件中,某些内容可以表述在多个章中,而在另一种情况下,这些内容又可以合并在一章中表述。通常情况下,章的划分需要考虑以下原则:

1. 正文中一个要素通常设为一章

章与文件正文中的要素紧密相关,通常将一个要素设置成一章。正文中的必备要素都应该设置为章,包括要素"范围""规范性引用文件""术语和定义"以及不同功能类型标准的核心技术要素。其他可选要素,如"符号和缩略语""分类和编码/系统构成""总体原则和/或总体要求"通常也需要各自设章。

2. 正文中一些要素可以合并或拆分后形成章

在一些特定情况下,正文中一些要素可以根据具体情况合并或拆分后形成章。某些章的内容过少,或者与其他章的内容有联系,可以考虑与其他章合并,如规范标准中的"试验方法"可以并入"要求"一章。某些章的内容较多,也可以考虑按照相应的规则拆分成若干章,如规范标准中的"要求",通常设置为一章,但如果需要满足的目的较多,要求的内容所占篇幅过大,也可考虑按照编制目的将相应的要求分别设章。

3. 引言、附录可以看作"章"

引言是文件中的资料性要素,不需要对引言编号;然而,如果需要对引言进行细分,那么仅可将引言进一步划分为条,条编号为0.1、0.2……。实际上,可以将引言看作文件的第0章。

附录源于正文中的条文,可以对附录编号,如附录A、附录B……;还可以对附录进一步细分,分出的第一个层次为条,条编号为A.1、A.2……,B.1、B.2……。可见,从编号的层次以及附录所占据的篇幅来看,可以将附录看作章,将A、B等看作章的编号。

(二)章编号

每一章都应编号。章的编号使用阿拉伯数字从1开始编写。在每个文件中,章的编号从范围开始一直连续到附录之前。

(三)章标题

章标题是必备的,即每一章都应有章标题,并应置于编号之后。标准中的核心技术要素的章标题需要根据标准的具体功能类型进行确定;标准中的其他技术要素的章标题需要根据具体要素进行确定。

三、条

在章之下,或者标准的引言或附录之下,如果需要进一步细分,可以设置有编号的层次——条。条是对章的细分,凡是章以下有编号的层次均称为"条"。条的设置是多层次的,第一层次的条可分为第二层次的条,第二层次的条还可继续细分,需要时最多可以分到第五层次。虽然文件中条的层次可以分到第五层,但是为了便于引用、叙述和检索,尽量不要将条划分过多的层次。

(一)条的划分原则

某一章或某一条中的内容,可以被编成几个段落,也可以编成几条。条的划分通常需要考虑以下原则：

1. 内容明显不同

划分条的主要依据是内容明显不同。如果段与段之间所涉及的内容明显不同，为了便于区分，则需要将它们分成彼此独立的条。

2. 有可能在提示或引用中提及

当文件的章或条中的某些段落会被文件自身所提及，以便提示使用者遵守或参考，或者有可能被其他文件所引用时，就应该将相关的段落设为条。这样通过直接提及相应的条编号就可以实现准确提示或引用的目的。

3. 存在两个或两个以上的条

在文件的章或条中不应仅包含一个下一层次的条，换句话说，同一层次中有两个或两个以上的条时才可设条。例如，9.2 中至少要有 9.2.1 和 9.2.2 两条，才可将 9.2 进一步划分为第二层次的条；也就是说，如果没有 9.2.2，就不应将 9.2 中的条文给予 9.2.1 的编号。

4. 无标题条不应再分条

为了不在引用或提及时产生混淆，不应在无标题条之下再分条。如果无标题条再进一步细分，就会出现"悬置条"，这会给引用或提示造成困扰。鉴于这种情况，无标题条不应再进一步细分条。也就是说，虽然条可以向下细分五个层次，但是一旦某一层次的条没有标题，也就意味着该条的细分层次到此为止。

示例 6-2

4.1.3　×××（悬置条）
4.1.3.1　××××××××××××××××××××××××

（二）条编号

条编号使用阿拉伯数字加下脚点的形式，即层次用阿拉伯数字，每两个层次之间加下脚点。条编号在其所属的章内或上一层次的条内进行,例如,在第 4 章内,第一层次条编为 4.1、4.2……,第二层次条编为 4.1.1、4.1.2……,一直可编到第五层次,即 4.1.1.1.1.1、4.1.1.1.1.2……。

附录中可以设条。

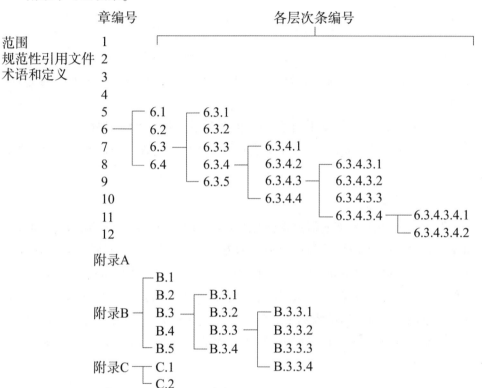

文件的具体内容是按照从属关系编排的。章编号统管所有章编号相同的条,即同一章下所有的条编号都从属于该章;每下一层的条编号从属于其上一层的条编号,以此类推。

(三)条标题

条标题的设置是可选的,可以根据文件的具体情况决定是否设置标题。如果设置了标题,则置于条编号之后。如果不设标题,则条编号后紧接着条的内容。

1. 第一层次条的标题

每个第一层次的条最好设置标题。第二层次的条可根据情况决定是否设置标题。

2. 条标题设置的一致性

虽然条标题的设置是可选的,但在某一章或条中,其下一个层次上的各条有无标题应一致。如该章的下一层次第 1 条有标题,则处于同一层次上的 2、3、4……条也应有标题;同样,处于同一层次上的第 1 条没有标题,那么该层次上的各条都应没有标题。

对于不同章中的条,或不同条中的条,虽然处于同一层次,标题的设置无须一致。只有在某一章或条的内部,才要求其下一个层次中各条的标题设置与否保持一致。

3. 无标题条的主题

对于无标题的条,如果需要强调各条所涉及的主题,可将无标题条首句中的关键术语或短语标为黑体,通过突出显示的方式引起对相关主题的注意。强调无标题条的主题时也需要遵守一致性原则。如果某一条的下一层次的无标题条中有用黑体字强调主题的情况,那么该层次上的每个无标题条都应有用黑体标出的主题。无标题条中用黑体标出的术语或短语不应在目次中列出;如果有必要列入目次,则不应采取这种形式,而应选用有标题条的形式,将相应的术语或短语作为条标题。

示例 6-3

7.3.1 条是章内有编号的细分层次。条可以进一步细分,细分层次不宜过多,……

7.3.2 条编号应使用阿拉伯数字并用下脚点与章编号或上一层次的条编号相隔。……

7.3.3 第一层次的条宜给出条标题,并应置于编号之后。第二层次的条可同样处理。……

四、段

段是对章或条的细分。段与条最明显的区别就是它没有编号,也就是说段是章或条中不编号的层次。为了不在引用或提及时产生混淆,不宜在章标题与条之间或条标题与下一层次条之间设段(这样的段称为"悬置段")。

示例 6-4

```
4  要求
      ××××××××××××××××××××××××
   ×××××××××(悬置段)
4.1   ×××××××××××××××××××××××××
   ×××××××××
4.2   ×××××××××××××××××××××××××
```

如在编写中发现存在悬置段,可将其删除或移至别处。若该内容确需放在此处,可将悬置段改为条,将未编号的悬置段编号并增加标题。通常来说,悬置段的内容都是在做具体规定之前,编写一些总体的、通用的内容。因此,将悬置段为条处理后,需要根据原悬置段中规定的内容选择相应的标题。原悬置段凡是规定了一些原则、规则或要求的内容,可以分别使用"总则""通则""通用要求"等作为条的标题;凡是给出陈述或说明的内容,可以使用"概述"作为条的标题。值得注意的是,要素"术语和定义"中的引导语引出的是"术语条目","符号和缩略语"中的引导语引出的是"符号和/或缩略语清单",这两处的引导语都不符合上述对悬置段的定义(章标题与条之间、条标题与下一层次条之间的段)。因此,这些引导语都不是悬置段。

五、列项

列项是段中的子层次,用于强调细分的并列各项中的内容,它可以设置在文中的任意段或标题条中。列项可以进一步细分为分项,但这种细分不宜超过两个层次。

(一) 列项的设置原则

标准化文件中的条文经常需要表述一些列举分承的事项,这些内容通常会表述在段或无标题条中,这就是列项。列项的设置通常需要考虑以下原则:

1. 突出并列的各项

列项具有自己特殊的形式,它在条文中非常突出、醒目。如果需要突出段中并列的各项内容,可在段中设置列项,使得列项中各项内容更加清晰明了。如果仅是需要突出并列的各项,选择设置无编号列项即能达到相应的效果。

2. 强调各项的先后顺序

如果在表述标准的内容时,需要强调一些事项的先后顺序,例如,规程标准中需要强调行为指示的先后步骤,可以通过设置有编号列项来表述。

3. 便于引用列项中的各项

如果需要引用文中并列的内容,这时可将这些内容设置为有编号列项。通过提及列项的编号可以达到准确引用的目的。

(二) 列项的形式

列项的形式具有其独特性,即列项应由引语和被引出的并列的各项组成。只有同时具备"引语"和"被引出的并列的各项",列项才是完整的。

1. 列项的形式

列项有两种形式:

(1) 由后跟冒号的文字作引语引出后跟分号或逗号的各项。由于冒号是句内点号(即句子内部的符号),所以引出的所有各项中都不应使用句号,只有最后一项的结尾使用句号。

(2) 由后跟句号的完整句子作引语引出后跟句号的各项。也就是说,凡是引出的各项结尾需要使用句号,那么就应该使用完整句子(由句号结束)作引语。

2. 引语与被引出的各项内容之间的关系

引语与被引出的各项之间是有关系的。引语引出的各项内容应与引语引导的含义相符,不宜与引语中的词语相重复。

(三)列项中各项的编号

列项可以分为无编号列项和有编号列项。

1. 无编号列项

无编号列项是列项中最常见的表现形式。设置列项的目的如果仅是为了突出并列的各项,那么考虑使用无编号列项。编写这类列项时,需要在各项之前标明列项符号,包括:适用于列项的第一层次各项之前的破折号(——);或适用于列项的第二层次各项之前的间隔号(·)。

2. 有编号列项

编写有编号的列项需要在各项之前标明列项编号,包括:适用于第一层次各项之前的字母编号[即后带半圆括号的小写拉丁字母,如 a)、b)等];或适用于第二层次各项之前的数字编号[即后带半圆括号的阿拉伯数字,如 1)、2)等]。有编号的列项适用于以下两种情况。

(1)需要识别。如果列项中的某些项需要识别,例如其中的某一项或某些项有可能被引用,特别是文件自身就需要提示文件中列出的某项,这时就需要对列项进行编号,以方便提及。如:见4.3.2a)。

(2)需要表明先后顺序。如果需要强调列项中各项的先后顺序,那么应对各项进行编号。例如表明设计程序、试验过程的列项,使用编号可以表明设计或试验是按照 a)、b)、c)……的顺序进行。因此,在某些情况下,有编号的列项表明列项中的各项是有先后顺序的,而无编号的列项可以理解为,各项的顺序不分先后。

3. 列项的细分

如果无编号列项中的某项需要进一步细分成第二层次的列项,就只准许细分成无编号的各项,不准许细分成有编号的各项。假如第二层次的列项需要识别或需要强调前后顺序,那么就应将第一层次列项改为字母形式的有编号列项,然后使用数字编号对第二层次列项的各项进行编号。如果有编号列项中的某项需要进一步细分成第二层次的列项,根据是否需要识别或表明先后顺序,可以设置成使用数字编号的列项或使用间隔号的无编号列项。

示例 6-5

> 7.1.2.4 预警信息应根据预警类型推送给相关作业人员,并符合以下要求:
> a) 根据实时人车距离、人与电子围栏、车与电子围栏距离,分别向现场作业负责人、安全防护员、作业人员、驻站联络员、车站值班员、调度员以及司乘人员推送分级预警信息;
> b) 根据作业人员位置和作业区域电子围栏边界位置,实时判断作业人员是否在电子围栏内作业,对逾越电子围栏的作业人员,系统自动向现场作业负责人和作业人员推送预警信息;
> c) 根据作业人员位置和安全区域位置,实时判断作业人员是否在安全区域内,对逾越安全区域的作业人员,系统自动向现场作业负责人和作业人员推送分级预警信息。

[引自 T/CCTAS 159—2024《铁路营业线作业人员北斗安全预警防护系统技术条件》]

(四)列项中各项的主题

为了强调列项中各项的主题,在各项中可使用黑体字突出各项中的关键术语或短语。强调各项主题时也需要遵守一致性原则。如果列项中的某项有用黑体字强调主题的情况,那么该列项中的每项中都应有用黑体字标出的主题。这类用黑体字标出的术语或短语不应在目次中列出。如果有必要列入目次,则不应使用列项的形式,而应采取条的形式,将相应的术语或短语作为条标题。

(五)编写列项需要注意的问题

编写列项时,需要注意以下一些问题。

1. 引语不应省略

列项由引语和被引出的并列各项组成,因此列项中引语是必需的,不应省略。尤其是应当注意在条标题之后的列项,应在列项前加入适当的引语。

2. 条或段不应表述成列项的形式

在标准编写中,有些内容本来应该分条或分段表述,但却错误地使用了列项的形式。这类题也经常出现在条标题之后。不是并列关系,缺乏引语的内容不应该用列项的形式表述。

3. 引语引导的内容与列项中的内容应相符

引语引导的含义与列项中的各项内容不应出现不一致,甚至矛盾的现象。例如,引语中的表述如为"……应符合以下要求:",那么引出的各项中应全部是要求,不应出现某个分项为推荐。

4. 引语与列项的内容不应相互重复

引语中已经出现的词语,引出的分列各项中尽可能不重复出现。例如:引语中已经使用"不应",分列各项中就不应再出现"不应"。

第三节　要素的表述原则

无论要素包含什么内容,也无论其表述形式如何,首先需要遵守标准表述的三原则:一致性、协调性和易用性。只有遵守了表述三原则,才能达到编制标准化文件的目标——形成清楚、准确和无异议的条款,进而实现标准化的目的和效益。

一、一致性原则

一致性是标准化文件最基本的表述原则。它强调的是内部的一致,这里的"内部"有两个层次:第一,每个标准内部;第二,由拥有同一个标准顺序号的各部分形成的标准内部。编写标准时遵循一致性原则,将避免由于同样或类似内容的不同表述给使用者造成的困惑,从而确保标准能够被正确理解。从标准文本自动处理的角度考虑,一致性也将使文本的计算机处理,甚至计算机辅助翻译更加方便和准确。遵循一致性原则通常需要考虑结构、文体、术语和形式等四个方面。

(一)结构的一致

结构的一致主要指拥有同一个标准顺序号的各部分之间需要考虑的原则。各部分的结构一致,是指相关要素和层次的设置与否,章、条的编号、排列顺序,标题表述等宜尽可能一致。目前,国际上 ISO、IEC 和我国都将标准化文件中的要素"规范性引用文件""术语和定义"确定为必备要素,就是贯彻结构一致性原则的具体做法。

(二)文体的一致

单个文件中或者拥有同一个文件顺序号的各个部分中,相同的条款宜使用相同的用语,类似的条款宜使用类似的用语。

(三)术语的一致

每个文件内,同一个概念宜使用同一个术语,避免使用同义词。术语的一致包含两层含义:首先,在文件中应使用要素"术语和定义"中已经界定的术语。在现行有效的文件中,就出现了有些条款使用了第 3 章界定的术语,但另一些条款又使用了同义词的问题。其次,即使按照规定有些术语未在第 3 章界定,文中的术语也宜保持一致。

(四)形式的一致

标准形式的一致能够便于对标准内容的理解、查找及使用。形式的一致通常包括以下方面:

(1)条标题:虽然条标题的设置可以根据标准的具体情况进行取舍,但是在某一章或条中,其下一个层次中的各条有无标题要一致。

(2)列项或无标题条的主题:标准中的列项或无标题条,可以根据具体情况用黑体字标明主题。如果强调了主题,则某个列项中的每一项,或某一条中的每个无标题条都需要强调。

(3)图表标题:虽然标准中的图或表有无标题是可以选择的,然而全文中有无标题要一致。

二、协调性原则

一致性强调的是一个标准内部的一致,而协调性主要针对标准之间,强调的是与外部的协调,其目的是"为了达到标准化标准的整体协调"。众多标准可以构成一个标准体系,只有标准之间相互协调,才能充分发挥整个系统的功能,获得良好的系统效应。在表述标准内容时,为了达到标准系统的整体协调,在起草标准时需要注意与现行有效的标准之间相互协调。标准的整体协调是有其范围的:从行业的角度考虑,行业的标准宜保持协调;推而广之,从国家的角度考虑,所有的国家标准宜保持协调。

(一)避免重复和不必要的差异

遵守协调性原则首先要避免标准内容的重复和不必要的差异。因为,重复和不必要的差异往往容易造成不协调。为此,需要采取两项具体措施:第一,将针对一个标准化对象的规定尽可能集中在一个标准中。这样将避免由于相同的规定散落在不同标准中而产生的差异,造成不协调。第二,将通用的内容规定在一个标准中。利用通用化方法,将适用于某领域或标准化对象的内容进行通用化处理,将通用内容或者规定在某个标准的一个部分(通常为通用部分)中,该标准的其他部分则引用通用部分的相关内容;或者将适用更广泛的通用内容编制成单独的标准,以便其他标准引用。这种处理方式避免了每个标准都针对通用内容进行规定而产生的不协调。

(二)起草文件宜符合基础标准和领域内通用标准的有关条款

起草每个标准都遵守基础标准,就使得适用最广泛的标准得到了应用,保证了每个标准都符合标准化的最基本的原则、方法和基础规定,从而可以达到在较高层面上(国家、行业)各标准之间的协调。

(1)每个标准要符合现有基础标准的有关条款,尤其涉及下列有关内容:标准化原理和方法,标准化术语、量、单位及其符号,符号和缩略语,图形符号,参考文献的标引,技术制图和简图,技术文件编制等。

（2）对于特定技术领域，还需要考虑涉及诸如下列内容的通用标准中的有关条款：极限、配合和表面特征，尺寸公差和测量的不确定度，优先数，统计方法，环境条件和有关试验，电磁兼容，符合性和质量等。

（3）编制标准时除了与上述标准协调外，还要注重与同一领域的标准进行协调，尤其要考虑本领域的通用标准，注意遵守已经发布的标准化文件的规定。

（三）采用国际标准化文件

如果有对应的国际标准化文件，要首先考虑以这些文件为基础起草我国标准化文件；如果对应的国际文件为ISO或IEC发布的标准化文件，宜尽可能按照GB/T 1.2—2020的规定等同或修改采用。采用国际文件能够保证我国标准与国际标准化文件在国际层面上的协调。

（四）采取引用的方式

如果需要使用其他文件中的内容时，采取引用的方式，而不抄录其他文件中需要的内容，这样可以避免由于抄录错误导致的差异，还可以避免由于被抄录文件的修订造成的文件之间的差异和不协调。如果需要使用标准自身其他位置的内容，那么也宜采取提示的方式，让使用者遵守或参考标准中的相关内容。

三、易用性原则

任何文件只有最终被应用才能发挥其作用。易用性原则指在起草文件时需要考虑文件的表述要便于文件的使用。易用性原则主要涉及以下两个方面的内容。

（一）易于直接应用

在起草标准需要考虑标准中的条款要易于直接使用。

1. 各类要素要各司其职、各就各位

为了易于直接应用，标准中的各类要素就要各司其职、各就各位，这样才能方便使用者，使他们能够在固定位置查找到相应的内容。

首先，标准中的核心技术要素要规定能够决定标准功能类型的技术内容。在核心技术要素中,对于试验标准,就要描述试验的步骤以及试验结果的处理方法;对于规范标准,就要规定能够被证实的要求以及对应的证实方法等。同时,这些核心技术要素的位置应该相对固定,以便使用者能够容易地找到相应的要素。

其次,要紧紧围绕核心技术要素的需要设置其他规范性要素。也就是说,其他规范性要素要在核心技术要素之后确定。例如,标准中的核心技术要素使用的术语需要定义,符号需要解释时,就要设置要素"术语和定义""符号和缩略语",并在这些要素中对相应的术语进行定义,对符号和缩略语进行解释。在固定位置设置这些根据核心技术要素衍生出来的其他规范性要素,同样方便了相应内容的查找、检索与使用。

再次,要利用好资料性要素和资料性内容,它们在保证标准易用性方面发挥着重要的作用。在所有要素中,这些要素或内容是最后确定和编写的。资料性要素通常包括:便于查找相关标准的要素(如规范性引用标准、参考文献等),方便标准本身使用的要素(如目次、索引等),或提供标准的技术信息、编制目的,说明标准与其他标准的关系,给出标明标准信息的要素(如引言、前言、封面)等。资料性内容还可能涉及帮助正确使用标准的示例、对标准中规范性内容都进行解释或说明的注、脚注等。这些要素或内容,虽然都是资料性的,但它们能够帮助标准使用者尽快理解和使用标准,它们的主要功能就是提高标准的易用性。

2. 标准中的条款要便于直接使用

标准条款的表述要清晰明确,易于应用。为此应使用规范的能愿动词,要将要求型条款、指示型条款与其他可选择的条款明确区分出来。

(二)便于被其他文件引用以及被标准自身提示

标准的内容不但要便于直接应用,还要考虑易于被其他标准化文件、法律、法规或规章等文件所引用,或者被标准自身提示。为了达成这个目的,编写标准时需要考虑以下三个方面:

第一,单独标准或标准层次的设置。为了便于引用或提示,需要将有关内容设置为单独的标准,或设置为标准的有编号的层次。如果标准中较多的内容有可能被引用,那么需要考虑将这些内容编制成单独的标准或单独的部分;如果标准中的段有可能被引用或提示,那么就要考虑将其设置为条;如果标准中的某些内容拟用于认证,那么宜将它们编为单独的章、条,或单独的标准。

第二,标准具体内容的编号与否以及编号形式。标准中的章、条、术语条目、附录、图、表等都设有编号,编号的设置方便了这些内容被其他文件引用。阿拉伯数字加下脚点的条编号是标准所特有的,它虽然不便于读,但是非常便于引用时指明标准中具体的内容。列项虽然可以编号,也可以使用列项符号,但如果列项中的某些项有可能会被其他文件引用,那么就要考虑对列项进行编号(包括字母编号和数字编号)。

第三,避免悬置条、悬置段。标准中的"无标题条不应再分条"(因为分条后的原无标题条就成了"悬置条")、"章标题或条标题与下一层次条之间不宜设段"(所设的段称为"悬置段"),以免引用这些"悬置条"或"悬置段"时造成指向不明的混乱。

第四节 以 ISO、IEC 标准化文件为基础起草标准的规则

在起草标准时,有时会以 ISO 和/或 IEC 标准化文件为基础起草。对于我国来说,只有国家层次的标准化文件可以采用 ISO 和/或 IEC 标准化文件。

ISO/IEC 为区域或国家采用 ISO 和/或 IEC 标准发布了两项指南。ISO/IEC 指南 21-1:2005《区域标准或国家标准采用 ISO 和/或 IEC 标准和其他标准化文件 第 1 部分:采用 ISO 和/或 IEC 标准》和 ISO/IEC 指南 21-2:2005《区域标准或国家标准采用 ISO 和/或 IEC 标准和其他标准化文件 第 2 部分:采用 ISO 和/或 IEC 标准以外其他标准化文件》,这两份文件是各成员以 ISO 和/或 IEC 标准化文件为基础起草国家标准化文件的指南。我国是 ISO、IEC 的成员,应符合 ISO、IEC 的相关规定和版权政策。

一、ISO 和/或 IEC 标准化文件

ISO 和 IEC 制定发布的标准化文件包括 ISO 和/或 IEC 标准(International Standard)和其他类型标准化文件,其他类型标准化文件主要有技术规范(Technical

Specification,TS)、可公开提供规范(Publicly Available Specification,PAS)、技术报告(Technical Report,TR)、指南(Guide)和国际研讨会协议(International Workshop Agreement,IWA)等。ISO 和/或 IEC 标准与其他类型标准化文件的主要区别在于是否完全履行了标准制定程序并且达到标准所需的协商一致程度。

二、总体原则和要求

为了保证国家标准化文件的合规性和适用性,以 ISO 和/或 IEC 标准化文件为基础起草国家标准化文件时,需要遵守 ISO 和 IEC 关于版权和专利等方面的规定,符合采用 ISO 和/或 IEC 标准化文件的原则和要求,结合我国国情并遵守我国标准化文件的起草规则。因此,在起草以 ISO 和/或 IEC 标准化文件为基础的国家标准化文件时,通常需要遵循以下六个方面的总体原则和要求。

(一)遵守 ISO 和/或 IEC 相关规则和政策文件

以 ISO 和/或 IEC 标准化文件为基础起草国家标准化文件时,需要遵守 ISO 和/或 IEC 标准化文件的规则和政策文件中有关其出版物的版权、版权使用权、销售和专利等方面的规定。我国作为 ISO 和 IEC 的成员国,采用 ISO 和/或 IEC 标准化文件时需要进行版权保护,并按照规定进行版权声明,但是销售时无须支付版税。如果我国想要采用除 ISO 和 IEC 以外的其他国际组织发布的标准化文件,需要在获得相应国际组织的版权使用权授予,并且在遵守其采用政策后,再采用其标准化文件,以预防版权纠纷。

(二)遵守我国标准化文件的起草规则

以 ISO 和/或 IEC 标准化文件为基础起草国家标准化文件时,需要遵守 GB/T 1.2—2020 中涉及的总体原则和要求、起草步骤以及相关要素和附录的编写规则。GB/T 1.2—2020 未作具体规定的,需要遵守 GB/T 1.1—2020 的有关规定,以保证我国标准化文件的文本结构、表述形式和编排格式等方面的规范性和一致性。

(三)结合国情等同或修改采用

以 ISO 和/或 IEC 标准化文件为基础起草国家标准化文件时,需要研究分析我国国情,在结合我国国情的基础之上,尽可能使得国家标准化文件与 ISO 和/或 IEC 标准化文件一致性程度为"等同",以促进国际贸易和交流。我国国情主要涉及三个方面的主要内容:第一,健康、安全和环境问题。第二,基本的气候、地理等自然条件。第三,基本的技术条件。因此,为了避免技术指标过高或过低导致的不适用性,需要充分考虑我国的技术条件。一致性程度为"等同",意味着符合国家标准化文件即符合 ISO 和/或 IEC 标准化文件,这是国际贸易和交流的基本条件之一。对于 ISO 和/或 IEC 标准化文件中的基础标准(包括术语标准、符号标准、分类标准和试验标准等)宜等同采用。

如果出于对我国国情的研究分析,例如保障健康、安全,保护环境,基本的气候、地理或技术原因等,不能使得一致性程度为"等同",也宜尽量将变化控制在合理的、必要的并且是最小的范围之内,并清楚地标示这些变化和说明产生这些变化的原因,即尽可能使得一致性程度为"修改"。

(四)起草为相应类型的标准化文件

以 ISO 和/或 IEC 标准化文件为基础起草国家标准化文件时,宜起草为相应类型的标准化文件。因为不同类型的标准化文件,履行不同的制定程序,满足不同的协商一致条件,具有不同的内容和作用。因此,ISO 和/或 IEC 标准最好起草为国家标准。

(五)起草为一一对应的标准化文件

以 ISO 和/或 IEC 标准化文件为基础起草国家标准化文件时,为了与 ISO 和/或 IEC 标准化文件体系协调衔接、促进相互理解和交流,最好起草为一一对应的国家标准化文件,主要包括以下三个方面的内容:

(1)一项 ISO 和/或 IEC 标准化文件最好对应一项国家标准化文件,不宜对应多项国家标准化文件,避免随意拆分 ISO 和/或 IEC 标准化文件,破坏了文件的完整性,造成使用不便等情况;

(2)多项ISO和/或IEC标准化文件不宜对应一项国家标准化文件,避免导致ISO和/或IEC标准化文件的辨识度降低,或者国家标准化文件篇幅过长、编制目的过多等情况;

(3)对于分部分的ISO和/或IEC标准化文件,起草时需要综合考虑ISO和/或IEC标准化文件所分部分的原因和涉及的技术内容,尽量以分部分的形式编制。

如果出于促进与我国标准化文件体系协调衔接或者便于使用者应用等原因,无法遵守上述原则时,最好清楚地说明原因,并且明确指出该国家标准化文件与ISO和/或IEC标准化文件之间的对应关系。

(六)遵守条款中助动词的翻译规定

ISO和/或IEC标准化文件条款中的助动词翻译为国家标准化文件的能愿动词时,应符合相应的规定。因为不同的助动词表述的条款类型不同,翻译不准确可能造成条款类型不明确或错误。

第七章
团体标准编制规范

第一节 条　　款

根据 GB/T 20000.1—2020,条款是指在文件中表达应用该文件需要遵守、符合、理解或作出选择的表述。它是标准文件规范性内容的表述方式,可包含在规范性要素的条文、图标脚注、图与图题之间的段或表内的段中。一般采取要求、指示、推荐、允许和陈述五种表述形式。

一、条款的表述

各种类型的条款通常使用不同的能愿动词或句子语气类型来表述。使用"应、不应""宜、不宜""可、不必""能、不能""可能、不可能"等能愿动词,以及使用"祈使句"或"陈述句"的语气类型。这也是标准使用者识别条款类型的方式。条款类型的表述应使得标准使用者在声明其产品/系统、过程或服务符合标准时,能够清晰地识别出需要满足的要求或执行的指示,并能够将这些要求或指示与其他可选择的条款(例如推荐、允许或陈述)区分开来。

(一)要求

要求是表达声明符合该文件需要满足的客观可证实的准则,并且不准许存在偏差的条款。表示需要满足的要求使用能愿动词"应"或"不应"。例如:"每幅图均应有编号。""无标题条不应再分条。"

不使用"必须"作为"应"的替代词,以避免将文件的要求与外部约束相混淆;不使用"不可""不得""禁止"代替"不应"来表示禁止;不应使用诸如"应足够坚固""应较为便捷"等定性的要求。

(二)指示

指示是表达需要履行的行动的条款。它对人们的行为或行动步骤作出明确的指示,并且不准许有偏差。它针对的是人的行为,而不涉及行为的结果。通常在规程或试验标准中对需要履行的行动、采取的步骤等表示直接的指示。指示型条款通常使用祈使句。例如:"开启记录仪。"在应用指示型条款中容易出现的错误是在祈使句前使用要求、推荐等能愿动词。如"应开启记录仪。"

(三)推荐

推荐是表达建议或指导的条款。它既可以表达原则性或方向性的指导,也可以表达具体的建议。表示推荐或指导使用能愿动词"宜"或"不宜"。例如:"每个表宜有表题。""温度不宜高于25℃。"肯定形式"宜"用来表达建议的可能选择或认为特别适合的行动步骤,无须提及或排除其他可能性;否定形式"不宜"用来表达某种可能选择或行动步骤不是首选的但也不是禁止的。

(四)允许

允许是表达同意或许可(或有条件)去做某事的条款。它表达同意做某事、许可做某事或有条件做某事。

表示允许使用能愿动词"可"或"不必"。例如:"在无标题条的首句可使用黑体字突出关键术语或短语。""每个文件不必都含有标记体系。"注意使用"不必"而不使用"不可"作为"可"的否定形式。还要注意不使用"能""可能"代替"可"。"可"是文件表达的允许,而"能"指主、客观原因导致的能力,"可能"指主、客观原因导致的可能性。

(五)陈述

陈述是阐述事实或表达信息的条款。它陈述某种事实或给出某种信息,内容通常没有倾向性,不施加任何影响。这是它的最大特点,也是与前四种类型条款的最大区别。

表示需要去做或完成指定事项的才能、适应性或特性等能力使用能愿动词"能"或"不能"。注意不使用"可""可能"代替"能"。表示预期的或可想到的物质、生理或因果关系导致的结果使用能愿动词"可能"或"不可能"。注意不使用"可""能"代替"可能"。

一般性陈述的表述使用陈述句。陈述句的典型用词有"是""为""由""给出"等。例如:"章是文件层次划分的基本单元。""在下方为附录标题。""文件名称由尽可能短的几种元素组成。""封面这一要素用来给出标明文件的信息。"

一般性陈述的表述时容易出现的错误是在陈述句中加能愿动词"应""宜"等。如"章应是文件层次划分的基本单元。""文件名称宜由尽可能短的几种元素组成。"

二、能愿动词和语气类型使用

能愿动词是条款表述使用的专有动词,只有使用表中给出的能愿动词,才能表达出各种类型的条款。各类条款使用的能愿动词或句子语气类型及等效表述见表7-1。

各类条款使用的能愿动词或句子语气类型及等效表述　　表7-1

条款		能愿动词或句子语气类型	在特殊情况下使用的等效表述
要求		应	应该、只准许
		不应	不应该、不准许
指示		祈使句	—
推荐		宜	推荐、建议
		不宜	不推荐、不建议
允许		可	可以、允许
		不必	可以不、无须
陈述	能力	能	能够
		不能	不能够
	可能性	可能	有可能
		不可能	没有可能
	一般性陈述	陈述句,典型用词:是、为、由……给出等	—

只有在特殊情况下,例如由于条款所处的语境、上下文的衔接等语言的原因不能或不宜使用首选能愿动词时才可使用表中对应的等效表述。

(一)五种能愿动词及语气类型表述含义的比较

以下在同一个句子中使用不同的能愿动词或语气类型,通过比较理清条款类型及其含义的变化:

目次应自动生成:表示一种要求,只有自动生成目次,才认为遵守了文件的要求。

自动生成目次:表示一个指示,此时要进行自动生成目次的行为。

目次宜自动生成:表示一种建议,目次最好自动生成。

目次可自动生成:表示一种允许,目次自动生成是被允许的。

目次能自动生成:表达一种客观的能力,目次能够被自动生成。

目次可能自动生成:表达一种可能性,目次有可能被自动生成。

目次是自动生成的:陈述一种事实,目次是自动生成的,而不是人为编排的。

(二)能愿动词之间以及与有关词语含义的辨析

1."应"与"必须"——不用"必须"强调要求

"必须"规定要求具有某种强制性,它强调的是法定责任。对于推荐性标准,只有在标准使用者声明符合标准化文件后,才要求他"应"怎样去做,或要求标准化对象"应"符合哪些规定,而不是强迫人或物"必须"遵守或符合某些要求。因此,为了避免将标准化文件的要求与外部的法定责任相混淆,在团体标准的条款中,不使用"必须"代替"应"强调要求。

2."不应"与"禁止""不得"——不用"禁止""不得"强调要求

"禁止""不得"同样是强制性文件中使用的词语,因此,在团体标准中,不要使用它们代替"不应"强调要求。

3."不应"与"不能"——不用"不能"表述要求

这两个能愿动词表述的条款类型是不同的。"不应"表示的是要求型条款,而"不能"表示的是表述能力的陈述型条款。但在日常交流中"不能"有时也具有表示要求的效果,例如,"你不能这样做!"往往表示的是"你不应这样做"。这是口语与标准之间的差距,虽然是一字之差,但条款的性质却发生了改变,由要求型条款变成了陈述型条款。

4.标准中不应使用词语"不可"

"不可"不是条款表述的能愿动词或等效表述。"不可"在字面上是对能愿动词"可"的否定,而"可"是表述允许型条款的能愿动词;"不可"的含义在某些语境下与"不应"几乎等效,而"不应"是表述要求型条款能愿动词"应"的否定。因此,"不可"与"可"和"应"都有着一定的关系,如果标准化文件中使用了"不可",容易造成要求型条款、允许型条款的混淆。标准中"可"的否定形式为"不必"。

第二节　附加信息

附加信息是附属于标准中的条款的信息,仅对理解或使用文件起辅助作用。附加信息的存在与否不影响标准的可用性,而只对易用性产生影响。附加信息的表述形式包括示例、注、脚注、清单、列表。除了图表脚注之外,它们表述为对事实的陈述,不应包含要求或指示型条款,也不应包含推荐或允许型条款;典型的句子语气类型为陈述句;典型用词为"见"。

一、示例

在标准中,通过示例给出具体的例子来进一步说明文件中的内容。示例是相对正式的一种举例,示例中不应包含对标准应用必不可少的内容。它是通过给出具体例子的特定形式,对文件中涉及技术内容的条款的进一步说明,通常在条文中无须提及。

示例宜置于规定相应技术内容的未分条的章、条或术语条目之下,以便清楚地表明示例和条文的关系。在同一未分条章或条中,不同的示例通常在涉及的段后给出,如果给出的示例连续呈现,应该给出示例编号,以便需要时提及。在未分条的章、条或术语条目中,只有一个示例,在示例的具体内容之前标明"示例:";如果有多个示例,宜标明示例编号,在同一未分条的章、条或术语条目中示例编号均从"示例1"开始,即"示例1:""示例2:"等。

如果示例是为了提供与要求、指示、推荐或允许型条款有关的例子,允许包含相应的能愿动词。为避免与条款混淆,通常将这样的示例内容置于线框内。

示例不宜单独设章或条。如果示例所占篇幅较大或较多,尤其是示例是多个表或者图的情况下,宜将相关示例移作资料性附录,以"……示例"为附录标题。"例如"是一种简单的举例方式,位于章条中,与条款融合在一起。

示例 7-1

> B.6.2.2 标准代号和顺序号段宜尽可能简短,例如第一项国家标准表示为GB/T 1。当记录在机读媒体上时,可在标准顺序号前加空格或"0",例如GB/T 1可表示为"GB/T 1"或"GB/T 00001"。

[引自 GB/T 20000.1—2014《标准化工作指南 第 1 部分:标准化和相关活动的通用术语》]

二、注

注的功能是给出帮助理解或使用标准内容的解释、说明等内容。注本身具有特定的形式,可在标准中规定相应的内容后给出"注:"这一形式。

注不应包含表述要求、推荐、允许型条款所使用的能愿动词,也不应使用祈使句。需要在文件中规定的内容,不应使用注的形式。注可以存在于规范性要素或资料性要素中,根据所处的位置,可分为条文中的注、术语条目中的注、图中的注、表中的注。

条文中的注通常是对某一章、某一条或某一段中的内容作注解,在文中无须提及;最好置于所涉及的章、条或段的下方,以表明注与条文的关系。

每个章、条只有一个注时,在文字前标明"注:"。同一未分条的章或条有多个注时,应标明注编号,每个未分条的章、条中注编号均从"注 1"开始,即"注 1:""注 2:"等。

示例 7-2

> 4.1 标准化文件的数量众多,范围广泛,根据不同的属性可以将文件归为不同的类别。我国的标准化文件包括标准、标准化指导性技术文件,以及文件的某个部分等类别。国际标准化文件通常包括标准、技术规范(TS)、可公开提供规范(PAS)、技术报告(TR)、指南(Guide),以及文件的某个部分等类别。
>
> 注1:文件中除引用我国标准化文件外,还可能会引用上述各类国际标准化文件。
>
> 注2:部分是一个文件划分出的层次,然而由于它可以单独编制、修订和发布(见7.1.1.1),因此除非需要单独指出"部分",本文件中使用的标准化文件包含了"部分"。

[引自 GB/T 20000.1—2020《标准化工作指南 第1部分:标准化和相关活动的通用术语》]

术语条目中的注、图中的注、表中的注置于相应术语条目、图、表内容之后;编号方法同条文中的注。

三、脚注

脚注可出现在标准条文中除术语条目外的任何地方。根据所处的位置,脚注可分为条文脚注、图脚注或表脚注。

条文脚注针对条文中的某个词、句子、数字或符号等给出解释、说明等信息。条文脚注不应包含表述要求、推荐、允许型条款所使用的能愿动词,也不应使用祈使句。标准中宜尽可能少用条文脚注。

一般来说,注是对某一章、某一条或某一段中的内容作出注解,脚注是对条文中的某个词、句子、数字或符号等给出解释或说明。

条文脚注置于相关页面左下方的细实线之下。脚注从"前言"开始全文连续编号,编号形式为后带半圆括号从1开始的阿拉伯数字,即1)、2)、3)等。在条文中需注释的文字、符号之后应插入与脚注编号相同的上标形式的数字[1)]、[2)]、[3)]等标明脚注。

图表脚注与条文脚注不同,除给出附加信息之外,还可包含要求、指示、推荐、允许型条款。在编写脚注相关内容时,可使用适当的能愿动词或句子语气类型,以明确区分不同的条款类型。规定了要求的图脚注、表脚注属于规范性内容。

每个图或表中的脚注单独编号。图表脚注的编号使用从"a"开始的上标形式的小写拉丁字母,即^a、^{b}、^{c}等。在图或表中需注释的位置应插入与图表脚注编号相同的上标形式的小写拉丁字母标明脚注。

示例7-3

5.3 车辆主要技术参数

……车辆主要技术参数见表1。

表1 车辆主要技术参数

序号	名称	参数	
		Ⅰ型车	Ⅱ型车
1	最高运行速度(km/h)	80	60
2	构造速度(km/h)	90	66
3	车辆长度(车钩连接面之间)^a(mm)	12750	
4	车辆宽度^a(mm)	2850	
5	车辆高度^a(mm)	≤3615	
6	车内净高(mm)	≥2000	
7	地板面高(空载)^a(mm)	1110	1100
8	轴重(t)	≤14	
9	轴距(mm)	7580	6100
10	车轮中心距^a(mm)	2050	2032
11	每辆车侧门数(对)	2	
12	车钩高度(mm)	805	710

^{a} 项点为参考值。

[引自 T/CCTAS 30—2022《自动导向轨道交通车辆通用技术条件》]

四、清单或列表

清单或列表通常存在于资料性要素中,包括"规范性引用文件"中的文件清单,"参考文献"中的信息资源清单,"目次"中的目次列表,"索引"中的索引列表等。清单或列表通过提供相关的检索信息起到便于标准使用或理解的作用。清单提供检索文件之外的其他文件的信息,而列表提供检索或查找文件本身结构或关键内容的信息。

标准中"清单"的特点是除了给出文件的清单外,不包含其他内容。如规范性引用文件中仅给出标准中引用的规范性文件清单。

标准中"列表"并没有明显的表,形式是隐含的,但具有表的功能。在目次中,通过提供文件的章、条、图、表的标题列表,帮助使用者快速了解标准的结构,检索标准的内容;在索引中,通过提供主题词,帮助使用者在标准中快速检索需要的内容。

列表中的每一行都包含多项相互关联的内容。目次列表列出章、条、图、表编号和标题及对应的页码;索引列表列出关键词及对应的章、条、图、表编号。

五、事实、信息的陈述

标准化文件的资料性要素"前言",附加信息示例、注、条文脚注,只能表述为事实的陈述,不应包括表述要求、推荐、允许型条款所使用的能愿动词,也不应使用祈使句。根据在标准中所起的作用,图、表、附录可以是资料性的,这种情况下相应的图、表、附录也应表述为事实、信息的陈述。

第三节 条 文

条文是标准编写非常重要的部分,内容丰富,对提升标准质量十分重要。

一、通用内容

表述文件内容时,常常会遇到在某一章中的许多条中需要涉及某些相近、相似甚至一样的规定,这些共同需要的内容就是通用内容。通用内容不宜分散在文件的各处,而应相对集中表述。文件中某章的通用内容宜作为该章中最前面的一条。根据具体的内容,可用"通用要求""通用规则""通则""概述"作为条标题。

通用要求用来规定某章中涉及多条的要求,均应使用要求型条款。通用规则或通则用来规定与某章的共性内容相关的或涉及多条的内容,使用的条款中应至少包含要求型条款,还可包含其他类型的条款。概述用来给出与某章内容有关的陈述或说明,应使用陈述型条款,不应包含要求、指示或推荐型条款。除非确有必要,通常不设置"概述"。

一般来说,通用规则(通则)和通用要求是针对某一章的共同需要的内容,设在章的第一条;总体原则(总则)和总体要求是针对标准文件整体的共同需要的内容,设在文件的核心技术要求之前。

二、汉字和标点符号

标准中使用的汉字应为规范汉字,一般应用领域的汉字以教育部颁布的《通用规范汉字表》为准,避免使用繁体字和异形字。使用的标点符号应符合 GB/T 15834—2011《标点符号用法》的规定。下面是几个常用符号在标准中的特定用法。

(一)冒号":"

句内点号的一种,表示语段中提示下文或总结上文的停顿。在列项引导语中用于总说性或提示性词语之后,例如,"湍流矢量风速的三个分量及其定义为:",表示提示下文,句子没有结束,所以用冒号引出下文每一个分句项,用最后一个分句完成整句的陈述。

(二)分号";"

句内点号的一种,表示复句内部并列关系分句之间的停顿,以及非并列关系的多重复句中第一层次分句之间的停顿。在列项中用于引导语以冒号引出下文的情况。每个列项为并列关系或递进关系的分句,所以用分号停顿,直到最后一个分句结束整句,用句号结尾。

(三)句号"。"

句末点号的一种,主要表示句子的陈述语气。在列项中用于一句完整引导语的句末,例如,"在开始起升操作之前,应进行以下检查。"而引出的每一个列项是另起一句,所以每个列项的句末应以句号结尾。

(四)引号" "

标号的一种,标示语段中直接引用的内容或需要特别指出的成分。同时列举两个及以上所引内容之间不用顿号,例如,对于适用于一类或多种产品的规范标准,文件名称中应包含"通用""总"等限定词。

(五)分隔号"/"

标号的一种,在文件中的主要用法是用于分隔供选择或可转换的两项,表示"或",如 A/B 表示 A 或 B;"A 和/或 B"表示"A 和 B,或者 A 或 B"。例如,"应通过计算和/或试验来验证设计的合理性。"

三、常用词的使用

(一)要求型条款常用词的使用

要求型条款常用词包括"遵守""符合"等。"遵守"和"符合"用于不同的情形的表述。遵守用于在实现符合性过程中涉及的人员或组织采取的行动的条款,符合用于规定产品/系统、过程或服务特性符合文件或其要求的条款,即需要"人"做到的用"遵守",需要"物"达到的用"符合"。

示例 7-4

4.2.2 智慧驾校教学设备的教学内容应符合交通运输部《机动车驾驶培训教学与考试大纲》要求。

[引自 T/CCTAS 103—2024《智慧型驾校通用技术要求》]

示例 7-5

7.5 驾驶员发现乘客遗失物品为可疑物品或危险物品的,应遵守 GB/T 22485 的相关规定。

[引自 T/CCTAS 15—2020《网络预约出租汽车乘客遗失物品归还处置规范》]

（二）与能愿动词搭配的常用词的使用

能愿动词，即能用在动词、形容词前表示客观可能性、必要性和人的主观意愿。能愿动词及与能愿动词搭配的常用词在口语或书面语中较为常见，容易产生不严谨的表达，而标准中不规范的表达容易造成使用者的误解和困惑。正确使用能愿动词及搭配，有助于标准的使用者更准确地理解标准。在标准中，常用而且易出现搭配错误的词是"应""宜"。

"应"是表示需要满足要求的能愿动词，"不应"则表示禁止，是标准文件中使用最为普遍的能愿动词。当标准文件中需要对标准化对象通过约束来满足某项要求时，通常使用"应"或"不应"来表达。对于团体标准文件，若该文件被使用双方认可或采信，则使用"应"或"不应"表示的要求也需要强制执行。

"宜"是表示推荐或指导的能愿动词，"不宜"则表示不推荐，也是标准文件中使用较多的能愿动词。当标准文件中需要用来表达建议的可能选择或认为特别适合的行动步骤时，使用"宜"来表示推荐，但不需要提及或排除其他可能性；当用来表达某种可能选择或行动步骤不是首选的但也不是禁止的，使用"不宜"来表示。

1. 与表示不确定的词语搭配使用

"尽可能""尽量""考虑""避免""慎重"等表示不确定的词语，不应该与"应"一起使用表示要求，建议与"宜"一起使用表示推荐。如"宜尽可能""宜考虑"，用"不宜"代替"避免"。

2. 与表示共性的词语搭配使用

"通常""一般""原则上"这类表示共性的词语，不应该与"应""不应"一起使用表示要求，可与"宜""不宜"一起使用表示推荐。如"通常宜"。

3. 表示有前提条件的要求

如果能明确提出要求的前置条件，可以先陈述条件，再提要求。可使用"……情况下应……""只有/仅在……时，才应……""根据……情况，应……""除非……特殊情况，不应……"等表示有前提条件的要求。前提条件应是清楚、明确的。

四、全称、简称和缩略语

标准中,全称、简称一般是指中文词语之间的省略关系,缩略语则是外文中相对于完整形式的缩写形式。

(一)全称和简称

在标准中,当一个词组的字数超过三个,使用感到冗长时,往往会有使用简称的需求。一般采取主动原则给出简称。在标准中对于有简称需求的词组,主动提出统一的简称供大家使用,可以避免不同使用者自行缩略,造成不同简称之间的混乱和不一致。

1. 标准中的简称与固定简称

如果针对标准中较长的需要重复使用的词语或短语给出简称,那么在正文第一次使用该词语或短语时,应在该词语或短语后的圆括号中给出简称,以后则应使用简称。这种情况常常在"范围"一章中出现,如"本文件规定了标志用公共信息图形符号(以下简称图形符号)。"这种给出简称的方式通常仅限于在该标准中使用,并不是相关领域中固定的简称。换句话说,这种简称只是在该标准文件中临时使用,不是相关领域中的固定用法,因此,不应作为术语编入该文件"术语和定义"一章中。

示例 7-6

> 1 范围
>
> 　　本文件规定了质子交换膜燃料电池(以下简称燃料电池)耐久试验工况提取和拟合方法。
>
> 　　本文件适用于商用车所匹配的质子交换膜燃料电池堆、质子交换膜燃料电池发动机的耐久试验工况的制定。

[引自 T/CCTAS 51—2023《商用车燃料电池耐久试验工况提取和拟合方法》]

2. 组织机构的全称、简称

标准中应仅使用组织机构正在使用的全称和简称(或原文缩写)。不应按任何简化规则或其他方法自行简化。

标准中使用组织机构名称时,一般使用全称。国际或国外组织机构,如果需要使用外文缩写形式,那么首次使用时,应使用该机构的中文全称,在其后的圆括号中给出外文缩写,如国际道路运输联盟(IRU)。

全称、简称、中文名称、外文缩写的使用,取决于该机构的全称、简称与缩写的使用频度,哪一种使用频度高则使用哪一种形式。比如,在标准化领域中,"国际标准化组织",外文缩写"ISO",外文缩写的形式更常用,在使用时,就可以使用"ISO"的表述形式。

(二)缩略语

在我国标准中,缩略语专指由外文词构成的短语的缩写形式,所以缩略语主要由拉丁字母组成。缩略语的使用宜慎重,只有在不引起混淆的情况下,且在文件中随后需要多次使用时,才应规定和使用。如果全文中需要使用的缩略语较多时,可以归集在一起列于"符号和缩略语"一章的缩略语清单中。如果标准中未给出缩略语清单,但需要使用拉丁字母组成的缩略语,那么在正文中第一次使用时,应给出缩略语对应的中文词语或解释,并将缩略语置于其后的圆括号中,以后则应使用缩略语。

缩略语宜由大写拉丁字母组成,每个字母后面没有下脚点,如电子不停车收费(ETC)。由于历史或技术原因,个别情况下约定俗成的缩略语使用不同的方式书写(如 a.c.)。

五、数和数值的表示

数和数值的表示是量化指标的基本表达。"数"是一个用作计数、标记的抽象概念,是比较同质或同属性事物的等级的简单符号记录形式。在日常生活中,数通常出现在标记(如公路、电话和门牌号码)、序列的指标(序列号)和代码(ISBN)上。"数值"与量相关,不应孤立存在,是用数表示的一个量的多少,例如,重量是20千克,这里的"20"不是简单抽象的数,而是有含义(这里指重量)的数值。

数字的用法应遵守 GB/T 15835—2011《出版物上数字用法》。在使用数字计量和编号的场合，为达到醒目、易于辨识的效果，应采用阿拉伯数字。如果表示计数或编号所需用到的数字个数不多，建议不超过 10，可以选择使用汉字，如三、四等。表示物理量的数值，应使用后跟法定计量单位符号的阿拉伯数字。

任何数，均应从小数点符号起，向左或右每三位数字为一组，每组间空四分之一个汉字的间隙。表示年份号的四位数除外。

1. 特殊运算符号

(1) 运算符号乘号(×)应该用于表示以小数形式写作的数和数值的乘积、向量积和笛卡尔积。

(2) 运算符号乘号(·)应该用于表示向量的无向积和类似的情况，还可用于表示标量的乘积以及组合单位。

在一些情况下，乘号可省略。GB/T 3102.11 给出了数字乘法符号的概览。

2. 物理量的数值表示

物理量用于定量地描述物理现象，即科学技术领域里使用的表示长度、质量、时间、电流、热力学温度、物质的量和发光强度的量。

物理量的表达方式可以写成：

$$A = \{A\} \cdot [A]$$

式中：

A——某个物理量的符号；

$\{A\}$——以单位$[A]$表示的该物理量 A 的数值；

$[A]$——该物理量的某个单位的符号。

六、尺寸和公差

尺寸是表达技术指标中使用最多的物理量，由于要解决产品互换性和兼容性问题，需要在不同规定用途中有比较合适的准确度，即有公差要求，以保证产品的适用。

(一) 尺寸的表示方法

尺寸应以无歧义的方式表示。在表示时,应包括"数值和单位"。

特别注意,在几个尺寸相乘或相加时,每个尺寸的单位都不应省略。如几个尺寸相乘应写成,20 mm×35 mm×50 mm,不应写成 20×35×50 mm 或(20×35×50)mm。

平面角宜用单位度(°)表示,如 16°。

(二) 公差的表示方法

公差应以无歧义的方式表示,通常使用最大值、最小值、带有公差的值或量的范围值表示。

如果用和差形式表示公差,则应将数值用括号括起来,将共同的单位符号置于全部数值之后。如:80 μF±2 μF 或(80±2)μF。

如果用角标形式表示,当中心值和公差值单位一致时,可将共同的单位符号置于全部数值之后,如:80_0^{+2} mm("0"不分正负)。当中心值和公差值单位不一致时,可将不同的单位符号分别置于相应的数值之后,如:80 mm$_{-25}^{+50}$ μm。

如果没有固定中心值,公差还可以用数值范围表示,如:10 kPa~12 kPa(不写作 10~12 kPa),0 ℃~10 ℃(不写作 0~10 ℃)。

为了避免误解,百分率的公差应以正确的数学形式表示,如:用"63%~67%"表示范围。

用百分号表示的公差应注意区别绝对误差和相对误差。如:用"(65+2)%"表示中心值的绝对误差,不应写作 65±2%,或 65%±2%,容易被误解为相对误差。用"65%,具有±2% 的相对误差"这种文字表述来表示相对误差。

七、数值的选择

根据不同的对象及表达需求,定量技术指标所呈现的量值形式也有所不同。

(一) 极限值

对于某些用途,有必要规定极限值(最大值/最小值),或量的范围值。

示例 7-7

> **5.6.6 北斗/GPS 定位系统**
> 测量仪定位系统的定位精度≤1 m,更新率≥20 Hz。

[引自 T/CCTAS 19—2021《车载式道路标线逆反射测量仪》]

通常一个特性规定一个极限值,但有多个广泛使用的类别或等级时,需要规定多个极限值。

示例 7-8

> **5.4** 网络类型支持移动通信网络或无线局域网络,应符合以下要求:
> a) 移动通信网络应至少满足 4G 网络要求,下行不低于 100 Mbit/s,上行不低于 50 Mbit/s,网络延时控制在 50 ms 以内。
> b) 无线局域网络应至少满足 5.8 G 频段,下行不低于 100 Mbit/s,上行不低于 50 Mbit/s,网络延时控制在 50 ms 以内。

[引自 T/CCTAS 103—2024《智慧型驾校通用技术要求》]

(二)选择值

对于某些目的,特别是品种控制和接口的目的,可选择多个数值或数系。适用时,应按照 GB/T 321(进一步的指南见 GB/T 19763 和 GB/T 19764)给出的优先数系,或按照模数制或其他决定性因素选择数值或数系。对于电工领域,IEC 指南 103 给出了推荐使用的尺寸量纲制。

八、量、单位及其符号

(一)国际单位制

量、单位及符号有国际通用的表达,即国际单位制。在国际单位制中,单位分为三类:基本单位、导出单位和辅助单位。各种物理量通过描述自然规律的方程及定义彼此互相联系。为了方便,国际单位制选取了一组互相独立的物理量作为基本量,其他量则根据基本量和有关方程来表示,称为导出量。

我国把国际单位制作为法定计量单位,标准应当使用国际单位制。标准中使用的量、单位及其符号,应从如下标准化文件中选择并符合这些文件的规定:

(1) GB/T 3101—1993《有关量、单位和符号的一般原则》;

(2) GB/T 3102《量和单位》(所有部分);

(3) GB/T 14559—1993《变化量的符号和单位》;

(4) ISO 80000《量和单位》(所有部分);

(5) IEC 80000《量和单位》(所有部分)。

(二)单位的表示

计量单位在日常使用中有三种表达方式,单位名称、单位符号和中文符号。以物理量速度为例,单位名称为"千米每小时",单位符号为"km/h",中文符号为"千米/时"。在标准文件中,单位名称"千米每小时"可用于文字描述,单位符号"km/h"和阿拉伯数字表示的数值结合后可表示物理量速度的量值,中文符号"千米/时"不应在标准文件中使用。

表示带有单位的数值时,不应将阿拉伯数字和单位名称混用,如"5 米"。

(三)单位符号的格式

数值和单位符号之间应有半个汉字空格。当表示范围区间、公差或数学关系时,要确保单位的使用无歧义。如"10 mm ~ 12 mm"不写作"10 ~ 12 mm","0 ℃ ~ 10 ℃"不写作"0 ~ 10 ℃","23 ℃ ± 2 ℃"或"(23 ± 2)℃"不写作"23 ± 2 ℃"。

单位符号的缩写应使用规范缩写,"h"不写作"hrs"。

第四节 引用和提示

引用和提示是指在编写标准化文件的某些内容时,没有将具体内容写出,而是通过某种表述形式使用其他文件或文件自身其他条文中的内容。引用是在文件中通过提及其他文件的编号和/或该文件的内容编号的表述形式,使用被提及的文件内容,从而达到不抄录所需要的内容的目的。提示是通过提及本文件其他位置的内容编号的表述形式,使用被提及的其他位置的内容。

一、用法

在起草标准时,如果有些内容已经包含在现行有效的其他文件中并且适用,或者包含在标准自身的其他条款中,那么应通过提及标准编号和(或)标准内容编号的表述形式,引用、提示而不抄录所需要的内容。这样可以避免重复造成文件间或标准内部的不协调、标准篇幅过大以及抄录错误等。

示例 7-9

> **7.3.2 人眼安全**
> 传感器应满足 GB 7247.1 中 1 类对人眼的安全要求。

[引自 T/CCTAS 20—2021《公路货运车辆超限超载不停车检测点系统技术规范》]

涉及其他专业领域时,通常也采取引用的形式,表明这些被引用的内容是有源头的,不是本标准最初规定的内容。在标准制修订时需要确认所有引用文件的有效性。

二、被引用文件的限定条件

所谓"引用文件",实际上包括两大类:一类是标准,另一类是标准之外的文件。这两类文件统称为"引用文件"。引用文件具有一定的限制条件。

(一)可以被规范性引用的文件

团体标准引用其他文件时,原则上被规范性引用的文件应是国家标准、行业标准、本团体已发布的标准或国际标准。

在标准化文件中允许规范性引用其他正式发布的标准化文件或其他文献。由于本专业领域有时需要使用其他专业领域的规范,因此,在特殊情况下可引用其他非本专业领域的团体标准,如交通运输专业领域团体标准可引用建筑、材料、冶金、化工、机械、信息化等专业领域的通用团体标准。然而,这种引用是有前提的,即需要评估这些文件的可接受性和可获得性,解决相应的版权或专利权等问题。需要经过正在编制文件的归口标准化技术委员会或审查会议确认待引用的文件是否符合下列条件:①具有广泛可接受性和权威性;②发布者、出版者(知道时)或作者已经同意该文件被引用,并且,当函索时,能从作者或出版者那里得到这些文件;③发布者、出版者(知道时)或作者已经同意,将他们修订该文件的打算以及修订所涉及的要点及时通知相关文件的归口标准化技术委员会;④该文件在公平、合理和无歧视的商业条款下可获得;⑤该文件中所涉及的专利能够按照 GB/T 20003.1—2014 的要求获得许可声明。

如果确认能够引用这些文件,对于有标识编号的文件,引用时应提及标识编号;对于没有标识编号的文件,引用时应提及名称。如是注日期引用,还需提及版本号或年份号。

(二)团体标准不应被引用的文件

对于一些无法及时、公开获得的文件,不应被标准化文件所引用。另外,标准化文件中也不宜规范性引用法律法规等政策性文件。

1. 不应引用的文件

由于下列文件达不到一些基本要求,因此起草标准时不应引用这些文件。

(1)不能公开获得的文件。公开获得指任何使用者能够获得,或在合理和无歧视的商业条款下能够获得。由于非公开的文件通常情况下是不易获得的(例如只属于某个企业所有,而参与竞争的企业不易获得)。如果引用了这类文件,对于无法获得文件的使用者来说,将无法使用相应的文件。因此,这类文件不应被引用。

(2)尚未发布或出版的文件。在引用其他文件时,不应引用尚未发布或出版的文件。在起草标准化文件的过程中,如果确知另一个需要的文件正在被制定,在确保该文件的发布或出版日期早于正在编制的标准化文件的前提下,方可在文件中引用该文件。一般情况下,一个工作组或标准化技术委员会同时编制几个相互关联的文件时,能够控制各个文件的进度,这时可根据具体情况决定是否引用正在制定的文件。

(3)已被代替或废止的文件。在起草一个文件时,不应引用已经被代替或废止的文件。如果负责文件起草的工作组或标准化技术委员会认为,这些被代替或废止的文件(非强制性文件)中的内容适用于正在起草的文件,可以将相关内容写在正在起草的文件中,而不应采取引用的方式。

(4)地方标准。由于全国性团体发布的团体标准在全国范围内使用,因此,不应引用地方标准。

(5)同一专业领域其他团体发布的团体标准。不建议引用同一专业领域其他团体发布的团体标准。

2. 不应规范性引用法律等政策文件

由于法律、行政法规、规章和其他政策性文件均属于强制性的政策性文件,即使不被标准化文件引用,它们的实施也是强制的,文件使用者无论是否声明符合标准化文件,均需要遵守法律法规等强制性文件。因此,在起草标准时,不应规范性引用法律、行政法规、规章和其他政策性文件,也不应普遍性要求符合法规或政策性文件的条款。为了向使用者提供附加信息,帮助正确理解标准,可以资料性提及法律法规等强制性文件。例如,可表述成"符合本文件是符合……(法规)的方法之一"。

三、提及标准自身或标准中的具体内容

1. 标准自身的称谓

在标准中需要称呼文件自身时应使用的表述形式为:"本文件……"(包括标准、标准的某个部分、标准化指导性技术文件)。不使用"本标准""本规范""本规程""本指南"等称谓。如果分为部分的标准中的某个部分需要称呼其所在标准的所有部分时,那么表述形式应为:"GB/T ×××××(所有部分)"。

2. 提及文件具体内容

在两种情况下会涉及提及文件中的具体内容:提示本文件其他位置的内容;引用其他文件中的具体内容。无论是哪种情况,凡是需要提及文件中的具体内容,在表述时都不应提及页码,而应提及文件内容的编号。提及文件中的不同内容有以下几种具体表述形式。

(1)提及章或条:"第 4 章""5.2""6.5.3.1""A.1""C.4.6"。

(2)提及列项:"9.3.3b)""4.1 e)中的3)到5)"。

(3)提及段:5.3 中的第二段。

(4)提及附录:"附录 C"。

(5)提及图或表:"图 1""表 2"。

(6)提及数学公式:"公式(3)""10.1,公式(5)"。

(7)提及示例:"示例 3""6.6.3 的示例 2"。

(8)提及注:"注 2""7.3 的注 1""表 2 的注"。

四、注日期或不注日期引用

(一)注日期引用

注日期引用意味着被引用文件的指定版本适用。凡不能确定是否能够接受被引用文件将来的所有变化,或者提及了被引用文件中的具体章、条、图、表或附录的编号,均应注日期。

注日期引用的表述应指明年份。具体表述时应提及文件编号,包括"文件代号、顺序号及发布年份号",当引用同一个日历年发布不止一个版本的文件时,应指明年份和月份;当引用了文件具体内容时,应提及内容编号。对于注日期引用,如果随后发布了被引用文件的修改单或修订版,那么有必要评估是否需要更新原引用的文件。如果需要,可发布引用那些文件的文件自身的修改单,以便更新引用的文件。

示例 7-10

"……按 GB/T ××××—2011 描述的……"(注日期引用其他文件)

"……履行 GB/T ××××—2009 第 5 章确立的程序……"(注日期引用其他文件中具体的章)

"……按照 GB/T ××××.1—2016 中 5.2 规定的……"(注日期引用其他文件中具体的条)

"……遵守 GB/T ××××—2015 中 4.1 第二段规定的要求……"(注日期引用其他文件中具体的段)

> "……符合 GB/T ×××××—2013 中 6.3 列项的第二项规定的……"
> (注日期引用其他文件中具体的列项)
> "……使用 GB/T ×××××.1—2012 表 1 中界定的符号……"（注日期引用其他文件中具体的表述）

（二）不注日期引用

不注日期引用意味着被引用文件的最新版本（包括所有的修改单）适用。只有能够接受所引用内容将来的所有变化（尤其对于规范性引用），并且引用了完整的文件，或者未提及被引用文件具体内容的编号，才可不注日期。不注日期引用的表述不应指明年份。具体表述时只应提及"文件代号和顺序号"，当引用一个文件的所有部分时，应在文件顺序号之后标明"（所有部分）"。

示例 7-11

> "……按照 GB/T ××××确定的……。"
> "………符合 GB/T ××××（所有部分）中的规定。"

如果不注日期引用属于需要引用被引用文件的具体内容，但未提及具体内容编号的情况，可在脚注中提及所涉及的现行文件的章、条、图、表或附录的编号。

五、规范性或资料性引用

（一）规范性引用

规范性引用的文件内容构成了引用它的文件中必不可少的条款。在文件中，规范性引用与资料性引用的表述应明确区分，以下表述形式属于规范性引用：

（1）任何文件中，由要求型或指示型条款提及文件；
（2）规范标准中，由"按"或"按照"提及试验方法类文件；
（3）指南标准中，由推荐型条款提及文件；
（4）任何文件中，在"术语和定义"中由引导语提及文件。

文件中所有规范性引用的文件，无论是注日期，还是不注日期，均应在要素"规范性引用文件"中列出。

(二)资料性引用

资料性引用的文件内容构成了有助于引用它的文件的理解或使用的附加信息。在文件中,凡前文之外的表述形式提及文件均属于资料性引用。

示例 7-12

"……的信息见 GB/T ×××××。"
"GB/T ××××× 给出了……"

如果确有必要,可资料性提及法律法规,或者可通过包含"必须"的陈述,指出由法律要求形成的对文件使用者的约束或义务(外部约束)并不是文件自身规定的条款,属于资料性引用的文件,通常宜与文件的条款分条表述。

示例 7-13

"……强制认证标志的使用见《……管理办法》。"
"依据……法律规定,在这些环境中必须穿戴不透明的护目用具。"(用"必须"指出外部约束)

文件中所有资料性引用的文件,均应在要素"参考文献"中列出。

在特殊情况下,如果确有必要抄录其他文件中的少量内容,应在抄录的内容之下或之后准确地标明来源,具体方法为:在方括号中写明"来源:文件编号,章/条编号或条目编号"。

示例 7-14

3.1
网络预约出租汽车　app-based ride-hailing vehicle
依法取得《网络预约出租汽车运输证》的车辆。
[来源:JT/T 1068—2016,3.4]

[引自 T/CCTAS 15—2020《网络预约出租汽车乘客遗失物品归还处置规范》]

六、提示文件自身的具体内容

(一)规范性提示

需要提示使用者遵守、履行或符合标准自身的具体条款时,应使用适当的能愿动词或句子语气类型提及文件内容的编号。这类提示属于规范性提示。

示例 7-15

"……应符合 GB/T×××××中的相关规定。"

"……按照 5.1 规定的检测方法……"

(二)资料性提示

需要提示使用者参考、阅读标准自身的具体内容时,应使用"见"提及标准内容的编号,而不应使用诸如"见上文""见下文"等形式。这类提示属于资料性提示。

示例 7-16

"(见 5.2.3)"

"……见 6.3.2b)。"

第五节 附　　录

附录不是标准的一种要素,而是作为要素的一种表述形式。每个附录的功能都是通过在前言、引言或正文中对其指明时赋予的,附录不是一个具有独立功能的要素。

一、用法

附录是用来承接和安置不便在标准正文、前言或引言中表述的内容,附录的内容源自正文、前言或引言,是对其内容的补充或附加。一方面,附录的设置可以使标准的结构更加平衡,另一方面,通过附录可以更好地设置条文的层次和展示条文的内容。

(一)安排附加条款

附加条款是标准中要用到的,但却不属于标准的主要技术内容的条款。这些技术内容往往在特殊情况下才会用到。在起草标准时,经常遇到有些内容不是所起草标准的主要技术内容,而是一些附加的但又是需要涉及的内容,也就是说,这些内容是规范性的要素,但它却是附加的,不宜安排在正文中。这种情况下,为了表明这些内容的非主体性,可以考虑将这些内容移作规范性附录。因此,只要表述的是标准正文的附加条款,无论内容多寡,是否影响了标准结构的平衡,都需要设置一个规范性附录,将相关的内容移到附录中。

(二)合理安排标准的结构

当标准中的某些要素或章条与其他要素或章条相比篇幅较大,影响了标准结构的整体平衡时,或者当标准中的图、表或信息很长,影响了使用者关注主要技术内容时,可考虑设置附录,将相关内容移到附录中,从而使得标准的结构趋于平衡。

一是将规范性内容作为正文的补充条款移作附录。补充条款是对标准正文中某些技术内容进一步补充或细化的条款。当标准中的某些规范性内容较多,影响了标准结构的平衡时,可以设置一个规范性附录,并采取将篇幅较多的技术内容全部移到附录中或在标准正文中仅保留主要技术内容,将其他补充或细化的内容移到附录中的方法调整标准的结构。

二是将资料性内容作为附加信息移作附录。当标准中的示例、信息说明或数据等过多,可以将其移出形成资料性附录。资料性附录通常可以给出有助于理解或使用标准的附加信息或情况说明,包括正确使用标准的示例、说明等,对标准中某些条款进一步解释或说明的资料性信息或者给出与采用的国际标准化文件相比,详细技术性差异或文本结构变化等情况说明,以及给出已经识别出涉及专利的说明。

二、附录的规范性或资料性的作用

附录是源自文件正文、前言或引言的,因此,附录所起的规范性或资料性的作用也是源自正文、前言或引言。规范性附录给出正文的补充或附加条款;资料性附录给出有助于理解或使用文件的附加信息。

(一)在文中指明附录并明确其作用

在将正文、前言或引言的内容移到附录之处,应通过使用适当的表述形式指明附录,同时提及该附录编号。

凡在标准中使用下列表述形式指明的附录属于规范性附录：
(1)任何文件中,要求型条款或指示型条款；
(2)指南标准中,推荐型条款；
(3)规范标准中,由"按"或"按照"指明的试验方法附录。

示例 7-17

> "……应符合附录 A 的规定。"

其他表述形式指明的附录都属于资料性附录。例如：个人基本信息表见附录 D。

(二)附录作用的标明

附录应位于正文之后,参考文献之前。附录的顺序取决于其被移作附录之前所处位置的前后顺序。每个附录均应有附录编号。附录编号由"附录"和随后表明顺序的大写拉丁字母组成,字母从 A 开始,例如"附录 A""附录 B"等。只有一个附录时,仍应给出附录编号"附录 A"。

附录编号之下应标明附录的作用,即"(规范性)"或"(资料性)"。

再下方为附录标题,每个附录都应有标题,以标明附录规定或陈述的内容。

示例 7-18

> 附 录 D
> (资料性)
> 装配式复合型材产品的抗弯刚度检测方法
> D.1 基本规定
> ……

[引自 T/CCTAS 46—2022《轨道交通隧道装配式复合型材加固技术规程》]

同时,也应在目次中标明附录的作用。

示例 7-19

> 目　次
> ……
> 12　养护维修 ……………………………………………… 9
> 附录 A(资料性)　BT76 钢轨的型式尺寸 …………………… 10
> 附录 B(资料性)　U20Mn 贝氏体钢轨焊接技术要求 ………… 11
> ……

[引自 T/CCTAS 56—2023《U20Mn2SiCrNiMo 贝氏体钢轨技术条件》]

三、附录的细分

附录可以分为条,条还可以细分。每个附录中的条、图、表和数学公式的编号均应重新从 1 开始,应在阿拉伯数字编号之前加上表明附录顺序的大写拉丁字母,字母后跟下脚点。以附录 A 为例。

条用"A.1""A.1.1""A.1.2"……"A.2"……表示。

图用"图 A.1""图 A.2"……表示。

表用"表 A.1""表 A.2"……表示。

数学公式用"(A.1)""(A.2)"……表示。

附录只有一条时,无须对其编号;只有一幅图或一个表时,应对其编号,如"图 A.1""表 A.1";只有一个公式时,如果需要编号,则为"(A.1)"。

附录中不准许设置"范围""规范性引用文件""术语和定义"等内容。

注意附录的第一层次为条,而不是章。

第六节　图、表和数学公式

图是标准内容的图形化表述形式。表是标准内容的表格化表述形式。数学公式也是标准内容的一种表达形式。

一、图

图由图形以及对单位的陈述、长度符号的表示、标引序号及标引序号说明、图中的段、图中的注、图脚注以及图编号和图题等信息构成。

当用图呈现比使用文字更利于读者对相关内容的理解时,宜使用图。如果图不可能使用线图来表示,可使用图片和其他媒介。

(一)图的指明

在将标准内容图形化之处应通过使用适当的能愿动词或句子语气类型指明该图所表示的条款类型,并同时提及该图的图编号。

示例 7-20

"……的结构应与图 2 相符合。"

"……的服务流程见图 3。"

图可以是规范性的,也可以是资料性的。

(二)图的编写

标准中各类图形的绘制需要遵守相应的规则。以下列出了有关的国家标准。

机械工程制图:GB/T 1182—2018、GB/T 4458.1—2002、GB/T 4458.6—2002、GB/T 14691(所有部分)、GB/T 17450—1998、ISO 12830、ISO 12840、ISO 129(所有部分)。

电路图和接线图:GB/T 5094(所有部分)、GB/T 6988.1—2008、GB/T 16679—2009。

流程图:GB/T 1526—1989。

图的编写还涉及图的编号、图题,图的转页接排以及图中的内容。

1. 图编号和图题

每幅图均应有编号。图编号由"图"和从 1 开始的阿拉伯数字组成,例如"图 1""图 2"等。只有一幅图时,仍应给出编号"图 1"。图编号从引言开始一直连续到附录之前,并与章、条和表的编号无关。

图题可以理解为图的名称。每幅图宜有图题,标准中的图有无图题应一致。

示例 7-21

> 图× 图题

2. 图的转页接排

当某幅图需要转页接排,随后接排该图的各页上应重复图编号,后接图题(可选)和"(续)"或"(第#页/共*页)",其中#为该图当前的页面序数,*是该图所占页面的总数,均使用阿拉伯数字。续图均应重复"关于单位的陈述"。

示例 7-22

> 续图可以选择以下几种方式:
>
> 图×(续)
>
> 图× 图题(续)
>
> 图× (第2页/共3页)
>
> 图× 图题(第2页/共3页)

3. 图中的字母符号、标引序号和标记

(1)字母符号

图中用于表示角度量或线性量的字母符号应符合 GB/T 3102.1—1993 的规定,必要时,使用下标以区分特定符号的不同用途。图中表示各种长度时使用符号系列 l_1、l_2、l_3 等,而不使用诸如 A、B、C 或 a、b、c 等符号。如果图中所有量的单位均相同,应在图的右上方用一句适当的关于单位的陈述(例如"单位为毫米")来表示。

(2)标引序号和标记

在图中应使用标引序号或图脚注代替文字描述的内容在标引序号说明或图脚注中给出。

在曲线图中,坐标轴上的标记不应以标引序号代替,以避免标引序号的数字与坐标轴上数值的数字相混淆。曲线图中的曲线、线条等的标记应以标引序号代替。在流程图和组织系统图中,允许使用文字直接描述。

(3)图中的注和图脚注

图中的注应置于图题和图脚注(如有)之上。图注中不能包含要求型条款。

图脚注应置于图题之上,并紧跟图中的注。图脚注的编号应使用从"a"开始的上标形式的小写拉丁字母,即^a、^{b}、^{c}等。在图中需注释的位置应插入与图脚注编号相同的上标形式的小写拉丁字母标明脚注。每个图中的脚注应单独编号。图脚注除给出附加信息之外,还可包含要求型条款。

(三)分图

图的表示或内容的理解特别需要时(例如各个分图共用诸如"图题""标引序号说明""段"等内容),才可使用分图。

只准许对图作一个层次的细分。分图应使用后带半圆括号的小写拉丁字母编号[例如图 1 可包含分图 a)、b) 等],不应使用其他形式的编号(例如 1.1、1.2……, 1-1、1-2……,等)。

如果每个分图中都包含了各自的标引序号说明、图中的注或图脚注,那么应将每个分图调整为单独的图。

示例 7-23

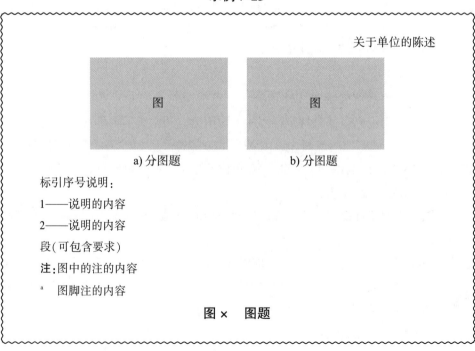

二、表

表由表格以及表编号和表题、关于单位的陈述、表头、表中的段、表中的注和表脚注等信息构成。当用表呈现比使用文字更便于对相关内容的理解时,宜使用表。通常,表的表述形式越简单越好,创建几个表格比试图将太多内容整合成为一个表格更好。在将标准内容表格化之处,应通过使用适当的能愿动词或句子语气类型指明该表所表示的条款类型,并同时提及该表的表编号。

示例 7-24

"……的技术特性应符合表 7 给出的特性值。"
"……的相关信息见表 2。"

不准许将表再细分为分表(例如将"表 2"分为"表 2a"和"表 2b"),也不准许表中套表或表中含有带表头的子表。

表的编写涉及表的编号和表题、表的转页接排、表头以及表中的内容。

(一)表编号和表题

每个表均应有编号。表编号由"表"和从 1 开始的阿拉伯数字组成,例如"表 1""表 2"等。只有一个表时,仍应给出编号"表 1"。表编号从引言开始一直连续到附录之前,并与章、条和图的编号无关。附录中的表用"表 A.1""表 A.2"……表示。

示例 7-25

表 × 表题			
××××	××××	××××	××××

表题可以理解为表的名称。每个表宜有表题,标准中的表有无表题应一致。

(二)表的转页接排

当某个表需要转页接排,随后接排该表的各页上应重复表编号,后接表题(可选)和"(续)"或"(第#页/共 * 页)",其中#为该表当前的页面序数,*是该表所占页面的总数,均使用阿拉伯数字。续表均应重复表头和"关于单位的陈述"。

示例 7-26

表 ×(续)

表 ×　表题(续)

表 ×　（第 2 页/共 3 页）

表 ×　表题(第 2 页/共 3 页)

(三) 表头

每个表应有表头。表头通常位于表的上方,特殊情况下出于表述的需要,也可位于表的左侧边栏。表中各栏/行使用的单位不完全相同时,宜将单位符号置于相应的表头中量的名称之下。

示例 7-27

类型	线密度 kg/m	内圆直径 mm	外圆直径 mm

适用时,表头中可用量和单位的符号表示。需要时,可在指明表的条文中或在表中的注中对相应的符号予以解释。

示例 7-28

类型	$p_1/(kg/m)$	d/mm	D/mm

如果表中所有量的单位均相同,应在表的右上方用一句适当的关于单位的陈述(例如"单位为毫米")代替各栏中的单位符号。

示例 7-29

单位为毫米

类型	长度	内圆直径	外圆直径

表头中不准许使用斜线。

示例 7-30

错误

尺寸＼类型	A	B	C

正确

尺寸	类型		
	A	B	C

（四）表中的注和表脚注

表中的注应置于表内下方，表脚注（如有）之上。只有一个注时，在注的第一行内容之前应标明"注："；有多个注时，应标明注编号，在同一表中注编号均从"注1："开始，即"注1：""注2："等。表注中不能有要求型条款。

表脚注应置于表内的最下方，并紧跟表中的注（如有）。与条文脚注的编号不同，图表脚注的编号应使用从"a"开始的上标形式的小写拉丁字母，即 ^{a}、^{b}、^{c} 等。在图或表中需注释的位置应插入与图表脚注编号相同的上标形式的小写拉丁字母标明脚注。每个图或表中的脚注应单独编号。表脚注除给出附加信息之外，还可包含要求型条款。

示例 7-31

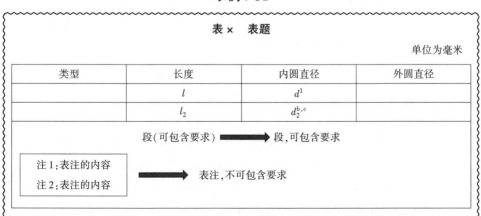

```
ᵃ表的脚注的内容
ᵇ表的脚注的内容          ⟶    表的脚注,可包含要求
ᶜ表的脚注的内容
```

三、数学公式

数学公式是标准内容的一种表述形式,当需要使用符号表示量之间关系时,宜使用数学公式。

(一)编号

公式的编号是可选的。如果需要引用或提示,使用带圆括号从 1 开始的阿拉伯数字对数学公式编号,用"(1)""(2)"……表示。

示例 7-32

6.3.3 服务区碳减排率按公式(8)计算:

$$R_r = \frac{R}{E} \times 100\% \quad \cdots\cdots\cdots\cdots\cdots\cdots\cdots\cdots\cdots\cdots (8)$$

[引自 T/CCTAS 36—2022《高速公路零碳服务区评价技术规范》]

数学公式编号应从引言开始一直连续到附录之前,并与章、条、图和表的编号无关。附录中的数学公式用"(A.1)""(A.2)"……表示。

不准许将数学公式进一步细分[例如将公式"(2)"分为"(2a)"和"(2b)"等]。

(二)表示

数学公式应以正确的数学形式表示。数学公式通常使用量关系式表示,变量应由字母符号来代表。除非已经在"符号和缩略语"中列出,否则应在数学公式后用"式中:"引出对字母符号含义的解释。特殊情况下,数学公式如果使用了数值关系式,应解释表示数值的符号,并给出单位。

示例 7-33

> 6.3.3 服务区碳减排率按公式(8)计算：
>
> $$R_\mathrm{r} = \frac{R}{E} \times 100\% \quad \cdots\cdots\cdots\cdots\cdots\cdots\cdots\cdots (8)$$
>
> 式中：
>
> R_r——服务区碳减排率(%)；
>
> R——服务区自产绿电和碳汇对应的碳减排量，单位为吨二氧化碳(tCO_2)；
>
> E——服务区二氧化碳排放总量，单位为吨二氧化碳(tCO_2)。

[引自 T/CCTAS 36—2022《高速公路零碳服务区评价技术规范》]

数学公式不应使用量的名称或描述量的术语表示。量的名称或多字母缩略术语，无论正体或斜体，亦无论是否含有下标，都不应该用来代替量的符号。数学公式中不应使用单位的符号。

示例 7-34

> 正确
>
> $$v = \frac{s}{t}$$
>
> 错误
>
> $$速度 = \frac{路程}{时间}$$
>
> 正确
>
> $$\dim(E) = \dim(F) \times \dim(l)$$
>
> 式中：
>
> E——能量；
>
> F——力；
>
> l——长度。
>
> 错误
>
> $$\dim(能量) = \dim(力) \times \dim(长度)$$
>
> $$\dim(能量) = \dim(力) \times \dim(长度)$$

一个标准中同一个符号不宜代表不同的量,可用下标区分表示相关概念的符号。

示例 7-35

10.3.2.3.2 重复性检验

重复性试验与示值误差试验同时进行,按公式(2)计算测量仪的重复性。

$$R_i = S_{imax} - S_{imin} \cdots\cdots\cdots\cdots\cdots\cdots\cdots\cdots\cdots (2)$$

式中:

R_i——第 i 部位(i 为长、宽、高)的测量仪重复性误差;

S_{imax}——第 i 部位(i 为长、宽、高)的测量仪测量中的最大值(mm);

S_{imin}——第 i 部位(i 为长、宽、高)的测量仪测量中的最小值(mm)。

[引自 T/CCTAS 20—2021《公路货运车辆超限超载不停车监测点系统技术规范》]

在标准的条文中,宜避免使用多于一行的表示形式。

示例 7-36

$$F/m \text{ 优于 } \frac{F}{m}$$

在数学公式中,宜避免使用多于一个层次的上标或下标符号,并避免使用多于两行的表示形式。

示例 7-37

正确

$$mgh_1 + mv_1^2/2$$

错误

$$mgh_1 + \frac{1}{2}mv_1^2$$

第七节　商品名商标、重要提示和专利

在标准中应给出产品的正确名称或描述,而不应给出商品名或商标。同时,应进行"重要提示"和有关专利信息的表述。

一、商品名和商标的使用

通常,标准中不宜出现商品名或商标,给出商品名或商标容易让使用者误认为标准发布机构对该商品的品质给予了认可。同时,由于标准权威性和普及性的特点,还有可能产生广告效应,容易造成不公正,影响市场竞争。

特定产品的专用商品名或商标,即使是通常使用的,也宜尽可能避免。如果在特殊情况下不能避免使用商品名或商标,应指明其性质。例如,对于注册商标用符号©指明,对于商标用符号 TM 指明。

如果适用某标准的产品目前只有一种,那么在该标准中可以给出该产品的商品名或商标,但应附上如下脚注:

"×) ……[产品的商品名或商标]……是由……[供应商]……提供的产品的[商品名或商标]。给出这一信息是为了方便本文件使用者,并不表示对该产品的认可。如果其他产品具有相同的效果,那么可使用这些等效产品。"

如果由于产品特性难以详细描述,而有必要给出适用某标准的市售产品的一个或多个实例,那么可在如下脚注中给出这些商品名或商标。

"×) ……[产品(或多个产品)的商品名(或多个商品名)或商标(或多个商标)]……是适合的市售产品的实例(或多个实例)。给出这一信息是为了方便本文件使用者,并不表示对这一(这些)产品的认可。"

二、重要提示

特殊情况下,如果需要给标准使用者一个涉及整个标准内容的提示(通常涉及人身安全或健康),以便引起注意,那么可在正文首页标准名称与"范围"之间以"重要提示:",或者按照程度以"危险:""警告:"或"注意:"开头,随后给出相关内容。

在涉及人身安全或健康的标准中需要考虑是否给出相关的重要提示。

三、团体标准涉及专利

国家鼓励促进创新技术转化应用,2016 年 2 月印发的《关于培育和发展团体标准的指导意见》(国质检标联〔2016〕109 号)提出:支持在不妨碍公平竞争和协调一致的前提下,将专利和科技成果融入团体标准,促进创新技术产业化、市场化。要求社会团体按照相关法律法规和国家标准,制定团体标准涉及专利的处置规则。对于团体标准中的必要专利,应及时披露并获得专利权人的许可声明。

(一)标准与专利

政府主导提供的标准化文件具有公共资源的属性,可公开获得。标准发布机构的主要工作是按照规定的制定程序,选择标准中的技术要素,编写标准文本并发布标准。团体标准作为市场自主制定的标准兼具一定的公益和专有双重属性。团体标准发布机构遵循自主、公平、合法的方针制定和发布标准。

专利属于个体权利。如果在制定标准化文件的过程中,不可避免地涉及被专利保护的技术,那么标准发布机构需要考虑和解决与文件使用者的利益相协调的问题,与专利持有人进行协商,只有得到了专利持有人在公平、合理、无歧视基础上的专利实施许可声明后,标准化文件才可以涉及专利,这种专利是"标准必要专利"。

使用者虽然能够通过公开渠道获得标准,但是通常不能无偿使用专利,要根据专利持有人对专利的许可条件支付一定费用。

由于上述原因,标准机构对于标准化文件涉及专利的问题持慎重的态度,只有符合下述条件才可以涉及专利:①从技术角度考虑确实无法避免涉及专利,即涉及的是标准必要专利;②专利持有人在自愿的基础上,向文件发布机构提交专利实施许可声明,同意可以免费使用其专利,或愿意同任何使用者在合理且无歧视的条款和条件下就专利授权许可进行协商。

符合上述条件时,经过了相应的程序,标准化文件才可以涉及专利。在这种情况下,标准机构对于专利的真实性、有效性和范围不持任何立场。

(二)有关专利信息的表述

在标准编制过程中,针对专利问题有三种不同的表述,用来对应文件草案、尚未识别出涉及专利以及已识别出涉及专利的标准三种情况。

1. 专利信息的征集

标准编制各阶段草案的封面显著位置应给出以下内容:

"在提交反馈意见时,请将您知道的相关专利连同支持性文件一并附上。"

2. 尚未识别出涉及专利

如果编制过程中没有识别出标准的内容涉及专利,那么标准的前言中应给出以下内容:

"请注意本文件的某些内容可能涉及专利。本文件的发布机构不承担识别专利的责任。"

3. 已经识别出涉及专利

如果编制过程中已经识别出标准的某些内容涉及专利,那么根据具体情况在标准的引言中应说明相关内容。

"本文件的发布机构提请注意,声明符合本文件时,可能涉及……[条]……与……[内容]……相关的专利的使用。

本文件的发布机构对于该专利的真实性、有效性和范围无任何立场。

该专利持有人已向本文件的发布机构承诺,他愿意同任何申请人在合理且无歧视的条款和条件下,就专利授权许可进行谈判。该专利持有人的声明已在本文件的发布机构备案。相关信息可以通过以下 联系方式获得:

专利持有人姓名:……

地址:……

请注意除上述专利外,本文件的某些内容仍可能涉及专利。本文件的发布机构不承担识别专利的责任。"

第八章 团体标准编制要求

第一节 封 面

封面是团体标准编制中的必备要素,用来给出标明标准的信息。每项标准都应有封面,在标准封面上显示着大量识别标准的重要信息。

一、封面标示的内容

根据 GB/T 1.1—2020 的规定,标准封面上应包括如下内容:
(1)标准名称;
(2)标准的层次或类别(如"团体标准"等字样);
(3)团体标准的编号;
(4)国际标准分类号(ICS 号);
(5)中国标准文献分类号(CCS 号);
(6)标准英文译名;
(7)标准的发布和实施日期;
(8)标准的发布单位(通常为社会团体全称);
(9)如果标准代替了一项或多项标准,在封面上应标明被代替标准的编号。当被代替标准较多时,被代替标准编号在封面上不应超过一行,每项标准间以逗号间隔。如果在封面中不能用一行给出所有被代替标准的编号,那么在前言中说明标准代替其他标准的情况时给出。如果标准与国际标准有一致性对应关系,那么

第八章
团体标准编制要求

在封面中应按照 GB/T 1.2—2020 标示一致性程度标识。

根据《团体标准管理规定》(国标委联〔2019〕1 号)的规定,中交协团体标准封面格式见示例 8-1。

示例 8-1

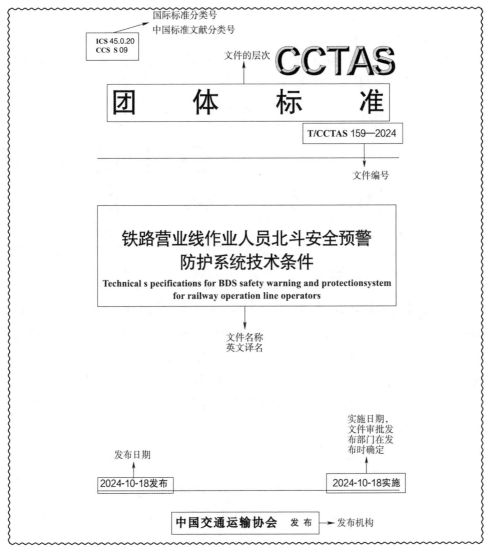

[引自 T/CCTAS 159—2024《铁路营业线作业人员北斗安全预警防护系统技术条件》]

197

二、封面标示信息的具体要求

(一)文件的层次

按照《标准化法》的规定,我国标准分为:国家标准、行业标准、地方标准、团体标准和企业标准。标准封面上部居中位置应标示标准的层次,团体标准为"团体标准"或"××××× (社会团体名称) 团体标准"。

示例8-2

(二)团体标准的编号

我国各类标准编号均由标准代号、顺序号及发布年代号构成。标准代号由大写拉丁字母和(或)符号组成,顺序号由阿拉伯数字组成,发布年代号由4位阿拉伯数字组成,顺序号和年代号之间使用一字线形式的连接号。按此规则,根据《团体标准管理规定》(国标委联〔2019〕1号)第十七条的规定,团体标准编号依次由团体标准代号、社会团体代号、团体标准顺序号和年代号组成。

团体标准编号方法如下:

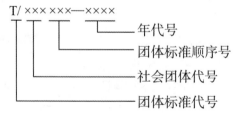

社会团体代号由社会团体自主拟定,可使用大写拉丁字母或大写拉丁字母与阿拉伯数字的组合。社会团体代号应当合法,不得与现有标准代号重复。

《标准化法》第二十四条规定,标准应按照编号规则进行编号。标准的编号规则由国务院标准化行政主管部门制定并公布。社会团体、企业未依照本法规定对团体标准或企业标准进行编号的,由标准化行政主管部门责令限期改正;逾期不改正的,由省级以上人民政府标准化行政主管部门撤销相关标准编号,并在标准信息公共服务平台上公示。《团体标准随机抽查工作指引》要求检查团体标准编号是否符合《标准化法》第二十四条、《团体标准管理规定》(国际委联〔2019〕1号)第十七条相关规定。

中交协团体标准编号由团体标准代号(T/)、协会在全国团体标准平台备案代号(CCTAS)、团体标准顺序号和发布年份号组成,格式为团体标准代号/协会代号标准顺序号—年份号:T/CCTAS ×××—202×。

示例8-3

(三)代替的团体标准编号

如果所起草的标准代替了本团体的一项或几项标准,则应在封面下面的标准编号之下另起一行标明被代替标准的信息,即所代替的团体标准编号。如果代替的标准较多时,也可仅列出主要代替的标准,并在标准编号后加上"等"字。

示例8-4

代替 T/CAS 1—2016,T/CAS 2—2017

代替 T/CAS 1—2016 等

(四)国际标准分类号和中国标准文献分类号

(1)国际标准分类号(ICS号):团体标准应在封面左上角标明ICS号。ICS号是国际标准化组织(ISO)编制的,在团体标准封面上标明ICS号后,能够通过使用国际统一的分类法给团体标准进行类别定位,便于我国团体标准与国际标准的交流。具体分类号的选择可在中国标准化研究院国家标准馆编译的《国际标准分类法 ICS》(第七版)中查找。

(2)中国标准文献分类号(CCS号):团体标准应标明 CCS 号的一级类目和二级类目编号。具体分类号可在《中国标准文献分类法》中查找并选择。

示例 8-5

(五)标准名称和标准英文译名

文件名称的功能是简洁清晰地反映文件最核心的信息。每项标准封面居中位置都应给出标准名称。标准名称是标准内容的集中概括,应简明扼要。

1. 标准名称

为了能够准确、简洁地实现其功能,文件名称最好采取分段的形式,最多由引导元素、主体元素和补充元素三段构成。主体元素是必备元素,引导元素和补充元素是可选元素。

在名称中,这三个元素的顺序按照由一般到特殊排列:引导元素 + 主体元素 + 补充元素。

(1)引导元素:引导元素表示文件所属的领域,反映文件的专业领域类别。

(2)主体元素:主体元素表示在上述领域内所涉及的标准化对象,反映文件的对象类别。

(3)补充元素:补充元素表示上述标准化对象的特殊方面,或者给出某文件与其他文件,或分为若干部分的文件的各部分之间的区分信息。因此,对于分成部分的文件的各个部分,补充元素是一个必备元素。

标准中文名称过长时,建议采用更清晰简洁的两段式内容和段式。

2. 标准英文译名

为了便于贸易和交流,在封面上除了要有标准中文名称之外,还应在标准名称下给出其对应的英文译名。英文译名的编写要以中文名称为基础,起草标准英文译名时需注意以下几个方面。

(1)标准的中文名称和英文名称内容和段式要对应。例如,当标准中文名称是两段式时,英文名称也应为两段式。标准中文名称的两段式之间空一个汉字空格,而英文名称的两段式中间用一字线连接。

(2)标准名称中用到该标准规定的术语时,标准名称中的用法要与"术语和定义"一章中该术语的中文名称和(或)英文名称一致。原则上同一术语的使用在标准全文(含标准名称)应一致。

(3)标准英文名称中经常会出现英文大小写不规范的现象。一般来说,英文名称第一个单词首字母大写,其余单词首字母小写(地名、人名、缩略语等必须首字母大写的情况除外)。若标准名称采用两段式或三段式,则每段第一个单词的首字母应大写。

(4)英文译名宜从相应国际、国外文件的名称(如为英文)或英文译名中选取。在以国际文件为基础编制我国标准化文件时,最好使用国际文件的名称。如果我国文件规定的技术内容与相应国际文件的技术内容有差异(在与国际文件的一致性程度为非等效或修改时),应研究是否可以使用国际文件的名称;如确实无法使用,则需依据我国文件名称,对国际文件名称作相应调整后形成英文译名。表示标准功能类型的词语英文译名宜从表8-1中选取。

表示标准功能类型的词语的英文译名　　　　表8-1

标准功能类型	名称中的词语	英文译名
术语标准	术语	vocabulary, terminology, term
符号标准	符号、图形符号、标志	symbol, graphical symbol, sign
分类标准	分类、编码	classification, coding
试验标准	试验方法、……的测定	test method, determination of…
规范标准	规范	specification
规程标准	规程	code of practice
指南标准	指南	guidance, guidelines
原则、要求和规则标准	原则、要求、规则	principle, requirement, rule

示例 8-6

术语标准	
快运术语	Terminology for express freight
规范标准	
网络预约出租汽车平台公司安全运营自律规范	Self-discipline specification for app-based ride-hailing company safety and security operation
铁路建设项目开通运营前安全评估规范	Safety evaluation specifications for railway construction projects before operation
指南标准	
储能式自动导向胶轮电车交通系统工程技术指南	Engineering technical guidelines for automated guided rubber-tyre tram transit with energy storage system
原则、要求、规则标准	
公路大件运输护送技术要求	Escorting technical requirements for roadway transportation with out-of-gauge cargo
多旋翼无人机医疗物品运输技术要求	Technical requirements on medical materials transportation using multi-rotor unmanned aircraft vehicle

（六）与国际文件的一致性程度标识

如果团体标准与 ISO、IEC 标准化文件存在一致性程度，那么在标准名称的英文译名之下标示与国际文件的一致性程度表示，并加上圆括号，即使用"对应的 ISO 和/或 IEC 标准化文件编号，一致性程度代号"的形式。

示例 8-7

> 阴极射线管机械安全
> Mechanical safety of cathode ray tubes
> (IEC 61965:2003,IDT)

如果标准的英文译名与对应的 ISO、IEC 标准化文件名称不一致,那么需要在一致性程度标识中 ISO 和/或 IEC 标准化文件编号后与一致性程度代号之间,给出该 ISO 和/或 IEC 标准化文件的英文名称,即使用"ISO 和/或 IEC 标准化文件编号,ISO 和/或 IEC 标准化文件英文名称,一致性程度代号"的形式。

示例 8-8

> 标准中特定内容的起草 第 1 部分:儿童安全
> Drafting for special aspects in standards—Part 1:Child safety
> (ISO/IEC Guide 50:2002,Safety aspects—Guidelines for child Safety,IDT)

(七)标准的发布和实施日期以及发布单位

在封面应标示标准的发布日期和实施日期。标准的实施日期由标准的审批发布部门在发布标准时确定。

在封面最下方,应标示标准的发布单位,团体标准的发布单位为社会团体(标示全称)。

示例 8-9

第二节 目　次

目次这一要素用来呈现标准的结构,是可选的要素。为了方便查阅标准内容,通常有必要设置目次。

一、目次内容

设置目次时,以"目次"作为标题,置于封面之后。根据所形成的标准的具体情况,应依次对下列内容建立目次列表:
(1)前言;
(2)引言;
(3)章编号和标题;
(4)条编号和标题(需要时列出);
(5)附录编号、"(规范性)"/"(资料性)"和标题;
(6)附录条编号和标题(需要时列出);
(7)参考文献;
(8)索引;
(9)图编号和图题(含附录中的)(需要时列出);
(10)表编号和表题(含附录中的)(需要时列出)。
上述各项内容后还应给出其所在的页码。

二、目次编写要求

在电子文件中,目次宜自动生成。
在目次中,不应列出"术语和定义"中的条目。目次中只应列出带有标题的内容,目次列表中的正文和附录的条的层次应保持一致。

示例 8-10

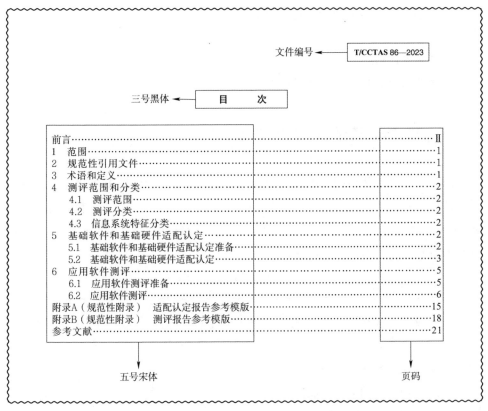

[引自 T/CCTAS 86—2023《交通运输信息技术应用创新适配测评总体要求》]

第三节　前　　言

前言是标准的必备要素。前言的功能是对标准自身内容之外的事项进行说明，诸如标准文件起草依据的其他文件、与其他文件的关系，以及起草单位和主要起草人的信息等。前言是资料性要素，不应包含要求、指示、推荐或允许型条款，也不应使用图、表或数学公式等表述形式。前言不应给出章编号且不分条。

前言应位于目次（如果有）之后、引言（如果有）之前，用"前言"作标题。根据所形成的文件的具体情况，在前言中应依次给出下列适当的内容。

一、文件起草所依据的标准

具体的表述形式为：
本文件按照 GB/T 1.1—2020 的规定起草。

二、文件与其他文件的关系

需要说明以下两方面的内容：①与其他文件的关系。如果正在起草的标准文件与其他文件有关系，如几个文件共同构成了支撑某项工作、某个事项的标准体系，可以在前言中进行说明。②分为部分的文件的每个部分，说明其所属的部分，并列出所有已经发布的部分的名称。

示例 8-11

> 本文件是 GB/T 20001《标准起草规则》第 8 部分。GB/T 20001 已经发布了以下部分：
> ——第 1 部分：术语；
> ——第 2 部分：符号标准；
> ……
> ——第 11 部分：管理体系标准。

[引自 GB/T 20001.8—2023《标准起草规则　第 8 部分：评价标准》]

三、标准与代替标准的关系

如正在起草的标准文件是在前一个或者几个版本的基础上修订而成的新版本，那么应在前言中陈述该标准文件与其代替标准之间的关系。需要说明以下两方面的内容：①给出被代替、废止的所有标准的编号和名称；②列出与前一版本相比的主要技术变化。

示例 8-12

> 本文件代替 GB/T 1.1—2009《标准化工作导则 第 1 部分:标准的结构和编写》,与 GB/T 1.1—2009 相比,除结构调整和编辑性改动外,主要技术变化如下:
> a) 增加了"文件的类别"一章(见第 4 章);
> b) 将"总则"更改为"目标、原则和要求",细分了原则,并将 2009 年版的有关内容更改后纳入(见第 5 章,2009 年版的第 4 章、5.1.1、5.1.2.1、5.1.2.2、6.3.1.1 和 6.3.4);
> ……
> y) 增加了"重要提示""术语条目""来源"等内容中的字号和字体的规定(见表 F.1)。

[引自 GB/T 1.1—2020《标准化工作导则 第 1 部分:标准化文件的结构和起草规则》]

四、标准与国际文件关系的说明

如果所编制的文件与 ISO 或 IEC 国际标准化文件存在着一致性对应关系(等同、修改或非等效),应在前言中按照 GB/T 1.1—2020 的规定陈述相关信息。起草有一致性对应关系的国家标准化文件时,不应保留 ISO 和/或 IEC 标准化文件的前言,而是按照 GB/T 1.1—2020 中对于前言的规定进行重写。根据判定的一致性程度,依次陈述如下内容:①与对应的 ISO 和/或 IEC 标准化文件的一致性程度类别、该 ISO 和/或 IEC 标准化文件的编号及其中文译名;②文件类型的改变;③结构调整;④技术差异及其原因;⑤编辑性改动。

无论一致性程度为"等同""修改"还是"非等效",均应陈述①中所列内容;如果存在文件类型的改变,那么还应陈述②中所列内容。

陈述①和②中所列内容时,如果一致性程度为"等同"或"修改",通常使用句式:"本文件等同采用(或修改采用)ISO ××××:××××(根据具体情况,可将

ISO 改为 IEC 或 ISO/IEC)《……》。"如果一致性程度为"非等效",通常使用句式:"本文件参考 ISO ××××:××××(根据具体情况,可将 ISO 改为 IEC 或 ISO/IEC)《……》起草,一致性程度为非等效。"如果同时存在文件类型的改变,通常在后面紧跟句子"文件类型由××××调整为××××",例如,文件类型由 ISO、IEC 的技术规范调整为我国的国家标准。

五、有关专利的说明

如果编制过程中没有识别出标准的内容涉及专利,那么标准的前言中应给出以下内容:"请注意本文件的某些内容可能涉及专利。本文件的发布机构不承担识别专利的责任。"

六、标准的提出信息和归口信息

在给出标准的提出、归口信息时,涉及任何部门、全国专业标准化技术委员会或单位时,应给出准确的全称。

由全国专业标准化技术委员会提出或归口的标准,应在相应技术委员会名称之后给出其国内代号,并加圆括号。使用下列表述形式:

"本文件由全国×××标准化技术委员会(SAC/TC×××)提出。"

"本文件由××××提出。"

"本文件由全国×××标准化技术委员会(SAC/TC×××)归口。"

"本文件由××××归口。"

如果标准的提出和归口信息相同,可将它们合并一起叙述,"本文件由××××提出并归口。"

示例 8-13

前　　言

本文件按照 GB/T 1.1—2020《标准化工作导则　第 1 部分:标准化文件的结构和起草规则》的规定起草。

请注意本文件的某些内容可能涉及专利。本文件的发布机构不承担识别专利的责任。

本文件由……提出。

本文件由中国交通运输协会标准化技术委员会归口。

七、标准的起草单位和主要起草人

使用下列表述形式:

"本文件起草单位:……。"

"本文件主要起草人:……。"

八、标准及其所代替或废止的文件的历次版本发布情况

标准中给出历次版本发布情况这一信息是十分必要的,它陈述了标准各版本发展变化的清晰轨迹。该信息的提供让使用标准的人员和标准的起草人能够准确地掌握标准各版本的发布情况。

第四节　引　　言

引言是可选的资料性要素。引言是用来说明与文件自身内容相关的信息,不应包含要求型条款。

一、引言内容

分为部分的标准的每个部分,或者标准的某些内容涉及了专利,均应设置引言。

引言不应给出章编号。当引言的内容需要分条时,应仅对条编号,编为0.1、0.2等。

在引言中通常给出下列背景信息:

(1)编制该标准的原因、编制目的、分成部分的原因以及各部分之间关系等事项的说明;

(2)标准技术内容的特殊信息或说明。

示例8-14

引　言

波形梁钢护栏是设置于行车道外侧、用立柱连接固定的梁柱式结构护栏。传统的波形梁钢护栏采用Q235低强度碳素结构钢为基材,通过热浸镀锌等工艺对其表面进行防腐处理后投入使用。随着我国公路和城市道路建设规模的扩大,波形梁钢护栏使用量持续增长。最近几年,国家坚持实施压减粗钢产能政策,根据这个目标,大型钢厂和护栏制造企业以及使用管理部门提出了护栏轻量化的应用方向。在满足护栏安全性能的前提下,使用高强钢材料,适当减薄产品厚度,可减少钢铁材料的耗费,并降低能耗,减少碳排放,在满足护栏防护性能的同时,不仅制造成本得到控制,同时也有效降低了物流运输以及安装维护成本。

本标准努力践行JTG D81《公路交通安全设施设计规范》和JTG/T D81《公路交通安全设施设计细则》规定的"在满足安全和使用功能的条件下,应积极推广使用可靠的新技术、新材料、新工艺、新产品"的创新理念,对B、A、SB、SA和SS等五类防护等级的波形梁钢护栏实现轻量化,轻量化率达到30%以上,省材节能,效果显著,并且所有等级轻量化护栏均通过了规范的实车足尺碰撞试验验证,满足JTG B05-01《公路护栏安全性能评价标准》的安全性能要求。

本标准的高强钢轻量化波形梁护栏,设计防护等级按JTG D81、JTG/T D81执行;施工参照JTG F71《公路交通安全设施施工技术规范》执行;验收参照JTG F80/1《公路工程质量检验评定标准　第一册　土建工程》及相关文件执行。

[引自 T/CCTAS 16—2020《高强钢轻量化波形梁护栏》]

二、引言编写要求

如果编制过程中已经识别出文件的某些内容涉及专利,那么根据具体情况,在文件的引言中应说明以下相关内容:

"本文件的发布机构提请注意,声明符合本文件时,可能涉及……[条]……与……[内容]……相关的专利的使用。

本文件的发布机构对于该专利的真实性、有效性和范围无任何立场。

该专利持有人已向本文件的发布机构承诺,他愿意同任何申请人在合理且无歧视的条款和条件下,就专利授权许可进行谈判。该专利持有人的声明已在本文件的发布机构备案。相关信息可以通过以下联系方式获得:

专利持有人姓名:……

地址:……

请注意除上述专利外,本文件的某些内容仍可能涉及专利。本文件的发布机构不承担识别专利的责任。"

如果需要给出有关专利的内容较多时,可将相关内容移作附录。

第五节 范 围

范围是标准的必备要素,主要用以概括标准的"主要技术内容",界定标准的"适用界限"。必要时,范围宜指出那些通常被认为标准可能覆盖,但实际上并不涉及的内容。分为部分的标准的各个部分,其范围只应界定各自部分的标准化对象和所覆盖的各个方面。每项标准都应有范围,并且位于每项标准正文的起始位置,是标准的"第1章",如果确有必要,可以进一步细分为条。

范围的陈述应简洁,以便作为内容提要使用。在范围中不应陈述可在引言中给出的背景信息。范围应表述为一系列事实的陈述,使用陈述型条款,不应包含要求、指示、推荐和允许型条款。

一、范围陈述的表述形式

范围的陈述应使用下列适当的表述形式:
(1)"本文件规定了……的要求/特性/尺寸/指示";
(2)"本文件确立了……的程序/体系/系统/总体原则";
(3)"本文件描述了……的方法/路径";
(4)"本文件提供了……的指导/指南/建议";
(5)"本文件给出了……的信息/说明";
(6)"本文件界定了……的术语/符号/界限"。
标准适用界限的陈述应使用下列适当的表述形式:
(1)"本文件适用于……";
(2)"本文件不适用于……"。

示例 8-15

> 1 范围
>
> 本文件界定了快运要素、快运业务、作业环节、服务质量、设施设备及用品的常用术语。
>
> 本文件适用于快运相关的活动。

[引自 T/CCTAS 50—2023《快运术语》]

二、范围编写需要注意的问题

范围的编写应注意以下几方面问题:
(1)范围中不应给出要求;
(2)范围应简洁,高度提炼所要表达的内容;
(3)范围应完整,提供的信息要全面;
(4)范围不应是标准名称的简单重复;
(5)范围不宜陈述编制标准的目的;

(6)范围不宜罗列章标题;

(7)"本文件适用于"应与"本文件规定了"的内容不重叠,且应按照标准涉及领域的分类和过程表述。

从范围开始,就进入了标准文本正文的编写,字体字号应遵循以下要求:章、条编号及标题,使用五号黑体;条文列项及编号,使用五号宋体。

第六节　规范性引用文件

规范性引用文件用来列出标准中规范性引用的文件,是特殊的资料性要素,是所有标准文件的必备要素。规范性引用是指标准中引用了某标准或标准条款后,这些文件或其中的条款即构成了标准整体不可分割的组成部分。在使用标准时,除了要遵守标准本身的规范性内容之外,还要遵守标准中规范引用的其他文件或文件中的条款。规范性引用文件这一要素应设置为标准的第 2 章,且不应分条。

规范性引用文件由引导语和文件清单两部分构成。

一、引导语

引导语提示标准的使用者,引导语下方列出的文件清单中的内容构成了标准必不可少的条款。引导语指出被引用文件的版本有关信息。引导语的设置共分为两种情况。

(一)标准中存在规范性引用其他文件的情况

"下列文件中的内容通过文中的规范性引用而构成本文件必不可少的条款。其中,注日期的引用文件,仅该日期对应的版本适用本文件;不注日期的引用文件,其最新版本(包括所有的修改单)适用于本文件。"

示例 8-16

2 规范性引用文件

下列文件中的内容通过文中的规范性引用而构成本文件必不可少的条款。其中,注日期的引用文件,仅该日期对应的版本适用本文件;不注日期的引用文件,其最新版本(包括所有的修改单)适用于本文件。

GB/T 25000.10—2016 系统与软件工程 系统与软件质量要求和评价(SQuaRE) 第 10 部分:系统与软件质量模型

GB/T 25000.51—2016 系统与软件工程 系统与软件质量要求和评价(SQuaRE) 第 51 部分:就绪可用软件产品(RUSP)的质量要求和测试细则

GB/T 36627—2018 信息安全技术 ICT 供应链安全风险管理指南

JT/T 904—2014 交通运输行业信息系统安全等级保护定级指南

[引自 T/CCTAS 86—2023《交通运输信息技术应用创新适配测评总体要求》]

对于不注日期的引用文件,如果最新版本未包含所引用的内容,那么包含了所引用内容的最后版本适用。

示例 8-17

2 规范性引用文件

下列文件中的内容通过文中的规范性引用而构成本文件必不可少的条款。其中,注日期的引用文件,仅该日期对应的版本适用本文件;不注日期的引用文件,其最新版本(包括所有的修改单)适用于本文件。

GB/T 22485 出租汽车运营服务规范

JT/T 1068 网络预约出租汽车运营服务规范

[引自 T/CCTAS 15—2020《网络预约出租汽车乘客遗失物品归还处置规范》]

(二)标准中存在规范性引用其他文件的情况

如果不存在规范性引用文件,也应在章标题下给出以下说明:

"本文件没有规范性引用文件。"

二、引用文件清单

文件清单中应列出该标准中规范性引用的每个文件,列出的文件之前不给出序号。

根据标准中引用文件的具体情况,文件清单中应选择列出下列相应的内容:

(1)注日期的引用文件,给出"文件代号、顺序号及发布年代号和(或)月份号"以及"文件名称";

(2)不注日期的引用文件,给出"文件代号、顺序号"以及"文件名称";

(3)不注日期引用文件的所有部分,给出"文件代号、顺序号"和"(所有部分)"以及文件名称中的"引导元素(如果有)和主体元素";

(4)引用国际文件、国外其他出版物,给出"文件编号"或"文件代号、顺序号"以及"原文名称的中文译名",并在其后的圆括号中给出原文名称;

(5)列出标准化文件之外的其他引用文件和信息资源(印刷的、电子的或其他方式的),应遵守 GB/T 7714 确定的相关规则。

根据文件中引用文件的具体情况,文件清单中列出的引用文件的排列顺序为:

(1)国家标准化文件;

(2)行业标准化文件;

(3)本行政区域的地方标准化文件(仅适用于地方标准化文件的起草);

(4)团体标准化文件(需符合 GB/T 1.1—2020 中 9.5.4.4 规定的限制条件);

(5)ISO、ISO/IEC 或 IEC 标准化文件;

(6)其他机构或组织的标准化文件(需符合 GB/T 1.1—2020 中 9.5.4.4 规定的限制条件);

(7)其他文献。

其中,国家标准、ISO 或 IEC 标准按文件顺序号排列;行业标准、地方标准、团体标准、其他国际标准化文件先按文件代号的拉丁字母和(或)阿拉伯数字的顺序排列,再按文件顺序号排列。

示例 8-18

> **2 规范性引用文件**
>
> 下列文件中的内容通过文中的规范性引用而构成本文件必不可少的条款。其中,注日期的引用文件,仅该日期对应的版本适用于本文件;不注日期的引用文件,其最新版本(包括所有的修改单)适用于本文件。
>
> GB/T 4208　外壳防护等级(IP代码)
> GB/T 39767　人类生物样本管理规范
> GB/T 39768　人类生物样本分类与编码
> GB/T 41908　人类粪便样本采集与处理
> GB/T 42060　医学实验室样品采集、运送、接收和处理的要求
> GB 42590　民用无人驾驶航空器系统安全要求
> GJB 1389　系统电磁兼容性要求
> GJB 5433　无人机系统通用要求
> GJB 5434　无人机系统飞行试验通用要求
> JT/T 1440—2022　无人机物流配送运行要求
> MH/T 1069　无人驾驶航空器系统作业飞行技术规范
> WS/T 348　尿液标本的收集及处理指南
> WS/T 442　临床实验室生物安全指南
> WS/T 640　临床微生物学检验标本的采集和转运
> WS/T 661　静脉血液标本采集指南
> WS/T 806　临床血液与体液检验基本技术标准

[引自 T/CCTAS 65—2023《多旋翼无人机医疗物品运输技术要求》]

团体标准原则上不引用企业标准,且不建议引用同一专业领域其他团体发布的标准。

由于中交协是全国性团体标准组织,发布的团体标准在全国范围内使用,因此,也不引用地方标准。

第七节 术语和定义

术语和定义是必备要素。术语和定义用来界定为理解文件中某些术语所必需的定义。《团体标准管理规定》第十一条要求术语应当遵循国家标准、行业标准和地方标准,团体标准一般不予另行规定。如需特殊制定的术语和定义宜遵循行业惯例,并确保术语和定义的依据科学严谨。"术语和定义"表达的形式和内容是相对固定的,形式是"引导语+术语条目"。

一、引导语

与第2章规范性引用文件相似,术语条目的引导语也分为两种情况。

(一)该标准有需要界定的术语和定义

根据列出的术语和定义以及引用其他文件的具体情况,术语条目应分别由下列适当的引导语引出。

(1)如果仅该要素界定的术语和定义适用时:"下列术语和定义适用于本文件。"

(2)如果仅其他文件中界定的术语和定义适用时:"……界定的术语和定义适用于本文件。"

(3)如果其他文件以及该要素界定的术语和定义适用时:"……界定的以及下列术语和定义适用于本文件。"

示例8-19

> 3 术语和定义
> 　　JT/T 1068中界定的以及下列术语和定义适用于本文件。
> 3.1
> 　　**行程分享　sharing trip status**
> 　　网络预约出租汽车驾驶员和乘客通过网络预约出租汽车移动互联网应

用程序(APP)或其他设备将行程信息分享给指定联系人,供其实时查看车辆信息与行程位置。
……

[引自 T/CCTAS 15—2020《网络预约出租汽车乘客遗失物品归还处置规范》]

(二)该标准没有需要界定的术语和定义

如果没有需要界定的术语和定义,应按照 GB/T 1.1—2020 的要求,在章标题下给出以下说明:

"本文件没有需要界定的术语和定义。"

二、术语条目

(一)通则

术语条目宜按照概念层级分类和编排,如果无法或无须分类可按术语的汉语拼音字母顺序编排。术语条目的排列顺序由术语的条目编号来明确。条目编号应在章或条编号之后使用下脚点加阿拉伯数字的形式。需要注意的是,术语的条目编号不是条编号。术语条目的任何内容均不准许插入脚注,也不应编排成表的形式。

每个术语条目应包括四项内容:条目编号、术语、英文对应词、定义,根据需要还可增加其他内容。按照包含的具体内容,术语条目中应依次给出:

(1)条目编号;

(2)术语;

(3)英文对应词;

(4)符号;

(5)术语的定义;

(6)概念的其他表述形式(如图、数学公式等);

(7)示例;

(8)注;

(9) 来源等。

其中，符号如果来自国际权威组织，宜在该符号后同一行的方括号中标出该组织名称或缩略语；图和数学公式是定义的辅助形式；注给出补充术语条目内容的附加信息，例如，与适用于量的单位有关的信息。

（二）需定义术语的选择

在选择该章中需要进行界定的术语时，需满足以下四个条件：
(1) 在文件中至少使用两次的术语；
(2) 专业使用者不易理解或在不同语境中理解不一致的术语；
(3) 尚无定义或需要改写已有定义的术语；
(4) 属于文件范围所限定的领域内的术语。

如果标准中使用了标准的范围所限定的领域之外的术语，可在条文的注中说明其含义，不宜界定其他领域的术语和定义。

术语和定义中宜尽可能界定表示一般概念的术语，而不界定表示具体概念的组合术语，否则就是重复定义。例如：当具体概念"跑道侵入预警区"等同于"跑道侵入"和"预警区"两个一般概念之和时，分别定义术语"跑道侵入"和"预警区"即可，不必定义"跑道侵入预警区"；"单轴转向架跨座式单轨车辆"的具体概念，等同于"单轴转向架"与"跨座式单轨车辆"的概念之和，分别定义术语"单轴转向架"与"跨座式单轨车辆"即可。

表达具体概念的术语通常可由表达一般概念的术语组合而成。

（三）定义

定义的表述宜能在上下文中代替其术语。定义宜采取内涵定义的形式，其优选结构为："定义＝用于区分所定义的概念同其他并列概念间的区别特征＋上位概念"。定义中如果包含了其所在标准的术语条目中已定义的术语，可在该术语之后的括号中给出对应的条目编号，以便提示参看相应的术语条目。定义应使用陈述型条款，既不应包含要求型条款，也不应写成要求的形式。附加信息应以示例或注的表述形式给出。

(四)来源

在特殊情况下,如果确有必要抄录其他文件中的少量术语条目应在抄录的术语条目之下准确地标明来源,具体方法为:在方括号中写明"来源:文件编号,条目编号"。当需要改写所抄录的术语条目中的定义时,应在标明来源处予以指明,具体方法为:在方括号中写明"来源:文件编号,条目编号,有修改"。

示例 8-20

> 3.5
>
> **约车人 booking person**
>
> 向网络服务平台发送预约用车请求的人,可以不是乘客本人。
>
> [来源:JT/T 1068—2026,3.6]

[引自 T/CCTAS 15—2020《网络预约出租汽车乘客遗失物品归还处置规范》]

示例 8-21

> 3.2
>
> **跨座式单轨车辆 straddle monorail vehicle**
>
> 骑跨在轨道梁上可编入列车的单节车辆。
>
> [来源:CJ/T 287—2008,3.1,有修改]

[引自 T/CCTAS 29—2022《单轴转向架跨座式单轨车辆通用技术条件》]

第八节　部分规范性要素

这一节的内容为符号和缩略语、分类和编码/系统构成、总体原则和/或总体要求三类规范性要素。

一、符号和缩略语

符号和缩略语用来给出为理解标准所必需的、标准中使用的符号和缩略语的说明或定义,由引导语和带有说明的符号和(或)缩略语清单构成。这一要素在非符号标准中是一个可选的规范性要素。如果需要设置,该要素宜作为文件的第4章。根据具体情况,该要素的标题可设置为"符号""缩略语"或"符号和缩略语"。

在我国文件中,缩略语专指由外文词组构成的短语的缩写形式,其使用宜慎重,只有在不引起混淆的情况下,且在文件中随后需要多次使用时才应规定并使用缩略语。如果为了反映技术准则,符号需要以特定次序列出,那么该要素可以细分为条,每条应给出条标题。根据编写的需要,该要素可并入"术语和定义"。

(一) 引导语

根据列出的符号、缩略语的具体情况,符号和(或)缩略语清单应分三种情况,由下列适当的引导语引出:

(1)"下列符号适用于本文件。"(如果该要素列出的符号适用时);

(2)"下列缩略语适用于本文件。"(如果该要素列出的缩略语适用时);

(3)"下列符号和缩略语适用于本文件。"(如果该要素列出的符号和缩略语适用时)。

(二) 清单和说明

无论该要素是否分条,清单中的符号和缩略语之前均不给出序号,且宜按下列规则以字母顺序列出:

(1)大写拉丁字母置于小写拉丁字母之前(A、a、B、b等);

(2)无角标的字母置于有角标的字母之前,有字母角标的字母置于有数字角标的字母之前(B、b、C、C_m、C_2、c、d、d_{ext}、d_{int}、d_1等);

(3)希腊字母置于拉丁字母之后(Z、z、Α、a、Β、β、…、Λ、λ等);

(4)其他特殊符号置于最后。

符号和缩略语的说明或定义宜使用陈述型条款,不应包含要求和推荐型条款。

二、分类和编码/系统构成

分类和编码/系统构成是一个可选的规范性要素。"分类和编码"用来给出针对标准化对象的划分以及对分类结果的命名或编码,以方便在标准核心技术要素中针对标准化对象的细分类别作出规定。它通常涉及"分类和命名""编码和代码"等内容,是一个可选的规范性要素。"系统构成"用来确立构成系统的分系统,或进一步的组成单元。系统标准的核心技术要素将包含针对分系统或组成单元作出规定的内容。

根据需要,非分类标准可能会包含要素"分类和编码";对于系统标准,通常含有"系统构成"这一要素。分类和编码/系统构成通常使用陈述型条款。根据编写的需要,该要素可与规范、规程或指南标准中的核心技术要素的有关内容合并,在一个复合标题下形成相关内容。

(一)分类和编码

在非分类标准中,如果针对标准化对象的细分类别,技术特性的构成不同或对于同类技术特性的特性值存在多种选择,那么需要包含"分类和编码"。它用来给出针对标准化对象的划分以及对分类结果的命名或编码,以方便在文件核心技术要素中针对各个细分类别作出规定,内容通常涉及分类、命名、编码和代码等。

1. 分类和编码与专门分类标准

在非分类标准中,"分类和/或编码"与专门分类标准既有区别又有联系。编写时,需要考虑并服务于核心技术要素的需要,结合实际采用不同的呈现形式。

非分类标准中的分类和编码与专门分类标准是有区别的。一是从适用范围上,非分类标准中的分类和/或编码仅限于该文件所涉及的具体对象。而专门分类标准主要针对某一大类对象或某一领域进行分类和/或编码,起草其他标准化文件时可以直接应用,也可以稍加调整后应用。二是从主体内容上,与专门分类标准相比,非分类标准中的"分类和/或编码"只是该文件中一个章或条的内容。

非分类标准中的分类和/或编码与专门分类标准是有联系的。在编写时,如果在现行分类标准中规定的分类方法或分类结果适用,则直接引用即可。

2. 原则和要求

编写非分类标准中的分类和编码相关内容时,同样需要遵守 GB/T 20001.3—2015 确立的规则(见第九章第三节)。除此之外,通常还要遵守以下原则和要求。

(1)服务于文件中核心技术要素的需要。如前所述,非分类标准中的分类和编码与文件核心技术要素密切相关。因此,在编写时,无论是选择引用现行的专门分类标准,还是自行编写,都要着眼于方便和满足文件核心技术要素的需要,不应涉及与核心技术要素无关的内容。

(2)采用陈述型条款表述。分类是对标准化对象按照若干属性进行划分,再采用适宜的方式对分类结果予以识别,从而为各方提供沟通和交流的基础,促进相互理解。因而,在非分类标准中编写分类和编码内容时,无论是引用现行的专门分类标准,还是自行起草,通常采用陈述型条款。

(3)尽可能采用系列化的方法进行分类。在标准化对象为产品的情况下,根据产品的属性,尽可能采用系列化的方法进行分类。对于系列产品,还要合理确定系列范围与疏密程度等,尽可能采用优先数系或模数制。

3.呈现形式及编写

在非分类标准中,综合考虑与文件核心技术要素的关系、内容篇幅等因素,按照表述的需要和具体情况,"分类和编码"通常有两种呈现形式:作为单独的章或并入文件核心技术要素中。

(1)作为单独的章。这分类和编码相关内容作为非分类标准中单独的章,适用于文件的标准化对象相对简单并且不存在现行适用的分类标准,从适用的角度看,也不需要进行复杂的分类和给出复杂的分类结果即可满足需要的情况。当作为单独的章编写时,结合具体文件中核心技术要素表述的需要,可给出分类方法、分类依据的属性以及名称和/或代码表示的分类结果等。

该章如果给出了分类方法(也可能没有)、分类依据的属性、类目/项目名称,那么建议使用"分类和命名"作为章标题;如果除了给出分类的内容外,还对类目/项目予以编码,给出了代码,那么建议使用"分类和编码"作为章标题;如果除了给出分类和编码的内容外,还给出了标准化项目标记,那么,建议使用"分类、编码和标记"作为章标题。

分类、编码需要根据文件核心技术要素表述的需要确定。视具体情况,可根据标准化对象的不同特性进行分类,例如来源、结构、形式、材料、性能或用途等。如果需要对划分出的类目项目进行编码,通常要给出编码方法、代码。分类和命名、编码和代码的具体编写方法见第九章第三节。

(2)并入文件核心技术要素中。将分类和编码相关内容并入文件核心技术要素中,适用于分类和编码内容相对简单,例如仅需引用适用的分类标准,或者仅需给出简单的分类结果,将其与核心技术要素一起表述更加方便的情况。当分类和编码的相关内容并入文件核心技术要素中时,建议该章的标题中体现"分类""编码""代码"等词语,例如,规范标准中分类与技术要求合并为一章时,章标题为"分类和技术要求"。

如果存在现行适用的专门分类标准,那么引用即可。如果现行的专门分类标准给出了分类和命名,非分类标准中还需要给出代码,那么根据需要自行编写编码方法和代码。

(二)系统构成

在系统标准中,如果为了确保系统总体功能的实现,那么需要对分系统/组成单元本身的功能,以及它们之间的兼容配合等作出规定。在这种情况下,系统标准中需要包含"系统构成"。它用来确立构成系统的分系统或进一步的组成单元,以方便系统标准核心技术要素中针对各分系统/组成单元作出规定,内容通常涉及系统的具体构成,各分系统/组成单元的功能或进一步细分等。

1. 一般原则和要求

编写"系统构成"相关内容时,通常遵守以下原则和要求:

(1)在确立构成系统的分系统或组成单元时,首先要考虑并服务于具体文件中核心技术要素的需要,不要涉及与核心技术要素无关的内容;

(2)采用陈述型条款表述。为了方便理解,可以辅以图或者示意图。

2. 呈现形式及编写

综合考虑与文件核心技术要素的关系、内容篇幅等因素,按照表述的需要和具体情况,"系统构成"通常有两种呈现形式:作为单独的章或并入文件核心技术要素中。

(1)作为单独的章。将系统构成相关内容作为单独的章,适用于系统的构成以及各分系统之间/组成单元之间的关系比较复杂的情况。当"系统构成"作为单独的章编写时,结合具体文件中核心技术要素编写的需要,可给出分系统/组成单元的名称、功能或者进一步细分以及它们之间的关系等内容。章标题可使用"系统构成""系统组成""系统结构"等。

(2)并入文件核心技术要素中。将系统构成相关内容并入文件核心技术要素中,适用于系统的构成相对简单,将其与核心技术要素一起表述更加方便的情况。在此情况下,建议该章的标题中体现"系统构成""系统组成""系统结构"等词语,例如,规范标准中系统构成与技术要求合并为一章时,章标题为"系统构成和技术要求""系统结构和技术要求"等。

示例 8-22

6　系统架构和功能

6.1　系统架构

6.1.1　北斗安全预警防护系统架构由感知层、传输层、数据层、应用层和展示层组成,见图1。

　　……

6.2　系统组成

6.2.1　系统应包括系统软件、位置服务网络、铁路电子地图、定位设备。

6.2.2　系统软件应包括平台软件、车载端应用软件、移动手持端应用软件。

　　……

6.3　系统功能

　　……

6.4　系统性能

　　……

[引自 T/CCTAS 159—2024《铁路营业线作业人员北斗安全预警防护系统技术条件》]

三、总体原则和/或总体要求

总体原则这一要素用来规定为达到编制目的需要依据的方向性的总框架或准则,是可选的规范性要素。标准中随后各要素中的条款或者需要符合或者具体落实这些原则,从而实现标准编制目的。总体要求这一要素用来规定涉及整体标准或随后多个要素均需要规定的要求。

标准中如果涉及了总体原则/总则/原则,或总体要求的内容,宜设置总体原则/总则/原则或总体要求。总体原则/总则/原则应使用陈述或推荐型条款,不应包含要求型条款,总体要求应使用要求型条款。

如在文件中设置该要素,通常位于文件的核心技术要素之前。如果文件中既包含"总体原则",也包含"总体要求",那么"总体原则"在"总体要求"之前。

示例 8-23

> 4 总体要求
> 4.1 平台企业应完善互联网货运平台功能,加强安全运营管理。
> 4.2 平台企业应……
> ……
> 4.6 平台企业应建立安全价值观、愿景和使命,开展安全宣传,表彰安全成绩突出的集体和个人。
> 5 平台安全功能
> ……
> 6 驾驶员与车辆审核
> ……

[引自 T/CCTAS 24—2021《互联网货运平台安全运营规范》]

第九节　技 术 要 素

技术要素分为核心技术要素与其他技术要素。核心技术要素是各种功能类型标准的标志性的要素,它是表述标准特定功能的要素。标准功能类型不同。

一、核心技术要素

各种功能类型标准所具有的核心技术要素以及所使用的条款类型应符合表 8-2 的规定。

各种功能类型标准核心技术要素以及所使用条款类型　　　　　表8-2

标准功能类型	核心技术要素	使用的条款类型
术语标准	术语条目	界定术语的定义使用陈述性条款
符号标准	符号/标志及其含义	界定符号或标志的含义使用陈述性条款
分类标准	分类和/或编码	陈述、要求型条款
试验标准	试验步骤 试验数据处理	指示、要求型条款 陈述、指示性条款
规范标准	要求 证实方法	要求型条款 指示、陈述型条款
规程标准	程序确立 程序指示 追溯/证实方法	陈述型条款 指示、要求型条款 指示、陈述型条款
指南标准	需考虑的因素	推荐、陈述型条款

注：如果标准化指导性技术文件具有与表中规范标准、规程标准相同的核心技术要素及条款类型，那么该标准化指导性技术文件为规范类或规程类。

各种功能类型标准的核心技术要素的具体编写应遵守 GB/T 20001（所有部分）的规定。具体见第九章。

二、其他技术要素

根据具体情况，标准中还可设置其他技术要素，例如试验条件、仪器设备、取样、标志、标签和包装、标准化项目标记、计算方法等。

示例 8-24

5　材料

5.1　环氧渗透防护体系材料

　　……

5.2　硅烷浸渍防护体系材料

　　……

5.3　标志、包装、运输和储存

5.3.1 产品包装上应清楚标明下列内容：
 a) 制造企业名称、地址；
 b) 产品名称、牌号和规格；
 c) 产品标记、商标；
 d) 生产日期、批号及保质期；
 e) 产品的数量；
 f) 储存和运输注意事项。
5.3.2 产品包装容器应清洁、干燥、密封，包装内应有使用说明书及合格证。
5.3.3 产品储存温度应介于5 ℃～40 ℃之间。
5.3.4 运输车辆及临时堆放处应有防雨、防潮、防冻设施。装卸车时不可损伤包装，不可混入杂物。
5.3.5 存储地点应满足有关消防要求，干燥通风，无阳光直射，应有防雨、防潮、防冻设施，应避免火种，隔离热源。应按品种、批号、颜色分别堆放，标识清楚。

6 设计
 ……

［引自 T/CCTAS 37—2022《公路与城市道路工程混凝土结构表层渗透防护技术规程》］

标准化项目标记，是对所发布标准中标准化项目拟定的标记，主要用在文件、目录、信函、科技文献，或者货物、材料和设备订单中，以及展销物品的介绍中。如果需要用唯一、简短的标记来识别已发布标准中的标准化项目，以代替对该项目冗长的描述，那么就需要在文件中规定标准化项目标记。

标准化项目标记可单独设置为一章，或与分类、编码合并为一章。标准化项目标记体系由"描述段"和"识别段"组成。描述段用于给出适当的描述词来代表标准化项目，识别段用于正确无误地标识出标准化项目。涉及有关标准化项目标记内容的具体要求，应符合 GB/T 1.1—2020 附录 B 的规定。

第十节 参考文献、索引

参考文献用来列出标准中资料性引用的文件清单,以及其他信息资源清单,例如起草文件时参考过的文件,以供参阅。索引用来给出通过关键词检索标准内容的途径。

一、参考文献

参考文献作为可选的资料性补充要素,如果需要设置参考文献,应置于最后一个附录之后。标准中有资料性引用的文件,应设置该要素。该要素不应分条,列出的清单可以通过描述性的标题进行分组,标题不应编号。值得注意的是,"参考文献"作为可选要素,与"规范性引用文件"这一必备要素有所区别:凡是规范性引用的文件都要列入"规范性引用文件";凡是资料性引用的文件都要列入"参考文献"中。虽然"参考文献"是可选要素,但是如果标准中有资料性引用的文件,那么参考文献的设置就成为必需。

(一)参考文献的内容

1. 资料性引用的文件

参考文献的清单中应列出该标准中资料性引用的每个文件,如:

(1)"……的信息见 GB/T ××××";

(2)"GB/T ××××给出了……";

(3)"…… GB/T ××××中给出了进一步的说明";

(4)"……参见 GB/T ××××……的内容"。

仅在资料性附录中出现的标准,不应出现在规范性引用文件中,而只能放在参考文献中。

2. 起草过程中依据或者参考的文件

除了资料性引用的文件外,在起草标准的过程中,依据或者参考的文件也可以列入参考文献。

(1) 标明来源提及的文件。在起草标准的过程中,确有必要抄录其他文件中的少量内容时,需要准确地标明来源。在标明来源时,会提及所抄录的文件。这种文件成为可列入参考文献的资料性文件。

(2) 其他参考过的文献。在起草文件的过程中,可能还会参考一些相关文件,如给出示例时使用的文件。如果需要,也可以列入参考文献。

(二) 参考文献的编写

每个列出的参考文件或信息资源前应在方括号中给出序号。清单中所列内容及其排列顺序以及在线文献的列出方式均应符合本章第六节中"2.文件清单"的相关规定,其中列出的国际文件、国外文件不必给出中文译名。参考文献的著录方式宜按 GB/T 7714—2015《信息与文献 参考文献著录规则》进行编排。

示例 8-25

> 5.1 ××××参见 GB/T 6379.6。
> ……
>
> **参 考 文 献**
>
> [1] GB/T 6379.6 测量方法与结果准确度(正确度与精密度 第 6 部分:准确度值的实际应用)

1. 标准

鉴于标准的特殊性,参考文献中如果列出标准,只要写出标准编号和标准名称即可。

示例 8-26

> **参 考 文 献**
>
> [1] GB/T 20001.7 标准编写规则 第 7 部分:指南标准
> [2] T/CECS G:M10—01 公路养护决策技术规程
> [3] T/CHTS 10094 高速公路养护规划编制指南

[引自 T/CCTAS 89—2023《高速公路沥青路面养护工程设计指南》]

2. 图书

若引用的文件为图书,必须写出著作译者和出版社、出版时间及所在地点等信息。

示例 8-27

参考文献

[1] 白殿一,刘慎斋,等.标准化文件的起草[M].北京:中国标准出版社,2020.

书名后[ ]表示文献类型,常见文献类型的标识代码:M 表示普通图书,J 表示期刊,D 表示学术论文,N 表示报纸。[ ]为可选项,可加可不加,但一项或一系列标准的参考文献中参考文献信息给出的格式应保持一致,要么都加,要么都不加。

3. 期刊

若引用的文件为期刊中的文献,参考文献必须写出析出文献的起始页码和截止页码。

示例 8-28

参考文献

[1] 李炳穆.韩国图书馆法[J].图书情报工作,2008,52(6):6-21.

4. 报纸

若引用的文件为报纸中析出的文献,可著录主要责任者、题名[文献类型标识/文献载体标识],连续出版物题名:其他题名信息,年,卷(期):页码[引用日期]。

示例 8-29

参考文献

[2] 张田勤.罪犯 DNA 库与生命伦理学计划[N].大众科技报,2000-11-12(7).

5. 电子资源

若是电子资源,则必须加上获取和访问路径。

示例 8-30

> **参 考 文 献**
> ［3］ 傅刚,赵承,李佳路.大风沙过后的思考［N/OL］.北京青年报,2000-01-12［2005-09-28］.http://www.…….

二、索引

索引为可选要素,如果为了方便标准使用者而需要设置索引,那么它应作为标准的最后一个要素。该要素由索引项形成的索引列表构成。索引项以标准中的"关键词"作为索引标目,同时给出标准的规范性要素中对应的章、条、附录和(或)图、表的编号。索引项通常以关键词的汉语拼音字母顺序编排。为了便于检索可在关键词的汉语拼音首字母相同的索引页之上标出相应的字母。

值得注意的是,标准中目次与索引的区别在于其功能的不同,使得编排顺序产生差异。索引是为了便于通过关键词查找相应的内容,因此,索引项的编排顺序按照关键词的汉语拼音字母顺序编排,而不按照条文中的次序编排。

电子文本的索引宜自动生成。

第九章 各种功能类型标准的编写

第一节 术语标准

术语标准在文本形式上具有典型的结构、特定的要素构成及相应的内容表述规则。术语标准的核心技术要素是"术语条目",而术语条目中的核心内容为"术语及其定义"。术语标准的起草应遵守 GB/T 20001.1—2024。

起草术语标准首先要确定标准所涉及的领域,其次在起草标准的过程中,需要确立该领域中的概念体系,进而明确每个概念在概念体系中的位置,以及概念之间的关系(层级关系、关联关系)。在此基础上对概念进行定义、确立术语。

术语标准的起草需要遵守唯一性原则。唯一性原则,即:在某领域内构建的概念体系中,每个概念仅有唯一一个确定的位置;概念与其术语一一对应。标准中界定的术语及其定义应当是经过标准化过程在多个备选术语中选择确定的,是被公认的代表某一概念的"唯一"选择。术语标准中的核心技术要素为术语条目。下面对术语条目的要求进行详细说明。

一、术语条目的设置

术语条目应在术语标准的"范围""规范性引用文件"后安排。在术语标准中,可以在"3 术语和定义"中形成一章多条的形式;也可以从第 3 章起,形成多个章条的形式。无论是一章多条,还是多个章条,都可以设置多个层次。章、条的划分应该与建立的概念体系吻合。

二、术语条目包含的内容

术语条目可包含以下内容：
(1)条目编号；
(2)术语；
(3)英文对应词；
(4)符号；
(5)专业领域；
(6)概念的定义；
(7)相互参见；
(8)概念的其他表述形式；
(9)示例；
(10)注。

其中，条目编号、术语、英文对应词、概念的定义是一个术语条目的必备内容。其余内容可根据需要酌情增加。

三、术语条目的编号

术语条目编号在形式上与条编号(如3.1、3.2、3.2.1)相似，都是使用阿拉伯数字加下脚点的形式，但是在内涵意义上有所不同。条目编号反映了这一术语条目在概念体系中的相对位置，它是章、条编号与概念体系要求的结合体。实际上，术语条目编号可以反映章、条编号、概念层级和概念间的关系、顺序号三方面内容。当条目编号反映章、条编号、概念层级和概念间的关系、顺序号三方面内容时，条目编号表示了所述概念在概念体系中的位置标记。当条目编号不需要表示概念间的关系时，条目编号也可以是简单的顺序号。

与章、条编号表示不同，术语条目编号独占一行。

示例 9-1

> 3 通用术语
>
> 3.1
>
>   快运 express freight
>
>   利用一种或多种运输方式,采取标准作业,在约定的时限内将物品快速送达、可利用互联网等方式进行全程追踪查询的货物运输活动。
>
> 3.2
>
>   快运网络 express freight service network
>
>   ……
>
> 4 快运要素
>
> 4.1 快运件
>
> 4.1.1 现付件 paid on pickup
>
>   快运企业在揽收物品时收取运费及其他相关费用的快运件。
>
> 4.1.2 ……
>
> 4.2 快运人员
>
>   ……
>
> 5 快运业务
>
>   ……

[引自 T/CCTAS 50—2023《快运术语》]

四、术语条目中术语的编写

(一)确立术语

  术语的确立要在对概念定义的基础上,给予概念相应的语言指称。在确立术语时,首先要遵循概念与术语之间关系的唯一性原则,即一个术语只对应一个概念(单义性),一个概念只对应一个术语(单名性)。术语和概念一一对应。在创立新术语之前应检查有无同义词。在已有的几个同义词之间,需选择准确扼要地反映定义要旨、简明、能产(便于构词)、使用频率较高、范围较广,已经约定俗成的术语。

1. 首选术语

每个概念都有一个"指定全称"和一个"首选术语",同时,除去首选术语外,其他能够描述指定概念的术语是同义术语(许用术语)。在同义术语中,宜只选一个术语作为首选术语。

2. 许用术语

如有许用术语,应置于首选术语之后,按照选用程度排序。每个许用术语另起一行。

3. 缩略形式

如果术语的缩略形式为首选术语,那么应置于条目编号的下一行;如果术语的缩略形式为许用术语,那么应置于首选术语的下一行。

4. 拒用和被取代术语

如有拒用和被取代术语,应置于所有符号(如有)的下一行,拒用术语、取代术语按先后顺序排列,各单独占一行。术语后需加圆括号,在圆括号中标明其状态(拒用或被取代)。

(二)术语条目中的英文对应词

通常首选术语应给出英文对应词。其他术语(许用术语、拒用和被取代术语)也可给出对应词。英文对应词应按照空一个汉字的要求排在汉语术语后。

(三)术语条目中的符号

如果术语有对应的符号,应位于许用术语(如果有)的下一行。量和单位符号应符合 GB/T 3101—1993、GB/T 3102(所有部分)的规定。量的符号用斜体,单位符号用正体。如果符号来自国际权威组织,应在同一行该符号之后的方括号内标出该组织。

适用于量的单位应在注中给出。

(四)术语条目中的专业领域

如果在一个术语标准中,需要用一个术语表示不同领域中的概念,那么应在定义前的尖括号中标明每个概念所属的专业领域。

示例 9-2

> 6.1.4
>
> **一致性　uniformity**
>
> <导向系统>导向要素(4.1.3)设计使用的视觉元素(3.4.1)以及设置采用的设置方式和位置相近的特性。

[选自 GB/T 15565—2020《图形符号　术语》,做了适当改动]

(五)术语条目中的定义

术语标准中,应在标准的范围所限定的界限内,或在概念所属的专业领域内定义概念。定义应置于拒用和被取代术语(如果有)的下一行。在表述定义时,应遵守准确性、适度性、简明性的原则,不使用循环定义,不包含附加信息,不含要求。概念的定义宜能在语境中替代与该概念对应的术语。只有在概念本身是否定性的情况下,才可以使用否定形式。

(六)相互参见

1. 定义或注中的参见

如果在定义或注中使用了同一个文件中的已定义的术语,则可将该术语用黑体标出,并在其后的括号中给出该术语的条目编号。

2. 参见相关条目

如果需要提示文件使用者参考定义中没有涉及的同一文件中的其他术语,那么应在定义的下一行,给出"参见:术语(条目编号)",其中的"术语"如是首选术语使用黑体,许用术语使用宋体。如果参见的条目多于一个,应使用逗号隔开。

(七)概念的其他表述形式

概念的其他表述形式包括数学公式、图等。当概念需要界定量之间的关系时,可以在"参见:"(如有)之下给出相应的数学公式。由于图可有效展示物体的结构,显示整体和部分之间的关系(如机器和它的零件),所以当辅以图形时,有助于对界定的概念的理解,可以在"参见:"(如有)之下提供相应的图。图也可以用"示例"的形式给出。

(八)示例

如有必要通过实际的例子对定义进一步阐释,那么应在"参见:"(如有)的下一行给出示例。

(九)注

与定义有关的,便于理解概念的解释性信息,如典型的外延举例等,不应在定义中,而应以注的形式标注。注应位于示例(如有)的下一行。

第二节 符 号 标 准

符号标准的起草应遵守 GB/T 20001.2—2015 确立的规则。符号标准的核心技术要素是"符号(包括文字符号、图形符号)或含有符号的标志"。通常符号标准的典型结构是用表格呈现标准中界定的符号,这是符号标准不同于其他标准的表述形式。

与术语标准相同,符号标准也需要遵守唯一性原则,即标准中界定的符号与其所要表达的含义之间是一一对应的关系。这包含两方面的含义:其一,一个含义只能用一个符号来表达。只有在特殊情况下,如对于图形符号,为了适用不同的应用情况,需要具有不同的表示形式,才允许用不同的符号来表达。其二,同一领域中,一个符号只能表达一个含义。唯一性原则将保证符号体系中符号与其含义之间一一对应的关系,以便有效发挥符号表达含义、传递信息的独特作用。遵守唯一性原则,就是要保证经过标准化过程后,标准中界定的符号都是在多个备选符号中选择、确定并被公认的代表某一含义的"唯一"符号。在标准编制的过程中,如果对表达某个含义的符号不能达成共识,那么标准中就无法对相关的符号进行界定。

第九章
各种功能类型标准的编写

一、符号标准的分类

符号标准通常涉及三种类型：文字符号、图形符号以及含有符号的标志，根据具体情况还可以分别称为文字符号、图形符号或标志，以及文字符号标准、图形符号标准或标志标准。符号标准分类见表9-1。

符号标准分类　　　　　　　　表 9-1

基础分类		应用领域	须符合的国家标准
符号	文字符号(代号)	—	
	图形符号 (所有图形符号须符合：GB/T 16900《图形符号表示规则 总则》)	技术文件用图形符号	GB/T 16901(所有部分)《技术文件用图形符号表示规则》
		设备用图形符号	GB/T 16902(所有部分)《设备用图形符号表示规则》
		标志用图形符号	GB/T 16903(所有部分)《标志用图形符号表示规则 公共信息图形符号的设计原则与要求》
标志		禁止标志	—
		警告标志	
		指令标志	
		安全状况标志	GB/T 2893.1—2013《图形符号 安全色和安全标志 第1部分：安全标志和安全标记的设计原则》、GB/T 2893.3—2010《图形符号 安全色和安全标志 第3部分：安全标志用图形符号的设计原则》
		消防设施标志	—

在起草符号标准时，如现行标准中有适用的符号，应采取引用的表述形式，而不宜摘录具体的符号。

二、符号表的编制

符号标准中界定的符号宜以表格的形式呈现。符号表各行高度宜尽可能相等。在编制符号表时,应符合 GB/T 1.1—2020 的规定。符号表中需呈现的主体内容为符号栏中的符号。其他内容都是为符号服务的:符号的前后顺序由编号或序号来体现,符号的名称/含义在名称栏/含义栏中给出,需要说明的有关内容则在说明栏中给出。因此,符号表的纵向栏通常包括编号栏、符号栏、名称栏或说明栏。表头从左到右分别为编号、符号、名称、说明。在实际使用中,可根据情况调整表头内容:编号可为序号;符号可为图形符号、图形标志或标志;名称也可为含义;说明也可根据具体内容进行调整。

示例 9-3

表× ××××符号

编号(序号)	符号(图形符号、图形标志、标志)	名称(含义)	说明(定义)
形式应一致,字符数相同并尽可能少,字符不够时用"0"补齐	清晰、居中、比例恰当	——对应; 宜给出英文对应词	对符号本身的说明; 代替上一版本符号的说明; 标明符号的出处

值得注意的是,当设备用图形符号标准中,提供了符号原图时,编号、图形符号、名称和说明等内容也可以调整布置。

示例 9-4

(图形符号)	×××(编号) ×××(名称) ××××××××(英文对应词) ×××××××××××××××× ×××××××××××××××× (说明)

第三节　分　类　标　准

分类标准涉及的核心技术要素包括两个：分类和/或编码。即在特定的分类标准中，至少包括"分类"和"编码"两个要素中的一个。如果只针对某分类对象给出分类依据的属性、采取的分类方法和所划分出层次的层次统称或类目名称，那么该分类标准仅涉及了分类的方法，没有给出最终的分类结果。如果只针对某个分类对象给出分类方法（有时可能没有）、分类依据的属性、分类结果（以名称表示），那么该分类标准只包含要素"分类"。如果针对某个已经在其他文件中划分出类别的标准化对象给出编码方法、代码，那么该分类标准只包含要素"编码"。如果针对某个分类对象同时给出分类方法（有时可能没有）、分类依据的属性、编码方法、以名称和代码表示的分类结果，那么该分类标准同时包含要素"分类"和"编码"。这些内容体现到具体的分类标准中，可以用"分类方法""命名""编码方法""代码"等作为章标题，视情况，这些章也可以合并。

分类标准的起草应遵守 GB/T 20001.3—2015 确立的规则。起草分类标准需要遵循两项原则：覆盖完全且不交叉原则和扩展性原则。

覆盖完全且不交叉是指，依据特定属性对分类对象进行划分时，划分出的类目之间没有交叉重复，且这些类目/项目的总和等于分类对象的外延。可以类比为数学中，全集与真子集的关系。只不过在分类标准中，其中的"分类对象"在分类标准中是相对的，视情况，它可能是某个完整的标准化对象，也可能是需要依据某个/某些属性进一步划分的类目。

在分类标准中，还需要遵循扩展性原则。分类结果中通常设置预留项和/或收容项。其中，预留项用于为新增的类目/项目提供空间，通常采用省略号"……"予以识别；收容项用于容纳现有科学技术水平下不能或没有给予科学命名的类目/项目，通常以尾号为阿拉伯数字"9"、拉丁字母"Z"的代码，以及文字"其他"或"其他×××"（其中的"×××"通常为正在划分的类目的名称）予以识别。扩展性是指分类结果能够包容未来技术发展可能带来的类目/项目的增加或修改，而不会被整体打乱。它是衡量分类结果适应变化的能力的重要方面。

一、分类方法

常见的分类方法有线分类法和面分类法两种。其区别在于,对分类对象进行划分时是否依据一个属性。分类法及依据见表9-2。

分类法及依据　　　　　　表9-2

分类法	依据	体系	区别
线分类法	同一个属性	线分类体系	在按照同一个属性划分出不同类目时,再对划分出的类目按照相同/不同属性划分也属于线性分类体系
面分类法	两个及以上属性	面分类体系	每次都采用面分类法划分
		混合分类体系	每次划分未全都采用同一种分类方法

无论选择哪种分类方法,在编写时都需遵守以下规则:①依据特定属性进行划分时,遵守覆盖完全且不交叉原则和扩展性原则;②清楚地指明每次对分类对象进行划分所依据的属性;③根据使用的需要确定分类所依据属性的先后次序;④视情况,可以指明类目/项目之间的上下位关系。

二、分类结果的识别

分类结果是一个个的具体类目/项目。这些类目/项目可以通过命名的名称(由文字组成)、赋予的代码(由阿拉伯数字、拉丁字母或它们的组合构成)予以识别,使用条文或表格的形式予以表述。

(一)命名

在表述时,首先需要考虑命名。命名是对划分出的类目/项目赋予名称的过程。在命名时,通常首先考虑位于同一层次上各类目/项目之间的共性内容,然后再对具体类目/项目赋予名称。在命名的用词方面,宜选现行文件中界定的术语,如不存在这样的术语,则使用相关领域的规范化词语。

在对分类对象进行划分时,划分出来的各类目/项目在名称上经常会有一些共性的内容,这些位于一层次上的各类目/项目名称中的共性内容称为层次统称。在一个分类体系中,层次统称具有唯一性。通常,层次统称有两种形成方法。第一种是以上位类的类目名称作为层次统称,第二种是以诸如"……型""……级""……属""……种"等作为层次统称。例如,在机械、化学、材料等领域,通常依据结构、模式、形状、性能、品质、含量等进行分类,所划分出的层通常采用"……型""……类""……级"等词语作为层次统称。其中,"型"反映同类项目在结、模式、形状上存在的差异;"类"是"型"的进一步划分,反映在性能上存在的差异;"级"反映含量、品质等方面的差异。

对类目/项目命名得到的是类目/项目名称。在一个分类体系中,类目/项目名称也是唯一的。类目/项目名称通常包含两部分内容,一部分是该类目/项目所在层次的层次统称,一部分是该类目/项目区别于其他类目/项目的个性内容。

(二)编码

编码是给事物或概念赋予代码的过程。根据具体情况,有时编码仅给出编码方法而不出具体的代码,有时指明编码方法的同时给出具体的代码。编码结构可以采用条文、图(编码结构图)或条文与图相结合的方式进行表述。编码方法旨在描述编码结构和如何赋予代码,具体包括码位的数量、每个码位所代表的含义、每个码位上代码字符的位数以及所使用的代码字符等内容。常见的编码方法见表9-3。

常见的编码方法及特点　　　　　　　　　　　表9-3

编码方法	概念	特点	使用场景
层次编码方法	以划分出的层次为基础,进行连续或递增编码	(1)码位的数量和排列次序基于分类划分出的层次设置和固定; (2)每个码位代表固定的含义,但是通常使用无含义的代码字符来表示; (3)每个码位上代码字符的位数根据需要设定,且代码字符的位数一旦确定,赋予代码时同一层次上代码字符的位数等长; (4)给出分类结果的完整代码时,相邻码位上的代码字符之间通常使用空格隔开	线分类体系通常采用层次编码方法予以编码

续上表

编码方法	概念	特点	使用场景
并置编码方法	将描绘分类对象若干属性的代码,按照一定次序并排形成"复合代码"的一种编码方法	(1)码位的数量取决于分类所依据的属性的数量; (2)码位的排列次序宜与分类时所依据属性的先后次序保持一致; (3)每个码位代表固定的含义,且通常使用有含义的缩写码或缩写码与顺序码的组合来表示; (4)每个码位上代码字符的位数根据含义表述的需要设定; (5)给出分类结果的完整代码时,相邻码位上的代码字符之间通常使用短横线"-"连接	面分类体系通常采用并置编码方法予以编码
组合编码方法	将描绘分类对象若干属性的代码,以及依赖于这些属性的组合而产生的码,按照一定次序形成"复合代码"的一种编码方法	(1)码位的数量与分类所依据的属性的数量相比,通常会多一个,用于放置依赖于分类对象的属性的组合而产生的无序码、校验码或顺序码; (2)码位的排列次序宜与分类所依据属性的先后次序保持一致,无序码、校验码或顺序码通常置于最后; (3)每个码位代表固定的含义,且通常使用顺序码,或者顺序码、缩写码或校验码/无序码的组合来表示; (4)每个码位上代码字符的位数根据含义表述的需要设定; (5)给出分类结果的完整代码时,相邻码位上的代码字符之间通常使用空格隔开	面分类体系、混合分类体系通常采用组合编码方法予以编码

(三)代码

代码是编码的结果,由表示特定事物或概念的一个或一组字符组成。这些字符可以是阿拉伯数字、拉丁字母或便于人和机器识别与处理的其他符号。

在赋予代码时,可以全部使用阿拉伯数字或全部使用拉丁字母,但是不应使用标点符号或数学运算中可能用到的字符,如问号(?)、冒号(:)、加号(+)等,也不应使用在阿拉伯数字与拉丁字母中形相近的字符,如拉丁字母"I"和阿拉伯数字"1"、拉丁字母"O"和阿拉伯数字"0"等。在赋予代码时,如果使用拉丁字母、阿拉伯数字混用的形式,那么,拉丁字母或阿拉伯数字宜在特殊位置(如首位或末位),不宜在随机的位置。

对于收容项,如果使用代码字符识别,则可以使用代码序列中的最末位字符,如阿拉伯数字序列的"9""99"、拉丁字母序列的"Z"等。

三、分类结果的表述

分类结果可以按照实际需求,选择条文、分类、代码进行表述。

(一)条文

在使用条文表述分类结果时,通常使用陈述型条款。

(二)分类表

分类表通常由类目/项目名称栏和说明栏组成。根据具体情况,可进行相应调整。无须说明时,可省略说明栏。在编排格式方面,类目/项目名称栏中的每个类目/项目的名称均应单起一行,当类目/项目名称较长回行时,应与该类目/项目名称的首行左对齐;不同层次的类目/项目名称应逐层缩进一个汉字的位置,同一层次的类目/项目名称应左对齐;同一层次的类目/项目名称的字体应一致。

示例 9-5

分类表

代码				类目/项目名称	说明
门类	大类	中类	小类		
A				××××	
	13			×××××	
		1		××××	
	……	……	……		
B				××××	

说明栏的内容用于对容易混淆或具有特殊意义的项目进行解释，以便正确理解类目/项目概念的内涵和外延。在编写说明栏的内容时，宜简短、扼要。在编排格式方面，说明栏的内容左起空一个汉字起排，针对每个类目/项目的说明均单起一行，回行时顶格编排；若一个类目/项目有多个名称，可在说明栏中列出该类目/项目名称的同义词。

（三）代码表

代码表一般由代码栏、类目/项目名称栏、说明栏组成。根据具体情况，可进行相应调整。无须说明时，可省略说明栏。

代码一般在代码栏内左起顶格编排。当代码栏中给出分类结果的完整代码时，可选择左起顶格编排或居中编排。不同层次的代码应逐层缩进，同一层次的代码应左对齐；当代码层次较多时，代码栏可按层次再进行划分。同一层次的代码字体应一致。当使用拉丁字母作代码时，应统一用大写或小写，不应大小写混用。

示例 9-6

代码	类目/项目名称	说明
2000000	×××××	
2010000	×××××	
2010100	×××××	
2010101	×××××	
……	……	……

第四节 试 验 标 准

试验标准的核心技术要素是试验步骤和试验数据处理，描述的是试验活动如何开展以及如何处理试验数据以得出结论。在编写试验标准时，确保任何操作者在任何时间、地点都能够重复开展试验、处理试验数据至关重要。一方面，试验标准核心技术要素的编写遵循着一些特定的原则和规则；另一方面，根据与核心技术要素的相关性，试验标准中还可能会涉及试验条件（例如温度、湿度等）、试剂或材料、仪器设备、试样等其他规范性技术要素。

试验标准的起草应遵守 GB/T 20001.4—2015 确立的规则。当试验标准中涉及其他规范性技术要素时，核心技术要素与其他规范性技术要素通常按照原理、试验条件、试剂或材料、仪器设备、试样、试验步骤、试验数据处理、精密度、试验报告的次序编排。

一、起草的原则

起草试验标准需要遵守可重复可再现原则和准确度原则。可重复可再现原则是指试验标准中描述的试验方法能够让任何操作者，在规定的试验条件下，使用相同或不同的仪器设备，对同一试样进行试验，都能够呈现相同的规律。即无论由同一操作者、使用相同的仪器设备、在短时间间隔内对同一试样进行试验，还是由不同的操作者、使用不同的仪器设备、对同一试样进行试验，都能够按照标准中的规定多次、大样本量地开展，试验数据呈现相同的规律性。它是衡量试验方法稳定性的重要方面。

遵守可重复可再现原则意味着在编写试验标准核心技术要素时，一方面要按照试验的逻辑次序规定明确的、可操作的试验步骤，以免试验步骤不清楚导致操作者误操作；另一方面，尽可能明确试验条件、仪器设备的特性、试样的特征，以便任何操作者开展试验所得的试验数据具有可比性。这些内容体现到具体的试验标准中，可以用"试验步骤""试验条件""仪器设备""试样"作为章标题。

准确度原则是指试验标准中描述的试验方法能够确保试验数据的准确度在规定的要求范围内。具体表现为，一方面，使用标准物质或已知成分的物质等进行试验获得的数据稳定在某个数据区间范围内，另一方面，是多次独立试验获得的。

二、试验步骤

试验步骤是对试验一步一步如何开展的详细操作指示，在编写上遵守可重复可再现原则和准确度原则。有时为了消除系统误差等影响，编写试验步骤时还会引入预试验或验证试验、空白试验等试验,以及仪器校准等内容。

试验步骤的编写通常遵守以下规则:①试验中的操作或系列操作有多少,就要按照逻辑次序规定多少,试验步骤也相应分成多少条;如果试验步骤很多,那么可以对试验步骤中的操作或系列操作按照逻辑次序分组,然后依据分组对条进一步细分,逐条规定试验步骤;②为了便于陈述、理解和应用试验步骤,每个操作都使用祈使句,并在适当的条或段中以容易阅读的形式给出;③为避免重复介绍试剂或材料、仪器设备的特性,可以在试验步骤中试剂或材料、仪器设备名称后的括号内给出它们的条目编号;④如果在试验步骤中可能存在危险(例如,爆炸、着火或中毒),且必须采取专门防护措施,则需要在"试验步骤"的开头用黑体字标出警示的内容。必要时,可在附录中给出有关安全措施和急救措施的细节。

有时,为了确保准确度,消除系统误差等影响,还会在试验步骤中引入预试验或验证试验、空白试验、比对试验、平行试验。

(一)预试验或验证试验

预试验或验证试验是在每次试验之前,用有证书的标准物质(标准样品)、合成样品、已知纯度的天然产品或少量样品进行试验,摸索出最佳的试验条件或验证试验方法的有效性。通常,进行预试验或验证试验会涉及对所用仪器的预先测试(例如,测试气相色谱仪的性能特性)、对仪器(包括组装后的仪器)功能的验证。

(二)空白试验

空白试验是指在不加试样的情况下,采用相同的试验步骤,取相同量的所有试剂进行试验。其作用是排除试验的环境(空气、湿度等)、试验所用的试剂(指示剂等)、试验步骤(误差、滴定终点判断等)等对试验结果的影响。通常,空白试验与正常试验平行进行。

(三)比对试验

比对试验是指设置两个或两个以上的试验组,按照预先规定的试验条件、试验步骤等就同一试样进行试验。其作用是考虑或消除某种现象的干扰(例如,"背景"颜色、本底噪声)。如果需要进行比对试验,应给出试验步骤的所有细节。

（四）平行试验

平行试验是指取两个以上相同的试样,以完全一致的操作者、试验步骤、仪器设备、试剂材料、试验条件进行试验,看其结果的一致性。其作用是防止偶然误差的产生。

如需进行平行试验,可以在试验的开头陈述,"平行做××试验"。

（五）仪器校准步骤的编写

为了确保准确度,如果每次试验前都需要对仪器进行校准,并且需要规定校准步骤,那么宜将校准步骤作为一条纳入"试验步骤"之前的适当位置。这种情况下,不建议在"仪器设备"一章规定仪器校准的步骤。

在试验步骤中编写仪器校准相关内容时,通常遵守以下规则:①使用祈使句给出校准的详细步骤,如果需要,还可以给出校准频率(例如,批量测试时);②如果针对仪器校准有适用的标准化文件,那么需要引用现行适用的标准化文件;③针对特定仪器,编制校准曲线或表格以及使用说明。

三、试验数据处理

这一要素的编写需要对所得到的试验数据或观察到的现象进行描述和处理的过程,主要给出录取各项数据的规则、试验结果的表示方法或计算方法。

（一）试验数据的录取

试验数据分为试验开始前的初始数据和试验过程中直接从仪器设备、标准工作曲线上录取的数据。试验标准中需要列出试验所要录取的各项数据。根据实际情况,有时还需对试验数据进行修正。如果需要修正,则需明确如何修正。

（二）试验结果的表示方法或计算方法

试验结果的表示方法或计算方法通常以公式的形式给出。在给出计算方法时,需要说明:

(1) 计算公式;
(2) 公式中使用符号的含义;
(3) 表示量的单位;
(4) 表示结果所使用的单位;
(5) 计算结果表示到小数点后的位数或有效位数。

四、其他规范性技术要素的编写

为确保所编制的试验标准能够为任何操作者、使用不同的仪器设备对同一试样进行试验,或者帮助使用者理解和使用试验标准,视情况,试验标准还可能会涉及原理、试验条件、试剂或材料、仪器设备、试样、精密度、试验报告、警示等规范性技术要素。其中,设置要素原试剂或材料、仪器设备、试样的目的是确保标准中描述的试验方法可重复可再现;设置要素原理、精密度、试验报告、警示的目的是帮助使用者理解和使用试验标准。

(一)警示

"警示"用于给出在所测试的试样、试剂或材料以及试验步骤对健康或环境可能有危险或可能造成伤害的情况下的注意事项,以引起文件使用者的警惕。通常,表达警示的文字使用黑体字。

根据危险的来源不同,"警示"的内容置于标准的不同位置。如果危险属于一般性的或来自所测试的试样,则在正文首页文件名称下给出;如果危险来自特定的试剂或材料,则在"试剂或材料"标题下给出;如果危险属于试验步骤所固有的,则在"试验步骤"的开始给出。

(二)原理

"原理"用于指明试验方法的基本原理、方法性质和基本步骤,通常使用陈述型条款表述。

涉及化学分析试验方法,考虑到文本理解和计算的需要,还可以给出主要反应式。

(三)试验条件

"试验条件"通常用于规定开展试验所需的环境条件要求,如温度、湿度、气压、风速、流体速度、电压和频率等。通常使用陈述型条款表述。

(四)试剂或材料

"试剂或材料"用于给出试验中所使用的试剂和/或材料的清单,包括市售的试剂或材料,以及配制的试剂。视情况,试剂和/或材料使用"可选的引导语+清单"的形式给出。根据试验所使用试剂和/或材料的具体情况,"试剂或材料"一章可使用"试剂""材料"或"试剂和材料"作为标题。在"试剂或材料"中,引导语是可选的。当试验所使用的大多数试剂和/或材料具有相同的主要特性(例如,试验所使用的大多数试剂的纯度为分析纯)时,建议使用引导语引出。

在化学分析试验方法中,在列出具体试剂之前,如适用,给出:"除非另有说明,在分析中仅使用……"的表述句式。

试剂和/或材料清单中应给出试验中所使用的试剂和/或材料,不应专门列出水溶液,也不应列出仅在制备某试剂和/或材料过程中所使用的试剂和/或材料。在编写时,主要涉及两方面:一是清单中需要给出的内容;二是清单中试剂和/或材料的排列次序。需要注意的是,即使只有一个试剂和/或材料,也要列出清单。

试剂和/或材料清单通常包括三部分:条目编号、试剂和/或材料的名称以及名称后同一行上对该试剂和/或材料主要特性的描述,其中,试剂和/或材料的名称与主要特性之间建议用冒号隔开,在描述主要特性时建议使用陈述型条款。特殊情况下,根据需要还可能会在特定试剂和/或材料清单之后的段中给出制备方法、标定方法、贮存注意事项等内容。

在给出试剂和/或材料的名称时,对于化学品,建议给出按照《无机化学命名原则》和《有机化学命名原则》的规定命名的化学名称,尽量避免使用商品名或商标名。对于有结晶水的固体试剂或材料,要给出水合物的化学名称和/或化学分子式,以表明结晶水。

在描述试剂和/或材料主要特性时,根据需要,给出浓度、密度、纯度等特性;如果试剂有对应的化学文摘登记号,建议给出相应的登记号。

在编写制备方法或标定方法时,通常,对于溶液、悬浮液、标准滴定溶液、标准溶液,给出制备方法;对于标准滴定溶液、标准溶液,必要时要说明其标定方法。如果所用试剂使用通用的制备和核验方法,已经存在现行有效的标准,则要引用这些标准。如果要验证试剂中不含干扰成分,要给出为此所进行的试验。

在编写贮存注意事项时,通常给出贮存方法、贮存期等内容。

试剂和/或材料清单按照下列顺序编排:①以市售形态使用的试剂和/或材料(不包括溶液);②溶液和悬浮液(不包括标准滴定溶液和标准溶液);③标准滴定溶液和标准溶液;④指示剂;⑤辅助材料(干燥剂等)。

(五)仪器设备

"仪器设备"用于给出试验中所使用的仪器设备的清单,包括市售的和非市售的。即使只有一个仪器设备,也要列出清单。仪器设备清单通常包括三部分:条目编号、所使用的仪器设备的名称及其主要特性,其中,仪器设备的名称与主要特性之间建议用冒号隔开,在描述主要特性时建议使用陈述型条款。

对于市售仪器设备,需要提及有关实验室的玻璃器皿和仪器的国家标准化文件和其他适用的标准化文件。根据需要,还可以提出仪器、仪表的计量、检定或校准要求,但不宜单独规定仪器校准步骤。

对于非市售的仪器设备,需要给出仪器设备的规格和安装准备等要求,以便其他各方能进行对比试验。特殊情况下,还可以给出仪器设备的性能参数。对于特殊类型的仪器设备及其安装方法,如果安装准备要求的内容较多,那么建议这些内容在附录中给出,正文中只列出仪器设备的必要特性,并辅以简图或插图。

(六)试样

"试样"用于给出制备试样的步骤和试验前试样需要满足的条件。在试验标准中,试样是指由实验室样品制备的从中抽取试料的样品,可以是流程性物料,也可以是制成品、半成品或部件,如手机、改装的半成品等。"试样"是一个统称,在不同的情况下,可能指试件、试料等。在编写时,"试样"可以作为单独要素编写,也可以并入要素"试验步骤"中。

"试样"通常规定以下两方面的内容:

(1)制备试样的步骤。通常使用祈使句作出规定。如果需要,在步骤中还要陈述或用公式表示称量或量取试样的方法(例如,使用移液管量取 50mL 工业用乙二醇试样),以及所需的测量准确度。

(2)试验前试样需要满足的条件,例如尺寸及数量、技术状态、特性(如粒度分布、质量或体积)等。如果需要某种特定形状的试样,那么还要注明包括公差在内的主要尺寸。为了便于理解,也可辅以显示试样详细信息的示意图。

如果每次试验前都需要制备试样,且制备工作不需要复杂的描述,那么可以将试样制备相关内容并入试验步骤中。当并入试验步骤中时,通常将试样制备相关内容和试验的操作按照逻辑次序分组,然后依据分组对试验步骤作进一步细分。在这种情况下,可以使用"试样制备(准备/处理)和试验步骤"作为标题。在表述时,试样制备相关内容也使用祈使句。

(七)精密度

"精密度"用于给出试验方法的精密度数据。对于试验数据是连续分布的量值的试验标准,需要规定与精密度有关内容。如果试验数据是计数的数字,尚无精密度评估的有效办法,在标准中无须给出精密度数据。在具体试验标准中,根据情况可以选择给出重复性条件或再现性条件下的精密度数据。

在给出精密度数据时,需要包括以下内容:①指明按照 GB/T 6379《测量方法与结果的准确度(正确度与精密度)》的有关部分或其他适用的标准化文件计算得出的精密度数据;②指明精密度是用绝对项还是用相对项表示。

对于经过实验室间试验的方法,还需要在附录中给出实验室间试验得到的统计数据和其他数据。

(八)试验报告

"试验报告"用于给出使用某种试验方法进行试验所需记录和报告的内容。通常,在试验标准中对试验报告的内容作出规定时,至少包括以下几个方面。

(1)试验对象:指明试验所针对的具体试样及其相关信息,例如试样的名称、数量、来源等。

(2)所使用的标准化文件:指明试验所使用的标准化文件编号。

(3)结果:给出针对每个试样进行测试/测量的数据或观察到的现象,并根据结果表示方法或结果计算方法给出试验结果。

(4)观察到的异常现象:记录试验过程中观察到的异常现象或出现的任何其他异常。

(5)日期和时间:指明试验时间和日期、试验报告出具日期等内容。

如果试验标准中针对某种特性给出了多种试验方法,那么,还需要指明所使用的方法。

第五节 规范标准

对产品、过程或服务等标准化对象进行标准化,典型的做法之一就是在标准中规定这些标准化对象需要满足的要求。如果有必要判定声称符合这些标准的各种活动及其结果是否满足了这些要求,就要在标准中描述对应的证实方法,这样形成的标准即是规范标准。规范标准的功能是通过提供可证实的要求对标准化对象进行"规定",其核心技术要素包括"要求"和"证实方法"。这两个要素是规范标准区别于其他类型标准的一个显著特征,它们的有机结合使得判定各种活动及其结果是否符合标准中的规定成为可能。因而规范标准可以作为采购、贸易的基础,作为判定产品、过程或服务符合性的依据,作为自我声明、认证的基准。规范标准的起草应遵守 GB/T 20001.5—2017 确立的规则。

一、基本原则

起草规范标准需要遵循两个原则:性能/效能原则和可证实原则。

(一)性能/效能原则

性能/效能原则是标准中要求的表述原则。规范标准通常可以从不同方面对标准化对象规定要求,既可以对性能/效能特性,还可以对描述特性,也可以对与标准化对象有关其他特性规定要求。性能/效能原则就是解决针对标准化对象的哪些特性或方面规定要求,从而对其进行标准化的问题。掌握这一原则需要在了解什么是性能/效能特性、描述特性以及其他特性的基础上,进一步理解性能/效能原则。任何产品、过程或服务都具有其特定的功能。性能是"反映产品功能的某种能力";效能是"反映过程或服务功能的某种能力"。由此可见,性能、效能都是反映标准化对象所具有的功能的某种能力,只不过"性能"是针对产品而言,"效能"是针对过程或服务而言。而特性是"标准化对象所具有的可被辨识的特定属性",它通常被赋值。综上,性能/效能特性就是反映标准化对象功能的可被辨识的特定属性,这种属性通常被赋值。

描述特性是"与产品使用功能相关的设计、工艺、材料等特性"。描述特性是对产品本身特性的描述,往往可以显示在实物上或图纸上,如在图纸上描述或标注的产品尺寸、结构、粗糙度等。对于过程标准、服务标准,可能还会涉及与活动/服务有关的其他特性,如过程运作的控制条件、服务环境、活动内容等。

性能/效能原则是规范标准中要求的表述原则,即标准中的要求由反映产品性能、过程或服务效能的具体特性来表述,尽量不使用产品的描述特性或其他特性(如过程运作的控制条件、服务的外部条件/环境、活动内容等相关特性)来表述,通常不对生产过程、工艺,服务机构或人员的资质,服务设备设施等规定要求。

1. 优先考虑从性能/效能特性的角度规定要求,以便给技术发展留有最大的自由度

从产品性能、过程或服务的效能对标准化对象提出要求,而不对产品的描述特性,或过程运作的条件,服务的外部环境、机构人员的资质、服务设备设施等规定要求,可以给技术发展留有最大的自由度。由于相对产品的性能、过程的效能来说,产品的描述特性,过程或服务的其他特性是多种多样的。当标准从性能/效能特性的角度提出要求时,不同的生产/操作/服务者可以发挥各自的特长,如技术、设备、人员特点、外部条件等,通过选择适合自己的路径,采取各自的技术、方法达到性能/效能特性要求的"结果",从而提供符合标准所要求的产品、过程或服务。所以,遵循性能/效能原则可以充分发挥标准使用方的优势和创造力,促进技术创新和进步。

2. 综合考虑选择从描述特性或其他特性的角度规定要求

性能/效能原则是针对标准化对象规定要求时优先考虑的原则。在遵守这一

原则时，有可能受到具体情况的限制，需要在是用性能/效能特性表述要求，还是用其他特性表述要求之间，经过权衡后作出选择。考虑性能/效能原则有可能会面临以下四种情况：

（1）在选择相应的特性时，有可能无法确定恰当的性能/效能特性，或者虽然特性能够确定，但无法给出明确的特性值。

（2）虽然特性和特性值都能够确定，但是没有适用的证实方法。按照可证实原则，以性能/效能特性表述要求，需要描述相应的证实方法。如果目前没有适用相应特性的证实方法，就不应选择从性能/效能特性规定要求。

（3）即使存在相应的证实方法，但可能该方法的证实过程非常复杂，需要花费很长的时间并且耗费较多的资金。

（4）为了达到安全与健康的目的，可能需要选择（有时还是必要的）用描述特性或其他特性规定要求，例如规定结构细节（如保证安全的防错装结构），材料的有害化学成分的含量（如为了保障健康），加工过程（如保证安全的压力容器的焊接工艺），对导游在旅游过程中的具体行为作指示（如具体的安全提示，以保证安全）等。

上述四种情况中，遇到第一、二种情况，就不应从性能/效能的角度规定要求；遇到第三、四种情况，则需要认真地分析研究、权衡利弊。因此，在编写规范标准的要求时，首先要考虑从性能/效能特性的角度规定要求；其次要综合各种情况，考虑是否需要从描述特性或其他角度规定要求。

3. 不遗漏对标准化对象的功能有重要影响的性能/效能

在遵守性能/效能原则时，需注意确保要求中不遗漏对标准化对象的功能产生重要影响产品性能或过程/服务效能。对标准化对象进行功能分析后确定标准的技术要求，可以避免类问题的发生。规范标准的标准化对象通常并不是只有一个功能，对于制成品或系统，复杂的过程服务等常常具有为数众多的功能。要根据标准化对象的预期目的系统地对其功能进行析，明确它们的功能定位，确定必要功能，剔除不必要功能，从而最终确定需要对哪些特性规定技术要求。必要功能是实现标准化对象预期目的必须具备的功能，也是用户购买该产品或服务首先要考虑的因素。不必要功能是指使用者不需要的功能，即多余的功能。标准化对象的功能与其功能定位密切相关，对于某些等级的产品或服务是不必要的，对于高级别的产品或服务可能就是必要功能,因此需要进行全面的功能分析。对标准化对象进行功能分析后,再依据确定的功能选择标准中需要规定的要求。

在进行产品功能分析时,要注意确认产品的具体用途。同一类产品的具体用途不同,标准中对产品的性能要求也会不同。

(二) 可证实性原则

规范标准中编写"要求"还需要满足可证实性原则,即标准中只规定能够在较短时间内得到证实的要求。可证实性原则的一个推论就是,不是所有根据标准编制目的,对标准化对象的特性规定的要求都可以写入"要求",只有那些有适用的证实方法的要求才能写入规范标准中。产品、过程、服务中的要求无法证实时,只能视作生产者作出的保证。因此,这类要求只能视作保证条件,它是合同概念或商业概念,不是技术概念,不属于标准的内容,所以不应写入标准。遵守可证实性原则需要符合以下规则。

1. 只应规定能够证实的要求

只有能够证实的要求,才可以规定在标准中的"要求"要素中。无论标准化对象的某个特性多么重要,只要没有证实方法就不应写入标准。

2. 不必规定无须证实的要求

如果有些要求根本无须证实,则不必在技术要求中规定。多数不需要证实的要求往往是由于曾经需要证实,因此写入了标准,但由于各种原因(如产品材料的改变)原来需要证实的要求可能不再需要证实了。

3. 不宜规定不能在较短时间内证实的要求

如果一项要求(如产品的稳定性、可靠性或寿命等)无法在相对较短的时间内被某种证实方法证实,那么该项要求就不宜规定在标准的要求中。例如,产品的使用寿命显然是产品的重要指标之一。除非存在着既省时又适用的老化试验,能够在较短时间证明该产品的使用寿命,否则,即使存在一个试验方法,只要不能在较短时间内证实,也不宜将相关要求写入规范标准。

4. 只应写入量化的要求

要素"要求"中的所有要求应定量并使用明确的数值表示,例如"按 5.3 给出的方法测定,产品的数据读取速度不应低于600kB/s,数据写入速度不应低于500kB/s"。凡是不能量化或没有量化的要求不应写入标准的"要求"要素中。标准中不应使用诸如"足够坚固""适当的强度""相对完善""得体的仪容仪表"或"恰当的菜单设计"之类的定性表述来规定要求,例如"热水器进出水管应具有足够的强度""出水温度应适宜"等。

标准中描述了证实方法并不意味着声称符合标准时,一定要实施相关试验进行证实。之所以描述相应的试验方法,只是为一旦需要证实,能找到所依据的试验方法。这些方法只有在应有关方面要求时才予以实施。

二、"要求"的表述

"要求"是规范标准中的核心技术要素之一。该要素应全部由要求型条款构成。针对标准化对象需要规定的一个特性通常形成一个要求型条款,要求中需要对多少个特性提出要求,就有多少个要求型条款。按照性能/效能原则,这些要求型条款中大多数应该规定标准化对象的性能/效能特性,如果有必要还可能对少量的描述特性或其他特性规定要求。

(一)要求表述的总体要求

规范标准中的要素"要求"应通过直接或引用的方式规定以下内容:①保证产品/过程/服务适用性的所有特性;②特性值;③适宜时,描述证实方法。

当标准化对象为系统时,规范标准中的要素"要求"应通过直接或引用的方式规定以下内容:①保证完整的、已安装的系统适用性的所有特性,根据具体情况,还可包括系统各构成要素(或子系统)的特性;②特性值;③适宜时,描述证实方法。

根据具体情况,还可包括针对确立系统的构成要素(或子系统)以及各要素(或子系统)之间的关系的规定。

(二)用文字表述要求型条款

用文字表述要求型条款时,每个条款往往形成要素"要求"中的一条。用文字规定对"结果"的要求时,应将前文"要求表述的总体要求"中对"要求"规定的内容表述为要求的形式,即将特性、特性值、证实方法以及要求型条款的能愿动词"应/不应"等四个元素有机地排列形成要求型条款,典型表述形式为:

(1)按"证实方法"试验/测定/验证,"特性""应"符合/达到"特性值"的规定;

(2)按照"证实方法"试验/测定/验证,"特性""应"大于/小于"特性值";

(3)"特性"按"证实方法"试验/测定/验证"应"符合/达到"特性值"的规定;

(4)"特性"按照"证实方法"试验/测定/验证"应"大于/小于"特性值"。

上述典型句式中,唯一的能愿动词"应/不应"的位置是在"特性值"之前,不应放在"证实方法"之前,以表明"特性值"是声明符合标准时需要满足的;而由"按/按照"提及的"证实方法"并不是一定要做验证,只是一旦需要证实,则需要遵守由"按/按照"形成的指示性条款的指示使用相应的证实方法进行验证。

典型句式中,根据具体情况证实方法的描述可以有以下不同的形式。证实方法简单时,可以直接在条款中描述相应的方法;证实方法较复杂时,可以另外编写一条证实方法,再在要求型条款中采取规范性提示的方式;证实方法篇幅较大时,可将其纳入规范性附录×,再在要求型条款中指明该附录;已经有适用的试验方法标准时,可在要求型条款中采取引用的表述形式。

按照要求的典型表述形式:按"证实方法"试验/测定/验证,"特性""应"符合/达到"特性值"的规定,规范标准中的证实方法理应在要求中描述或引用证实方法标准,但往往描述证实方法需要占较多的篇幅,因此多数情况下会将证实方法另设为一章、一条或移作附录,再在要求中规范性提及相应的章、条或附录。

在过程标准或服务标准中,经常会对"过程"规定要求。这时,大多情况下是针对个人的行动(做或如何做或不做)提出要求。表达"过程"的要求型条款通常只包含三个元素,典型表述形式是:"谁""应""怎么做"。

(三)以表格形式表述要求

必要时(如条款数量较多,或为了便于对比等),规范标准中的"要求"可使用表格表述。这时,应在正文中指明表格之处使用能愿动词"应/不应"及其等效表述,将表格中的内容赋予"要求"的属性,如"……应符合表×的规定"。由于表格中是要求的内容,如果在指明表格的条文中没有使用表达要求的能愿动词,就无法判定表格中的内容是否为要求型条款。表述要求的表格的表头的典型形式为:编号/序号、特性、特性值、证实方法等。其中,编号/序号栏中的编号/序号的形式应与标准的章条编号无关;证实方法栏通常给出该标准中描述的证实方法的章条号,或者给出引用的其他标准的编号和/或章条号。

示例9-7

编号	特性	特性值	证实方法

三、"证实方法"的编写

"证实方法"是规范标准的另一个核心技术要素。规范标准需要满足"可证实性原则",标中要针对每条要求描述对应的证实方法,以便必要时,能够通过证实方法验证标准化对象是符合标准中的要求。

(一)证实方法的类型以及包含的内容

规范标准中的证实方法通常包括三种类型:试验/测量方法、留痕方法、主观评价方法等。产品规范标准通常采取试验/测量方法;过程规范标准和服务规范标准通常采取留痕方法、主观评价方法。当然,根据具体情况这些方法可以被各类规范标准使用。

1.试验或测量方法

试验/测量方法,包括诸如物理试验方法、化学分析方法、电性能测量方法等。编写试验/测量方法需要描述用于证实产品、过程或服务是否满足要求以及保证结果再现的所有条款,通常包含:①试验/测量步骤;②数据处理(包括计算方法、结果的表述)。

综合考虑相关需要等因素,该方法还可增加其他内容,例如,试验条件、试剂或材料、仪器设备、样品等。规范标准中的试验/测量方法通常不涉及试验方法的原理、化学反应式、精密度和测量的不确定度等内容。

2.留痕方法

留痕方法,包括填写操作/过程记录、做标记、拍照、录音、录像、文件存档、扫码上传、履行网络程序等。

留痕方法需要描述的内容包括：实施留痕的主体、频率（或持续时间、起始时间、实施时间）、留痕材料的保留时间，以及留痕的项目、节点、步骤等。

3. 主观评价等方法

主观评价等方法，包括目测检查、审核、客户/服务对象确认/评价等。

主观评价方法需要描述的内容包括：实施评价的主体、实施频率（或持续时间、起始时间、实施时间）、目测检查的观察方法、确认/评价的内容、指标、实施评价的程序、操作步骤，评价结果计算方法等。

（二）对编写证实方法的通用要求

规范标准中的证实方法与单独的试验/测量方法标准不同，它只是为了证实标准化对象是否符合标准中的要求而设置的。也就是说，规范标准中描述的证实方法都是验证标准中的要求所需要的，不应包括没有对应要求的证实方法。

1. 每条要求都应有对应的证实方法

规范标准中针对要素"要求"中的每项要求都应描述对应的证实方法。因此，证实方法中只包含能够证实标准中的要求的必备内容即可，不必要包含试验/测量方法标准中的所有内容。

2. 引用现行适用的标准

编写证实方法时，如果存在现行适用的标准，那么应引用这些标准；如果没有适用的标准，才可在标准中描述相应的证实方法。

3. 给出仲裁方法

如果存在多种适用的证实方法，原则上规范标准中只描述一种方法。如果由于某种原因需要列入多种方法时，那么应指明仲裁方法。

4. 证实方法中不应包含要求

规范标准中只能在要素"要求"中规定要求，要素"证实方法"中只应包含为了证实要求描述的方法，而不应包含要求。

(三)证实方法在规范标准中的呈现形式

根据具体情况,证实方法在规范标准中可以有三种呈现形式:作为单独的章、并入要求中、作为标准的规范性附录。产品规范标准中的证实方法(如试验/测量方法)通常编写为单独的章。过程规范标准、服务规范标准的证实方法大多并入要素"要求"中,通常在规定的要求之后单独设条描述证实方法。

1. 作为单独的章

证实方法通常作为标准中单独的章来编写。在章之下,每一个证实方法通常编写为一个条。如果标准中的每个证实方法需要描述的内容都较多,可以考虑将每一个证实方法都作为一个单独的章来编写。

规范标准中描述的每个证实方法,无论是作为证实方法一章中的条,还是各自作为单独的章,其先后次序都应与其具有对应关系的"要求"的先后次序相一致。

编写试验/测量步骤、数据处理等内容应按照 GB/T 20001.4—2015 规定的有关规则编写。

2. 并入要求中

如果证实方法的内容较少,也可以将证实方法的内容并入要素"要求"中。如果标准中每个证实方法都可以并入要求,例如每个证实方法都引自其他标准,则规范标准中可以不设证实方法一章。也就是将标准中的要素"要求"与"证实方法"合并,形成以"要求与证实方法"为标题的章。

规范标准中的证实方法是为了证实标准中的要求而存在的。要素"证实方法"可以并入"要求"。这种情况并不意味着标准中没有了"证实方法"这一要素,而是两个要素都有,只不过进行了合并。合并后的章、条标题宜使用"……要求与证实方法"。

3. 作为标准的规范性附录

如果标准中需要描述的证实方法的内容较多,那么可以考虑将该证实方法移作附录。这种情况下,如果在要求中使用典型句式提及证实方法,如"特性"按"证实方法"试验/测定/验证"应"符合/达到"特性值"的规定,应直接指明移作附录的证实方法。也就是说,不应在要素"要求"中规范性地提示描述证实方法的章、条,再由章、条提及附录,这样会使得标准使用者经过两次查找才能找到相应证实方法的内容。

四、产品规范标准

产品规范标准中表述要求时首先需要遵守性能原则,即由反映产品性能的具体特性及特性值来表述要求。根据具体情况,产品规范标准的核心要素"要求"中的具体要求需要按照以下次序进行选择:首选直接规定反映产品使用性能的特性;其次,在无法规定或无法找到使用性能的特性,或者有必要时,推荐规定理化性能、生物学性能、人类工效学性能等特性(这些特性也可以作为"间接反映使用性能的可靠代用指标");再次,如果确有必要,允许考虑对产品的描述特性(如结构、成分、材料等)或环境条件规定要求;最后,通常情况下不建议产品规范标准中对生产过程、工艺等规定要求。

(一)要求条款的表述形式

在产品规范标准的"要求"这一要素中,由性能特性表达要求形成的条款为性能条款,由描述特性表达要求形成的条款为描述条款。

(二)由性能特性表达要求

产品规范标准通常针对以下类别的产品性能规定要求。

1. 使用性能

在标准中首先要考虑规定直接反映产品使用性能的特性,例如:洗衣机的洗净率、对织物的磨损率;热水器的加热效率、出水温度稳定性能;零件的耐磨性;设备的功率、灵敏度、可靠性等。

可靠性是指在一定时间内、一定条件下无故障地执行指定功能的能力或可能性,是产品最重要的使用性能之一。产品规范标准中规定可靠性要求时,需要有定量的指标。由于产品的广泛性,不同产品、不同场合下可靠性很难用一个统一的指标来表达。通常在不同的情况下会使用不同的指标,通常有可靠度、故障率、失效率、平均寿命(MTTF)、平均故障间隔时间(MTBF)或者强迫停机率(FOR)等。

2.理化性能

当理化性能(通常与标准化对象的性质直接相关)对产品的使用十分重要,或对产品使用性能的要求需要用理化性能加以保证,或者需要理化性能作为使用性能的代用指标时,应对产品的物理性能、机械性能、电磁性能、化学性能进行规定。理化性能是原材料标准首先考虑规定的性能,零部件或元器件标准也会经常涉及规定理化性能。理化性能通常规定产品的:

(1)物理性能,如产品的密度、黏度、粒度、溶解性、导热性等;

(2)机械性能,如产品的弹性、塑性、刚度、时效敏感性、强度、硬度、冲击韧性、疲劳强度等;

(3)电磁性能,如产品的绝缘强度、电场强度、电容、电阻、电感、磁感应强度、磁辐射等;

(4)化学性能,如产品的可燃性、不稳定性、酸度、碱性、氧化性、还原性、腐蚀性等。

3.人类工效学性能

人类工效学是研究人、机、环境相互间的关系,保证人们安全、健康、舒适地工作与生活,并取得满意的工作效果的学科。产品规范标准,尤其是针对制成品(消费品),或者在人机界面的用户体验影响产品的使用效果时,常常需要针对产品的人类工效学性能提出要求,以保证产品不但可用,还要好用,满足舒适、效率的要求。考虑产品的人类工效学性能就是要使机器、设备、环境适应人的需求,具体来说就是要使产品满足人的生理、心理特性,包括视觉、听觉、味觉、嗅觉、触觉等外观或感官需求的特性。

针对人和机器在信息交换和功能操作方面的人机界面的要求是人类工效学性能重点考虑的方面之一。规定人类工效性能通常会对产品提出:①外观或感官方面的要求,如表面缺陷、颜色、噪声、口感、柔软度、舒适度等;②人机界面要求,如易读性(产品使用者接收信号、输入)、易操作性(产品使用者发出指令、输出)等。

4.环境适应性

环境适应性指产品在其寿命周期内的使用、贮存和运输等状态中,预期会遇到的各种极端应力的作用下,实现预定的全部功能的能力,即不产生不可逆损坏并能正常工作的能力，也就是产品对外部环境（使用环境、贮存环境、运输环境）的适应程度。

根据产品在运输、贮存和使用中可能遇到的实际环境条件，产品规范标准在要求中，常需要规定相应的指标，如规定产品对下列影响因素的适应程度：①机械影响，如振动、冲击、扭转等；②气候影响，如温度、湿度、大气压、海拔、阳光辐射、大气降水、盐雾、烟雾、灰尘等；③其他特殊影响，如生物、放射、电磁场、化学、酸碱度、工业腐蚀等。

（三）由描述特性或其他特性表达要求

产品规范标准，在对产品的性能特性规定要求的前提下，某些情况允许考虑对产品的描述特性（如结构、成分、材料等）或环境条件规定要求。

1. 结构

产品规范标准通常不对产品结构规定要求。然而，在为了满足产品的互换性、兼容性、相互配合或者为了保证安全的情况下，可对产品结构、尺寸等提出要求。规定产品结构尺寸宜给出结构图样，并在图上注明相应尺寸。

（1）满足安全要求的需要。当编制产品规范标准的目的包括保证安全时，标准中常常需要对产品的结构提出要求时需要规定严格的尺寸数值，还可能包括结构细节，例如保证安全的防错装结构。

（2）满足接口、互换的需要。如果产品规范标准的编制目的包含接口、互换性，或者标准化对象是零部件、元器件时，常常有必要对产品的结构提出要求。这种情况下，规定产品尺寸时往往需要规定公差，以满足接口、互换的需要。

2. 材料

产品规范标准中的制成品标准或系统标准通常不涉及材料要求。只有在为了保证产品的性能和安全，不得不对重要零部件所使用的材料进行规定时，才需要规定材料要求或指定产品所用的材料。

在需要对材料规定要求时，如果存在现行适用的相关材料标准，那么应引用这些标准；如果没有适用的标准，那么可将对材料性能作出的规定安排在附录中。在指定产品所用的材料时，可规定允许使用性能不低于有关材料标准规定的其他材料。对于原材料，只有在无法确定必要的性能特性时，才可直接指定，这时最好补充如下文字"……或其他已经证明同样适用的原材料。"

3. 生产过程、工艺

产品规范标准(尤其是国家标准、行业标准)通常不对生产过程、工艺等规定要求(如加工方法、表面处理方法、热处理方法等),而以成品试验来代替。然而,如果为了保证产品的安全性能,不得不限定生产过程、工艺条件(例如热轧、挤压),甚至需要检验生产工艺(例如压力容器的焊接等)时,可将相关规定安排在附录中。对于企业而言,因生产企业常常需要考虑对生产过程、工艺规定要求,但同时生产工艺可能会涉及企业的技术秘密、知识产权,因此,最好编制成单独的企业标准、工艺规范或者工艺规程。

五、过程规范标准

过程规范标准中表述要求时首先需要遵守效能原则,即由反映过程效能的具体特性及特性值来表述要求,优先考虑规定过程中关键节点的要求。根据具体情况,过程规范标准的核心要素"要求"中的具体要求需要按照以下次序进行选择:首先,选择规定过程效能的特性;其次,考虑对活动内容、控制条件进行规定。在过程规范标准中,根据实际需要,可在规定要求之前,陈述执行某个过程所履行的程序、阶段或步骤。

(一)过程效能

对于过程规范标准,要由反映过程效能的特性和特性值(如赞成率、通过率、检出率等)来表述要求。过程规范不应与规程标准相混淆,因此,不应对履行过程的具体行为作指示,也就是说,可以对过程提要求,但不应通过指示型条款或要求型条款形成操作步骤,指示执行者如何一步步地履行程序。

(二)活动内容

当无法确定反映过程效能的特性,或者当过程效能的实现需要活动内容加以保证时,可对活动内容或与活动内容有关的特性进行规定。例如,规定活动内容的构成和要求、特殊情况处理、及时告知、形成记录等。

(三)控制条件

当无法确定反映过程效能的特性,或者当过程运作的控制条件对于达到预期效果十分重要,或需要控制条件加以保证时,可规定与过程运作的控制条件有关的特性,例如,温度、湿度水分、杂质等。

六、服务规范标准

服务规范标准中表述要求时首先需要遵守效能原则,即由反映服务效能的直接规定服务具体特性及特性值来表述要求,优先考虑规定服务提供者与服务对象接触界面的要求。根据具体情况,服务规范标准的核心要素"要求"的具体要求需要按照以下次序进行选择:首先,直接规定服务结果的效果;其次,规定服务过程中的服务效能,如宜人性、响应性、普适性等特性;再次,特别需要时可以考虑规定服务内容、服务环境等;最后,除非特殊情况,通常不规定服务机构、服务人员、设备设施的要求。

(一)服务结果的效能特性

根据 GB/T 20001.5—2017,服务效果指"优先考虑规定反映服务需达到的效果的特性或预期交付给服务对象的服务的特性"。可以用诸如愉悦性、舒适性、便利性、正确率、洁净率、有效投诉率等具体单一的特性来表达,也可以用满意度这一综合指标来表达。服务规范标准首先应根据具体服务事项,研究确立直接反映服务效果的效能特性,或者说是用户体验的效果。比如,"便利性"可以用减少服务对象操作步骤、操作次数,或用所提服务代替被服务对象操作等作为特性指标。在无法找到直接反映服务效果的客观特性时,可以设计相应的评价方法,如体验后对愉悦性、舒适性的量化评价。也可以规定预期交付给用户的服务本身的特性。比如,对于翻译服务,可以规定交付给用户翻译件的正确率,保洁服务可以规定能够证实的洁净率,园林服务可以规定成活率/成长率等。

满意度通常是一个反映服务效果的综合指标,可以采取简单评价的方法,也可以设计专用的覆盖综合指标体系的评价方法,如包含愉悦性、舒适性、便利性等指标的评价。在评价方法的基础上可以对相应的满意度特性提出要求。如"按5.3描述的满意度评价方法进行评价,满意度指标应大于……"。

(二)服务过程的效能特性

当服务的功能及效能主要体现在服务过程中,或服务效果需要通过限定服务提供者的行为加以保证时,就需要对服务提供者与服务对象接触界面上的服务行为规定要求。通常涉及规定以下服务特性。

1. 宜人性

对服务提供之前、服务提供过程中和服务提供之后的行为规定要求,例如,对服务人员如何倾听服务对象需求、按时通知服务对象、使用简洁适用的语言(例如方言、外语等)回答问题等规定要求。

2. 响应性

规定反映提供服务及时性的特性,例如,服务持续时间、等待时间、反馈意见处理时间、突发问题处理周期、紧急突发情况应对等。

3. 普适性

当服务的适用范围和程度对于服务效果的实现非常重要时,就需要规定反映照顾和考虑所有服务对象需求的特性,例如,考虑老年人、残疾人、儿童、孕妇等特殊人群需求等。

(三)服务内容或服务环境

当无法确定反映服务效能的特性时,或服务效能的实现确需服务内容或服务环境加以保证时,服务规范标准中可以选择对服务内容或服务环境进行规定。

与服务内容有关的特性,包括诸如服务内容的构成、辅助服务提供的文件或材料等。与服务环境有关的内容,包括诸如服务场所的空间要求(如住宿面积的要求、住宿位置便利性要求等),服务环境温度、湿度、亮度、噪声等环境指标要求等。

(四)不建议规定的内容

除非特殊情况,服务规范标准不应对组织机构、人员资质或提供服务所使用的物品、设备等规定要求。

只有当选择不出拟标准化的特性或内容,不得不对机构或人员资质、设备设施等提出要求时,应先引用现行适用的标准;当没有适用的标准时,才可在附录中作出适当的规定。

第六节　规 程 标 准

规程标准的核心技术要素是程序确立、程序指示和追溯/证实方法,规定的是活动的程序构成、履行程序的行为指示、程序的阶段/步骤之间的转换条件(以下简称"转换条件")或程序最终结束条件(以下简称"结束条件")以及判断程序是否得以履行的追溯/证实方法。它们的有机结合使得判定各种活动是否履行了规定的程序成为可能。规程标准的起草应遵守 GB/T 20001.6—2017 确立的规则。

一、总体原则

起草规程标准需要遵守两项原则:可操作性原则和可追溯/可证实性原则。

(一)可操作性原则

可操作性原则是指标准中规定的履行程序的行为指示清晰、明确、具体、容易操作或履行,只要执行标准中规定的行为指示,并且遵守阶段/步骤之间的转换条件或结束条件,就可以顺利地履行完成标准中确立的程序。在阐述可操作性原则时,涉及了行为指示、转换条件和结束条件等三个概念。

1. 行为指示

行为指示是指针对具体行动或动作的指令、命令或安排。这些指令、命令或安排所针对的具体对象以及行动或动作的时间(或持续时间)、地点、要点等都是清晰的、明确的、具体的。除此之外,为了确保标准中规定的程序能够被相关方实施,以实现标准的功能,这些行为指示还要容易操作或履行。

2. 转换条件

转换条件是指从一个阶段/步骤进入下一个阶段/步骤需要满足的要求。这里的要求通常是对履行上一阶段/步骤所产生的结果的要求。为了确保程序相关阶段或步骤的履行是连贯的,相关阶段之间或相关步骤之间的划分是清晰的,转换条件应该是明确的、能够通过追溯或证实方法得以证明或证实的。

3. 结束条件

结束条件是指程序最终得以全部履行时需要满足的要求或所产生的结果。这里的要求可以是对履行程序所产生的结果的要求,也可以是对履行程序的追溯记录完整性等的要求;这里的结果是履行程序所得到的应用结果(例如通过安检程序允许未携带爆炸装置的人员和物品进入演出场馆、经过……栽培出脱毒马铃薯试管苗)。为了确保程序的完结是可证实的,结束条件也应该是明确的、能够通过追溯或证实方法得以证明的。

4. 遵守可操作性原则

遵守可操作性原则意味着,在确立规程标准中的程序时,总体考量整个程序的构成,按照一定的规律将程序划分为阶段或步骤;在规定程序指示时,要按照一定的规律对履行程序的具体行为给予指示,并且明确转换条件/结束条件,确保程序的每个阶段、步骤、行为指示的衔接是连贯的,程序的完成是明确的。

(二) 可追溯/可证实性原则

可追溯/可证实性原则是指文件中规定的程序是否被履行要能够通过溯源材料或有关证实方法得到证明或证实。

1. 可追溯

可追溯是指根据或利用已有的记录、标识等回溯程序履行情况的能力。在规程标准中,通常要求行为指示的履行是可追溯的,即能够通过追溯方法和溯源材料证明行为指示是否得以履行。

2. 可证实性

可证实性是指利用有关证实方法证实程序履行情况的能力。在规程标准中,通常要求转换条件或结束条件是可证实的,即能够通过某种证实方法证实转换条件或结束条件是否得以满足。

3. 遵守可追溯/可证实性原则

遵守可追溯/可证实性原则意味着:一方面,要素"程序指示"中的行为指示、转换条件或结束条件是明确的,能够通过一定的方法观测/测量/追溯,含混的行为指示、转换条件或结束条件通常是没有意义的;另一方面,在规程标准中要描述相应的追溯/证实方法。

在这里,需要注意的是,规程标准中描述追溯/证实方法并不意味着在声称符合规程标准时一定要实施。之所以描述这些方法,只是为了在需要证实符合性时指明所依据的方法,确保不同的相关方得到的观测/测量/追溯结果是可比较的,从而促进相关方的相互理解。因此,这些方法只有应有关方面(例如采购方、行政机关等)要求时才予以实施。

二、"程序确立"的编写

"程序确立"是对规程标准中所针对的具体程序的总体确立。根据具体情况,"程序确立"中给出的可以是进行某项活动的完整程序,也可以是程序的某个阶段。综合考虑内容的相关性、复杂程度以及内容结构的均衡等因素,程序确立的内容可以并入"程序指示"中,并位于"程序指示"的起始部分。

为确保规程标准中所针对的具体程序可操作,在确立程序时遵守以下规则:

(1)按照通常的逻辑次序确立程序的构成;

(2)根据程序的复杂程度,将程序划分为步骤;如果程序内含有的步骤很多,可以先将程序细分为阶段,每个阶段再进一步细分为步骤;

(3)当一个阶段/步骤存在多个可供选择的后续阶段/步骤时,阐明这些后续阶段/步骤各自的适用情形;根据实际需要,还可阐明这些供选择的后续阶段/步骤之间的关系。

三、"程序确立"的表述

"程序确立"的表述主要有两种方式:第一种是使用陈述型条款的文字陈述方

式;第二种是使用流程图方式。如果使用文字陈述方式足以清晰、明确地描述出程序的构成,那么可以仅使用文字陈述方式确立程序。如果程序很复杂,使用文字陈述方式不足以清晰、明确地描述出程序的构成,那么可以综合运用两种方式确立程序。在这种情况下,使用文字陈述方式描述程序构成的内容宜简练,如描述程序的主要构成阶段,必要时简单描述多个供选择的后续阶段/步骤的适用情形,且两种方式所描述的内容不应冲突或矛盾。流程图中常用的符号见表9-4。

流程图中常用的符号 表9-4

编号	符号	符号名称	符号类别	用途
1	▭	处理	处理符号	表示各种处理功能
2	◇	判断		表示判断,该符号只有一个入口,但可以有若干个可选择的出口
3	→	流线	流线	表示数据流或控制流,箭头的方向指示流向
4	⊐	注解符	特殊符号	用来标识注解内容,注解符的虚线要连接在相关符号上或框住一组符号,注解的正文靠近边线
5	▢	端点符		表示流程的起始或结束

注:选自 GB/T 1526—1989《信息处理 数据流程图、程序流程图、系统流程图、程序网络图和系统资源图的文件编制符号及约定》,做了适当改动。

四、"程序指示"的编写

"程序指示"规定的是履行规程标准中具体程序的明确操作安排。从内容上,主要包括行为指示和转换条件/结束条件两部分。从文件层次上,"程序指示"根据"程序确立"的情况来设置章或条。通常,阶段可以设置成章,步骤可以设置成条。

（一）行为指示的编写

行为指示的编写通常遵守以下规则：①从编排次序上，通常按照履行阶段/步骤的逻辑次序编排；②从表述上，使用指示型条款（用祈使句表达）；③从文件层次上，通常采用带有编号的列项的形式，以便更好地展现先后顺序。

如果在行为指示中可能存在危险，且需要采取专门措施，则需要在"程序指示"的开头用黑体字标出警示的内容，并写明专门的防护措施。根据实际需要，有关安全措施和急救措施的细节可以在附录中给出。

（二）转换条件/结束条件的编写

根据履行程序的需要，通常可以在每次发生阶段/步骤转换时或在关键阶段/步骤转换时规定转换条件。然而，当一个阶段/步骤存在多个可供选择的后续阶段/步骤时，应该针对每个后续阶段/步骤规定转换条件，并且保证这些转换条件之间是合理的、可区分的。

在程序结束时通常需要规定结束条件，尤其在标准中规定的是程序的某个阶段，或者是程序的阶段/步骤之间不需要规定转换条件时更应该规定结束条件。

在编写转换条件、结束条件时，应该使用要求型条款。对于符合履行程序想要达到的要求或预期结果的转换条件、结束条件，应该使用典型句式"只准许……"。对于其他转换条件、结束条件，结合具体情况，可以使用由能愿动词"应"表述的要求型条款。

五、"追溯/证实方法"的编写

"追溯/证实方法"描述的是与"程序指示"中的行为指示和转换条件/结束条件相对应的、用于判定程序是否得到履行的方法，包括追溯方法和证实方法。在编写时，这些方法既遵循着一些通用的要求，同时又各具特点。

（一）追溯方法和证实方法的类型

追溯方法包括过程（现场）记录/标记、录音、录像等，其具体方法是留痕。证实方法包括对比、证明文件、试验、测试和测量方法,其中,对比、证明文件的具体方法是留痕。

对于行为指示,通常考虑描述在关键节点的对应的追溯方法;对于转换条件、结束条件,通常考虑描述满足这些条件对应的证实方法。

(二)编写的一般要求

根据具体情况,追溯/证实方法在规程标准中可以有3种呈现形式:并入"程序指示"中、作为单独的章或作为规范性附录。在不同呈现形式下的章条设置规则可以参考本章第五节"三、'证实方法'的编写"。

无论采用哪种形式,在编写追溯/证实方法时,都需要遵守以下规则:①行为指示的关键节点以及每个转换条件、结束条件要有对应的追溯/证实方法;②如果存在现行适用的标准化文件,那么引用这些文件;③如果存在多种适用的追溯/证实方法,原则上只描述一种方法。由于某种原因需要列入多种方法时,需要指明仲裁方法。

需要注意的是,当追溯/证实方法作为单独的章时,需要按照与其具有对应关系的行为指示、转换条件、结束条件的先后次序编写。当追溯/证实方法作为单独的章或作为规范性附录时,在要素"程序指示"中不应规定行为指示、转换条件、结束条件。

(三)追溯/证实方法的内容及编写

追溯/证实方法不同,方法内容的侧重点以及编写规则也不同。

1.试验、测试和测量方法的编写

当证实方法为试验、测试和测量方法时,原则上,在编写时只需要描述试验、测试、测量步骤和数据处理(包括计算方法、结果的表述)方法。然而,为了确保试验、测试和测量的准度,还可以增加其他内容,例如,试剂或材料、仪器设备、技术条件、环境条件等。但是,通常涉及试验、测试和测量方法的原理等内容。

在编写试验、测试和测量方法内容时,需要遵守 GB/T 20001.4—2015 规定的试验方法编写规则。

2.记录/标记等留痕方法的内容及编写

在编写过程(现场)记录/标记、录音、录像、对比、证明文件等留痕方法时,从内容上,需描述实施该特定追溯/证实方法的主体、实施频率(或持续时间、起始时间、实施时间)、地点及记录/标记/录制/对比/证明材料的内容等。

第七节 指 南 标 准

根据 GB/T 20001.7—2017 相关定义,指南标准是"以适当的背景知识提供某主题的普遍性、原则性、方向性的指导,或者同时给出相关建议或信息的标准"。在两种情况下会编制指南标准:一是标准化主题过于宏观、复杂或还处在发展初期,由于技术发展水平或认识程度等原因还很难识别出具体的特性、程序或试验方法,还不具备编制规范、规程或试验标准的条件;二是对于那些宏观、复杂的标准化主题,已经可以识别出关于主题的特性、程序或试验方法,但直接编制规范、规程或试验方法标准可能会对该领域未来的发展形成限制,为了留有更大的空间,提供更多的选择,最好是只提供必要的指导。指南标准的必备要素是"需考虑的因素",有时为了加深对于主题的总体认识,也会设置"总则"这一要素。指南标准的起草应遵守 GB/T 20001.7—2017 确立的规则。

一、总体原则

起草指南标准需要遵循"指导方向明确"原则,该原则是"总则""需考虑的因素"的表述原则。也就是说,指南标准的技术内容需要构成一定的指导方向,并且提供的指导方向要清楚和能够把握。如果无法形成清楚、准确,且具有明确方向性的技术内容,那么意味着起草指南标准的基本条件还未成熟。遵守指导方向明确原则需要符合以下两个方面的规则:

(一)提供指导不可或缺

"指导"是指南标准中不可缺少的技术内容。如果指南标准中含有要素"总则",那么通常"总则"中的指导是编写"需考虑的因素"时需要依据的总框架,"需考虑的因素"中的指导是为文件使用者提供更具体明确的引导。

在提供指导的同时,指南标准通常会在"需考虑的因素"中给出相关信息(适当时包括背景信息),以利于加深对该主题的认识和理解。必要时,当对该主题的认识达到一定程度,还会提供相关建议。这样,指南标准的使用者便能够借助提供的明确指导或具体建议,进一步起草涉及相关主题的标准(通常为试验方法标准、规范标准和规程标准等)或技术文件,或者形成与该主题有关的技术解决方案,进而实现指南标准所要达到的目的。

(二)不应规定要求

指南标准中不应规定要求,不应含有"要求""总体要求""一般要求""规定"等措辞。如果需要强调,可以使用"……是至关重要的""……是十分必要的""……是……重要因素""最重要的是……"等词。例如,想要给出磨耗试验的温度条件时,不应表述为"磨耗试验的温度应控制在 15 ℃~20 ℃",可以使用表述"温度对磨耗试验有非常大的影响,是影响实验室测试和实际使用条件相关性的重要因素"等。

由于指南标准中必须提供指导,可能提供建议或给出信息,但是不应规定要求,因此指南标准不能直接应用于符合性判定或直接应用于各类活动的开展。

二、总则的编写

总则是对某主题的总体认识和把握,是经提炼总结形成适性的指导原则。根据具体情况,"总则"的标题还可为"总体原则""总体考虑""基本原则"等。在表述上,"总则"中通常使用推荐型条款或陈述型条款来提供指导。如果指南标准设置了"总则",那么应在"总则"的基础上编写"需考虑的因素"的内容。

三、"需考虑的因素"的编写

"需考虑的因素"是指南标准的核心技术内容,可以直接作为章标题。根据具体情况,其标题还可为"需考虑的内容""需考虑的要点"等,或者为更具体的标题,如"试验条件""听觉信息的可选方式""团体标准制定程序"等。在表述上,提供指导时,宜表述在"需考虑的因素"中相关章或条的起始部分,宜使用推荐型条款或陈述型条款;提供建议和给出信息时,宜在指导的基础上给出具体内容,提供建议应使用推荐型条款;给出信息应使用陈述型条款。

根据所涉及的标准化对象,指南标准一般可分为但不限于试验方法类、特性类和程序类等类别。指南标准的类别不同、所涉及的主题不同,"需考虑的因素"的具体结构和内容也会不同。按照指南标准的总体原则,这三类指南标准都必须提供指导,指导可以通过两种方式提供:一种是给出原则、方法或需要考虑的要点等,供文件使用者掌握;另一种是给出系列选择和如何进行选择的提示,供文件使用者选取。在提供这两种方式指导的基础上,都可以进一步提供建议和/或给出信息。"建议"要围绕指导的内容,尽量具体并易于理解和把握。"信息"主要指具有技术内容的资料、文件、案例等。需要注意的是,对于指南标准,不应在不提供指导的情况下仅仅提供建议和/或给出信息。

(一) 试验方法类指南标准需考虑的因素

试验方法类指南标准是在对于某项试验方法的原理、条件和步骤等还不十分明确,或者已有一种或多种方法,但在形成试验方法标准时还难以达成一致的情况下编写的指南标准。通过起草试验方法类指南标准,一方面可以提供针对现有试验技术认识的指导、建议或信息;另一方面,可以指导文件使用者形成相关的试验方法标准、技术文件,或者形成与试验方法有关的技术解决方案,从而直接应用于试验活动的开展。

试验方法类指南标准中要素"需考虑的因素"根据所涉及的主题选择和确定,一般包括试验原理、试剂或材料、试验条件、仪器设备、试验步骤、试验数据处理以及试验报告等。根据对该试验方法的认识,将"需考虑的因素"中的内容分为两种情况:第一种情况,在"需考虑的因素"中,提供方法性质、原则和需考虑的要点等。其中,方法性质一般给出具体"需考虑的因素"涉及的多种方法,以及这些方法的本质属性。需要注意的是,在需考虑的因素中,可以单独提供方法性质、选择原则和需考虑的要点,也可以根据实际情况以组合的形式给出。第二种情况,在"需考虑的因素"中,针对试验方法涉及的原理、条件和步骤等,推荐系列选择以及选择的原则或规则,供文件使用者选取。

在一项试验方法类指南标准中,可以同时包含这两种情况。需要注意的是,试验方法类指南标准中不应包括具体的原理、条件和步骤。因为起草这类指南标准的前提便是对于具体的原理、条件和步骤等还不十分明晰,或者虽然已经有所掌握或了解,但希望文件使用者不被现有的方法所限制,而是可以在指南标准的指导下设计出更优的试验方法。

(二)特性类指南标准需考虑的因素

为了促进某些新兴或复杂的领域、系统的持续发展,有必要在发展初期就建立适用的规则。此时,与主题的功能直接相关的技术特性或特性值往往还不明确,这种情况下可以起草特性类指南标准。通过起草特性类指南标准,一方面可以提供针对特性选择、特性值选取的指导、建议或信息;另一方面,可以指导文件使用者形成相关的规范标准、技术文件,或者形成与特性有关的技术解决方案。

特性类指南标准中要素"需考虑的因素"的具体结构和内容与所涉及的主题有关,根据具体情况可考虑"特性选择""特性值选取"两个方面。根据对该主题"特性""特性值"的认识,将"需考虑的因素"中的内容分为以下两种情况:第一种情况,在"需考虑的因素"中,提供选择特性或特性值的要素框架、确定原则和需要考虑的要点等。这种情况下,往往在具体的要素"需考虑的因素"靠前的条中,给出选择特性或特性值的要素框架、确定原则,然后在具体的"需考虑的因素"中给出详细的需考虑的要点。第二种情况,在"需考虑的因素"中,针对特性推荐系列选项或选择的范围,或者针对特性值推荐供选择的系列数据或数据的范围,供文件使用者选取。

在一项特性类指南标准中,可以同时包含这两种情况。需要注意的是,特性类指南标准中不应规定要求,也不应描述证实方法。因为起草这类指南标准的前提便是对于主题的特性、特性值还不明晰,或者虽然已经有所掌握或了解,但希望文件使用者不被现有的特性和特性值所固定,而是可以在指南标准的指导下确定更合适的特性和特性值。

(三)程序类指南标准需考虑的因素

程序类指南标准是针对特定过程,在其活动的程序或程序指示还不十分明确,或者只能对程序指示推荐供选择的系列行为指示、转换条件/结束条件的情况下起草的指南标准。通过起草程序类指南标准,一方面可以提供针对程序确立、程序指示的指导、建议或信息;另一方面,可以指导文件使用者形成相关的规程标准、技术文件,或者形成与程序有关的技术解决方案。

程序类指南标准中要素"需考虑的因素"的具体结构和内容要能够表明该活动的规律,根据具体情况可考虑"程序确立""程序指示"两个方面。这两个方面可以同时被涉及,也可以仅涉及其中的一个。根据对该主题"程序构成""程序指示"的认识,将"需考虑的因素"中的内容分为以下两种情况:第一种情况,在"需考虑的因素"中,提供指导程序确立或程序指示的原则、方法和需要考虑的要点等。需要注意的是,在需考虑的因素中,可以单独提供原则、方法和需要考虑的要点,也可以根据实际情况以组合的形式给出。第二种情况,在"需考虑的因素"中,针对程序指示等,推荐供选择的系列行为指示、转换条件/结束条件,并给出选择的原则或规则,供文件使用者选取。

在一项程序类指南标准中,可以同时包含这两种情况。需要注意的是,程序类指南标准中不应规定履行程序的指示和条件,也不应描述证实方法。因为起草这类指南标准的前提便是对于该活动的程序或程序指示还不十分明晰,或者虽然已经有所掌握或了解,但希望文件使用者不被确定的程序所约束,而是可以在指南标准的指导下建立更优的程序。

第八节 评价标准

根据 GB/T 20001.8—2023 相关定义,评价标准是指"确立产品、过程、服务或系统的评价指标体系,规定评价指标的取值规则,并描述评价结果形成规则"的标准。当不仅需要判定标准化对象是否符合标准中规定的具体特性,还需要对产品、过程或服务,尤其是较复杂的系统进行综合评价时,典型的做法就是在标准中确立可量化的评价指标体系,规定评价指标的取值规则,并且描述评价结果形成规则。从标准化对象上而言,评价标准所针对的标准化对象是"产品、过程、服务或系统"。

评价标准其功能是"确立"评价指标体系(即针对哪些方面开展评价),"规定"取值规则以及评价结果形成规则(即如何对每个评价指标进行取值),并且描述评价结果形成规则(即如何形成最终的评价结果)。因此,它的核心技术要素包括"评价指标体系""取值规则"和"评价结果"三个部分。评价标准的起草应遵守 GB/T 20001.8—2023 确立的规则。

一、总体原则

起草评价标准有两个需要遵守的总体原则:覆盖全面且相互独立原则与可量化原则。

覆盖全面且相互独立原则是评价指标体系的构建原则,即标准中构建的评价指标体系能全面覆盖与评价目的相关的特性,而处于同一层级上的评价指标宜保持相互独立。

可量化原则是指标准中选择和确定的评价指标(无论是定量的还是定性的),能通过客观测量、主观判定或计算等方法取得量化的指标值,评价结果能以量化的方式表达。

二、核心要素及表述

"评价指标体系""取值规则""评价结果形成规则"这三个核心要素是规范性要素,可直接作为章标题。

(一)评价指标体系

评价指标的定义是"表征评价对象的可测量、可判定的特性"。这一要素用来确立由评价指标形成的结构框架、层级关系以及其他相互关系。评价指标体系宜建立在对评价对象、评价目的等进行综合衡量与分析的基础上。评价指标可能是定量的或者定性的。定量的评价指标表征评价对象的可测量特性,如某个地区的人均地区生产总值;定性的评价指标表征评价对象的可判定特性,如办事体验满意度等。

1. 指标体系框架结构

在针对具体评价对象构建评价指标体系时,通常采用分级的方式形成评价指标体系的结构框架,且不宜超过三个层级。在整个评价指标体系中,第一个层级和最低层级的评价指标具有典型的特点。

通常而言,第一个层级的评价指标要么是分解评价对象形成的若干方面,要么是分解评价目的形成的若干目标。

最低层级评价指标由于不再细分,因而它是能直接取值的指标。这个层级的评价指标宜根据取值时所使用的方法选择和确定:①使用客观测量方法取值时,从统计数据项目、性能特征、证据依据类别等方面设定评价指标;②无法使用客观测量方法取值时,从定性描述等方面设定评价指标。

2. 评价指标体系的表述

在评价指标体系中,每个评价指标所赋予的名称应是唯一的。评价指标体系的层级宜使用"一级评价指标""二级评价指标""三级评价指标"作为层级统称。根据具体情况还可使用诸如"维度层""要素层""因子层"等作为三个层级的层级统称。

评价指标体系宜用图呈现其结构框架,并用条文说明向下划分出层级时所依据的属性或者下一层级的评价指标从哪些方面或维度覆盖上一层级评价指标。

当评价指标体系中的层级较少、评价指标数量不多时,可将要素"评价指标体系"与"取值规则"合为一章。这时,评价指标体系宜用条文描述而不需要用图来展示。

(二)取值规则

取值规则这一要素是用来规定评价指标取得指标值的规则。不同层级/位置的评价指标所反映的评价对象的特性不同,因而取值规则也是不同的。最低层级评价指标可以按照以下给出的方法规定取值规则。

1. 统计数据法

统计数据法是由评价人员基于对统计数据的收集、整理、分析、计算取得指标值的方法。使用该方法时,取值规则应规定数据来源、有效数据的时间范围、单位、指标值计算方法等内容。

2. 试验/测量法

试验/测量法是由评价人员根据试验或测量的结果按照取值规则取得指标值的方法。使用该方法时,取值规则应规定所使用的试验/测量方法、试验/测量的结果、与试验/测量的结果相对应的指标值。

3. 证据判断法

证据判断法是基于所提供的证明依据,由评价人员对照判断准则取得指标值的方法。

使用该方法时,取值规则应明确规定指标值及其判断准则、支撑作出判断的证明依据。当所提供的证明依据能证明符合判断准则时,则取得对应的指标值。

支撑作出判断的证明依据为记录、录像、证书等文件化信息。

4. 量表法

量表法是通过选择调查对象填写等级评价量表,获得主观评价数据取得指标值的方法。

使用该方法时,取值规则应以两种相反的状态为两个端点,在两个端点中间按程度顺序排列不同的状态,并用不同的数值来代表某种状态。例如:最高/十分满意(5)、高/满意(4)、一般(3)、低/不满意(2)、最低/很不满意(1)。

常用的等级评价量表有5级评价量表、7级评价量表。

5. 主观赋值法

主观赋值法是基于一定的赋值依据,由评价人员根据经验、证明依据等情况,在规定的赋值区间内取得指标值的方法。使用该方法时,取值规则应规定针对每个评价指标的赋值依据、赋值区间。根据评价的目的,如果需要得到最低层级之上的评价指标(第一层级的评价指标、第二层级的评价指标)的指标值,其取值应由该指标下一层级的指标值计算得出。在这种情况下,应明确说明所使用的计算方法,或给出计算公式。

如果评价指标的计算涉及权重,可作出相应的规定。权重可使用条文,也可使用用表来表述。当使用表时,权重宜作为单独的列,置于相应评价指标之后。

评价指标的权重宜表述为百分数的形式。为了便于计算或直观理解评价指标的重要程度,评价对象或某个评价指标细分出的下一层级评价指标的权重之和应为100%。

(三)评价结果形成规则

评价结果形成规则这一要素用来描述形成评价结果的具体规则,应规定评价结果的计算方法。根据需要,还可以对以下内容作出规定:评价报告、评价结果的应用。

1. 评价结果的计算

在描述评价结果的计算方法时,应给出计算公式。

示例9-8

> ……
> 8 评价结果的计算
> 　　按公式(1)计算×××的评价结果:
> $$X = A \cdot a + B \cdot b + C \cdot c \quad\quad\quad\quad (1)$$
> 　　式中:
> 　　X——评价结果;
> 　　A——综合评价得分;
> 　　a——综合评价的权重;
> 　　B——一次一评得分;
> 　　b——一次一评的权重;
> 　　C——事一评得分;
> 　　c——事一评的权重。

如果评价结果的计算方法中涉及通过某些中间计算方法得出的数据项,应描述这些方法。在评价结果的计算、某些数据项的计算涉及指标值的无量纲化处理时,应给出处理的方法。根据需要,可指明标准中涉及权重的条或表。

2. 评价报告

如果需要对评价报告作出规定,那么应明确指明评价报告所包含的内容。通常，评价报告宜包括但不限于以下方面的内容：

（1）对象；

（2）目的；

（3）所依据的标准；

（4）实施时间、地点、评价人员等；

（5）主要过程和特殊情况的处理；

（6）评价结果。

3. 评价结果的应用

评价标准宜只规定评价活动遵守的规则以及评价结果形成规则。如何应用评价结果，通常由评价活动的组织实施机构根据具体情况决定。如果评价标准的发布机构同时是评价活动的组织实施机构，根据需要可在标准中对如何应用评价结果作出规定，例如，指明评价结果与是否通过评价或等级划分的对应关系。

第九节 产品标准

根据 GB/T 20001.10—2014 相关定义，产品标准是指"规定产品需要满足的要求以保证其适用性的标准"。产品标准除了包括适用性的要求外，也可直接包括或以引用的方式包括诸如术语、取样、检测、包装和标签等方面的要求，有时还可包括工艺要求。产品标准的起草须遵守 GB/T 20001.10—2014。

产品标准根据其规定的是全部的还是部分的必要要求，可区分为完整的标准和非完整的标准。由此，产品标准又可分为不同类别的标准，例如尺寸类、材料类和交货技术通则类产品标准。若标准仅包括分类、试验方法、标志和标签等内容中的一项，则该标准分别属于分类标准、试验方法标准和标志标准，而不属于产品标准。

产品标准在起草时，应当遵循"避免重复和不必要的差异"的基本原则。为此，有关产品的要求只应在一项标准中规定，可以采取以下具体措施：①将适用于一组产品的通用要求规定在某项标准的一个部分中；②将适用于一组产品、两个或两个以上类型的产品的试验方法规定在产品标准的某一个部分中。

涉及上述产品的每一个部分或标准均应引用通用要求部分或试验方法部分（可指出各种必要的修改）。如果在编制产品标准时，有必要对某种试验方法标准化，并且多个标准都需要引用该试验方法，则需要为该方法编制一个单独的试验方法标准。如果在编制产品标准时，有必要对某种试验设备标准化，并且测试其他产品也可能用到该设备，为了避免重复，需要与涉及该试验设备的技术委员会协商，以便为该设备编制一个单独的标准。

一、一般原则

产品标准的技术要素及其内容的选择，取决于标准化对象（也就是具体的产品）、标准的使用者以及标准的编制目的。

（一）确定标准化对象

起草产品标准时，首先应确定标准化对象或领域。产品标准的标准化对象通常为有形产品、系统、原材料等，编写产品标准涉及的标准化对象或领域通常有：

(1) 某领域的产品，如"家用电器"；

(2) 完整产品，如"电视接收机"；

(3) 产品部件，如"电视接收机 显示屏"。

（二）明确标准的使用者

起草产品标准时，应明确标准的使用者。产品标准的使用者通常有：①制造商或供应商（第一方）；②用户或订货方（第二方）；③独立机构（第三方）。

国家标准、行业标准中的产品标准的使用者通常为上述三方。因此，在起草这类产品标准时应遵守"中立原则"，即应使得产品标准的要求能够作为第一方、第二方或第三方合格评定的依据。团体标准通常是供团体成员约定采用或者按照本团体的规定供社会自愿采用，可能会涉及上述三方，因此在起草产品标准时也应遵守上述"中立原则"。

企业标准中的产品标准通常供企业自身使用，在起草这类产品标准时应明确标准的使用者是企业的生产者还是采购者。

(三)确定标准的编制目的

任何产品都有许多特性,但只有其中的一些特性可以作为标准的内容。标准的编制目的是特性选择的决定因素之一。对相应产品进行功能分析有助于选择标准所要包括的技术要素。

编制产品标准的目的通常有:保证产品的可用性,保障健康、安全,保护环境或促进资源合理利用,便于接口、互换、兼容或相互配合,利于品种控制等。

在标准中,通常不指明各要求的目的(标准和某些要求的目的可以在引言中进行阐述)。然而,最重要的是在工作的最初阶段(起草征求意见稿前)确认这些目的,以便决定标准包括哪些要求。

(四)符合性能特性原则

性能特性是指"与产品使用功能相关的物理、化学等技术性能",比如速度、亮度、纯度、功率、转速等。描述特性则是指"与产品使用功能相关的设计、工艺、材料等特性"。描述特性往往可以显示在实物上或图纸上,如在图纸上描述的尺寸、形状、光洁度等,而性能特性往往在使用过程中显现。

只要可能,要求应由性能特性而不用描述特性来表述,以便给技术发展留有最大的余地。采用性能特性表述要求时,需要注意保证性能要求中不疏漏重要的特性。然而,是以性能特性表述要求,还是以描述特性表述要求,需要认真权衡利弊,因为用性能特性表述要求时,可能引入既耗时又费钱的复杂的试验过程。

性能特性原则的实质是要求"结果"优先,相对于"结果","过程"的途径多种多样。因此,不同的生产者可以采用不同的技术、不同的方法达到性能特性要求的"结果"。

(五)满足可证实性原则

无论产品标准的目的如何,标准中应只列入那些能被证实的技术要求。或者说,如果没有一种试验方法能在相对较短的时间内证实产品是否符合稳定性、可靠性或寿命等要求,则标准中不应规定这些要求。

为了满足可证实性原则,标准中的要求应定量并使用明确的数值表示。不应使用诸如"足够坚固"或"适当的强度"之类的定性的表述。规范性要求的数值应与只供参考的数值明确区分。

二、起草规则

（一）标准名称

（1）产品标准如包括分类、标记和编码，技术要求，取样，试验方法，检验规则，标志、标签和随行文件的全部技术要素，可直接用产品名称作为标准名称。如：船用消防接头。

（2）产品标准的规范性技术要素中如仅包括"技术要求"和"试验方法"，或者同时还包括分类、标记和编码，取样，检验规则，标志、标签和随性文件中的部分技术要素，可使用"技术规范"或"规范"作为标准名称的补充要素。如：白炽照明灯规范、空气压缩机阀片用热轧薄钢板技术规范。

（3）同类产品共同使用的"技术规范"，可使用"通用技术规范"作为标准名称的补充要素。如：地面雷达　通用技术规范。

（二）范围

范围应明确标准所涉及的具体产品，还应按照分类、标记和编码，技术要求，取样，试验方法，检验规则，标志、标签和随行文件，包装、运输和贮存的顺序指出所涉及的具体内容。如必要，还应针对编制标准的目的指出技术要求所涉及的方面。

范围还应指出标准的预期用途和适用界限，或标准的使用对象。

（三）分类、标记和编码

产品标准中分类、标记和编码为可选要素，它可为符合规定要求的产品建立一个分类（分级）、标记和（或）编码体系。产品标准中的标准化项目标记应符合GB/T 1.1—2020的相关规定。根据分出的类别的识别特点，可以使用"分类""分类和命名""分类和编码""分类和标记"作为该要素的标题。

根据具体情况，该要素可并入技术要求或编制为标准的一个部分，也可编制为单独的标准。如果作为单独标准出现时,这一标准属于"分类标准"。

产品分类的基本要求如下:①划分的类别应满足使用的需要;②应尽可能采用系列化的方法进行分类;③对于系列产品应合理确定系列范围与疏密程度等,尽可能采用优先数和优先数系或模数制。

可根据产品不同的特性(如来源、结构、性能或用途等)进行分类。产品分类一般包括下述内容:①分类原则与方法;②划分的类别,如产品品种、型式(或型号)和规格及其系列;③类别的识别,通常可用名称(一般由文字组成)、编码(一般由数字、字母或它们的组合而成)或标记(可由符号、字母、数字构成)进行识别。

(四)技术要求

产品标准中技术要求为必备要素,它应包括下述内容:①直接或以引用方式规定的产品的所有特性;②可量化特性所要求的极限值;③针对每项要求,引用测定或验证特性值的试验方法,或者直接规定试验方法。

该要素中不应包括合同要求(有关索赔、担保、费用结算等)和法律或法规的要求。在某些产品标准中,可能需要规定产品应附带的针对安装者或使用者的警示事项或说明,并规定其性质。另一方面,由于安装或使用要求并不用于产品本身,因此应规定在一个单独的部分或一个单独的标准中。如果标准只列出特性,其特性值要求由供方或需方明确而标准本身并不予以规定时,在标准中应规定如何测量、如何表述(如在标志、标签或包装上)这些数值。

1. 适用性的要求

(1)可用性。为了保证可用性,需要根据产品的具体情况规定产品的使用性能、理化性能、环境适应性、人类工效学等方面的技术要求。针对不同类别的产品可考虑诸如以下内容:

①使用性能:选择直接反映产品使用性能的指标或者间接反映使用性能的可靠代用指标,如生产能力、功率、效率、速度、耐磨性、噪声、灵敏度、可靠性等要求。有可靠性要求的产品可定量地规定可靠性指标,如故障率、失效率、平均寿命(MTTF)、平均失效间隔时间或平均失效间工作时间(MTBF)或强迫停机率(FOR)等。用不同测试方法得出的不同指标的数据或得出的同一指标的不同数据,经过一定换算,能够在实用范围内得到同样有效的判断或结论时,可用这些数据中的某

些数据代替别的数据作为衡量产品性能的指标。这时,前者被称为后者的代用指标。

②理化性能:当产品的理化性能对其使用十分重要,或者产品的要求需要用理化性能加以保证时,应规定产品的物理(如力学、声学、热学)、化学和电磁性能,如产品的密度、强度、硬度、塑性、黏度;化学成分、纯度、杂质含量极限;电容、电阻、电感、磁感等。

③环境适应性:根据产品在运输、贮存和使用中可能遇到的实际环境条件规定相应的指标,如产品对温度、湿度、气压、烟雾、盐雾、工业腐蚀、冲击、振动、辐射等适应的程度,产品对气候、酸碱度等影响的反应,以及产品抗风、抗磁、抗老化、抗腐蚀的性能等。

④人类工效学:产品的人机界面要求,产品满足视觉、听觉、味觉、嗅觉、触觉等外观或感官方面的要求,如对表面缺陷、颜色的规定,对易读性、易操作性的规定等。

(2)健康、安全、环境或资源合理利用。如果保障健康、安全,保护环境或促进资源合理利用成为编制标准的目的之一,则应根据具体情况编制相应的条款,如:①对产品中有害成分的限制要求;②对产品运转部分的噪声限制、平衡要求;③防爆、防火、防电击、防辐射、防机械损伤的要求;④产品中的有害物质以及使用中产生的废弃物排放对环境影响的要求;⑤对直接消耗能源产品的耗能指标的规定,如耗电、耗油、耗煤、耗气、耗水等指标。

这些要求可能需要含有极限值[最大值和(或)最小值]或严格尺寸的某些特性,有时这些要求中还可能包括结构细节(例如保证安全的防错装结构)。在规定极限值水平时应尽可能降低风险因素。

为了便于法规引用,这些要求宜编制成标准中单独的章,或标准的单独部分,以至单独的标准。GB/T 20002.4—2015 给出了起草标准中涉及安全内容的指南,GB/T 20002.3—2014 给出了编写产品标准中涉及环境内容的指南。如果标准只涉及健康、安全、环境保护或资源合理利用中的一种或多种要求,则属于强制性标准。如果这些要求规定在强制性标准或技术法规中,相应的试验方法需要编制成单独的推荐性标准,而强制性标准或技术法规通常要引用这些试验标准。

(3)接口、互换性、兼容性或相互配合。便于接口、互换性、兼容性或相互配合等要求是编制标准的重要目的之一。具体产品的标准化可以只针对这几个方面。如果编制标准的目的是保证互换性,则关于该产品的尺寸互换性和功能互换性均应予以考虑。

由于贸易、经济或安全等原因,互换件的可获得性是重要的。需要满足尺寸互换时,在规定接口尺寸时,应规定其公差。

(4)品种控制。对于广泛使用的材料、物资或机械零部件、电子元器件或电线电缆等,利于品种控制是编制标准的重要目的。品种可包括尺寸和其他特性。在涉及品种控制的标准中应提供可选择的值(通常给出一系列数据),并规定其公差。

在编写产品标准的规范性技术要素时,需遵循一定的规则进行编排。编排规则见表9-5。

产品标准规范性技术要素编排规则　　　　　表9-5

要素类型	要素的编排	要素所允许的表述形式
规范性技术要素	技术要求	条文、图、表、注、脚注
	取样	
	试验方法	
	检验规则	
	标志、标签和随行文件	
	包装、运输和贮存	

2. 其他要求

(1)结构。需要对产品的结构提出要求时,应作出相应的规定。规定产品结构尺寸时,应给出结构尺寸图,并在图上注明相应尺寸(长、宽、高三个方向),或者注明相应尺寸代号等。

(2)材料。产品标准通常不包括材料要求。为了保证产品性能和安全,不得不指定产品所用的材料时,如有现行标准,应引用有关标准,或规定可以使用性能不低于有关标准规定的其他材料;如无现行标准,可在附录中对材料性能作出具体规定。对于原材料,如果无法确定必要的性能特性时,宜直接指定原材料,最好再补充如下文字:"……或其他已经证明同样适用的原材料。"

(3)工艺。产品标准通常不包括生产工艺要求(如加工方法、表面处理方法、热处理方法等），而以成品试验来代替。然而为了保证产品性能和安全，不得不限定工艺条件，甚至需要检验生产工艺（例如压力容器的焊接等）时，则可在"要求"中规定工艺要求。

3. 要求的表述

涉及产品适用性的某些要求，有时可使用产品的类型（例如深水型）或等级（例如宇航级），或使用需要满足使用条件的描述术语（如"防震"）来表达，以便在产品上做标记或标志（例如手表外壳上的"防震"字样），同时规定只在能使用标准试验方法证明相应要求得到满足时才可使用这些术语或标志。

要求型条款用文字表述的典型句式为：①对结果提要求："特性"按"证实方法"测定"应"符合"特性的量值"的规定；②对过程提要求："谁""应""怎么做"。

要求型条款用表格表述时，其表头的典型形式为：编号、特性、特性值、试验方法等，其中试验方法栏通常给出该标准中规定试验方法的章条编号，或者给出引用的标准编号及章条号。该表格应在正文中使用要求型条款提及。

示例 9-9

编号	特性	特性值	试验方法

（五）取样

产品标准中取样为可选要素，它规定取样的条件和方法，以及样品保存方法。该要素可位于要素试验方法的起始部分。

（六）试验方法

产品标准中试验方法为可选要素，编写试验方法的目的在于给出证实技术要求中的要求是否得到满足的方法。因此，该要素中规定的试验方法应与技术要求有明确对应关系。在产品标准中技术要求、取样和试验方法是相互关联的，应作统筹考虑。在标准中试验方法这一要素可以：①作为单独的章；②融入技术要求中；③成为标准的规范性附录；④形成标准的单独部分。

由于一种试验方法往往稍加变动或原封不动就适用于几种产品或几类产品，

所以试验方法最容易出现重复现象。因此，在编制产品标准时，如果需要对试验方法进行标准化，应首先引用现成适用的试验方法。规定试验方法时应考虑采用通用的试验方法标准和其他标准中类似特性的相应试验方法。只要可能，应采用无损试验方法代替置信度相同的破坏性试验方法。不应将正在使用的试验方法不同于普遍接受的通用方法作为理由，而拒绝在标准中规定普遍接受的通用方法。在标准中列出的各项试验方法，并不意味着具有实施这些试验的义务，而仅仅是陈述了测定的方法，当有要求或被引用时才予以实施。如果在标准中指明产品的合格评定采用统计方法，则符合标准的陈述是指整体的或成批的产品合格。如果标准中指定每件产品需按照标准进行试验，则产品符合标准的陈述意味着每件产品均经过了试验并满足相应的要求。

1. 试验方法的内容

试验方法的内容应包括用于验证产品是否符合规定的方法，以及保证结果再现性步骤的所有条款。如果各项试验之间的次序能够影响试验结果，标准应规定试验的先后次序。

通常情况下产品标准中的试验方法应包括试样的制备和保存、试验步骤和结果的表述（包括计算方法以及试验方法的准确度或测量不确定度），也可根据需要增加其他内容，如原理、试剂或材料、仪器、试验报告等。化学分析方法的编写见GB/T 20001.4—2015。该标准的大部分内容亦适用于非化学品的产品试验方法。如果试验方法涉及使用危险的物品、仪器或过程时，应包括总的警示用语和适宜的具体警示用语。建议的警示用语见GB/T 20002.4—2015。

2. 供选择的试验方法

如果一个特性存在多种适用的试验方法，原则上标准中只应规定一种试验方法。如果因为某种原因，标准需要列入多种试验方法，为了解决怀疑或争端，应指明仲裁方法。

3. 按准确度选择试验方法

所选试验方法的准确度应能够对需要评定的特性值是否处在规定的公差范围内作出明确的判定。当技术上需要时，每个试验方法应包括其准确度范围的相应陈述。

（七）检验规则

产品标准中检验规则为可选要素，针对产品的一个或多个特性，给出测量、检查、验证产品符合技术要求所遵循的规则、程序或方法等内容。产品标准不应涉及合格评定方案和制度的通用要求。使产品符合相关技术要求不应依赖于质量管理体系标准，即产品标准中不应规范性引用诸如 GB/T 19001—2016《质量管理体系 要求》。

若标准中需要规定检验规则，应指出该检验规则的适用范围，必要时应明确界定制造商或供应商（第一方）、用户或订货方（第二方）和合格评定机构（第三方）分别适用的检验类型、检验项目、组批规则和抽样方案以及判定规则等，其内容编写参见 GB/T 20001.10—2014 附录 A。

（八）标志、标签和随行文件

产品标准中标志、标签和随行文件为可选要素，可作为相互补充的内容，只要有关应纳入标准，特别是涉及消费品的产品标准。如果需要，标记的方法也应作出规定或建议。该要素不应涉及符合性标志。符合性标志通常使用认证体系的规则（参见 GB/T 27023—2008《第三方认证制度中标准符合性的表示方法》）。涉及标准机构或其发布的文件（即符合性声明）的产品标志参见 GB/T 27050.1—2006《合格评定 供方的符合性声明 第 1 部分：通用要求》和 GB/T 27050.2—2006《合格评定 供方的符合性声明 第 2 部分：支持性文件》。GB/T 20000.4—2003 给出了有关安全标准和涉及安全内容的条款。可在资料性附录中给出订货资料的示例，对标志或标签加以补充。

1. 标志和标签的要求

适用时，含有产品标志内容的产品标准应规定：

（1）用于识别产品的各种标志的内容，适宜时，包括生产者（名称和地址）或总经销商（商号、商标或 识别标志），或产品的标志[例如生产者或销售商的商标、型式或型号、标记（见 GB/T 1.1—2020 的相关规定）]，或不同规格、种类、型式和等级的标志；

（2）这类标志的表示方法，例如，使用金属牌（铭牌）、标签、印记、颜色、线条（在电线上）或条形等方式；

(3)这类标志呈现在产品或包装上的位置。

如果标准要求使用标签,则标准还应规定标签的类型,以及在产品或其包装上如何拴系、粘贴或涂刷标签。如果需要给出有关产品的生产日期(或表明日期的代码)、有效期、搬运规则、安全警示等,则相应的要求应纳入涉及标志和标签的章条。

用作标志的符号应符合 GB 190—2009《危险货物包装标志》、GB/T 191—2008《包装储运图示标志》、GB/T 6388—1986《运输包装收发货标志》以及其他相应的标准。

2. 产品随行文件的要求

产品标准可要求提供产品的某些随行文件,例如可包括:

(1)产品合格证,参见 GB/T 14436;

(2)产品说明书;

(3)装箱单;

(4)随机备附件清单;

(5)安装图;

(6)试验报告;

(7)搬运说明;

(8)其他有关资料。

适用时,标准中应对这些文件的内容作出规定,见 GB 5296、GB/T 9969—2008《工业产品使用说明书 总则》以及其他相关标准。

(九)包装、运输和贮存

产品标准中包装、运输和贮存为可选要素,需要时可规定产品的包装、运输和贮存条件等方面的技术要求,这样既可以防止因包装、运输和贮存不当引起危险、毒害或污染环境,又可以保护产品。包装、运输和贮存的编写参见 GB/T 20001.10—2014 附录 B。

三、数值的选择

(一)极限值

根据特性的用途可规定极限值[最大值和(或)最小值]。通常,一个特性规定一个极限值,但有多个广泛使用的类型或等级时,则需要规定多个极限值。

(二)可选值

根据特性的用途,特别是品种控制和某些接口的用途,可选择多个数值或数系。适用时,数值或数系应按照 GB/T 321—2005《优先数和优先数系》(进一步的指南参见 GB/T 19763—2005《优先数和优先数系的应用指南》和 GB/T 19764—2005《优先数和优先数化整值系列的选用指南》)给出的优先数系,或者按照模数制或其他决定性因素进行选择。当试图对一个拟定的数系进行标准化时,应检查是否有现成的被广泛接受的数系。采用优先数系时,宜注意非整数(例如:数 8.25)有时可能带来不便或要求不必要的高精确值。这时,需要对非整数进行修约(参见 GB/T 19764—2005)。宜避免由于同一标准中同时包括了精确值和修约值,而导致不同使用者选择不同的值。根据产品的分类,可以对某些特性提出不同的特性值,这时应清楚地指明类别和值的对应关系。

(三)由供方确定的数值

如果允许多样化,则不必对产品的某些特性规定特性值(尽管这些特性对产品的性能有明显的影响)。标准中可列出全部由供方自行选择的特性,其值由供方确定,可规定以何种形式(如铭牌、标签、随行文件等)表明特性值。例如,对于某些纺织品,在标准中不必具体规定羊毛含量的特性值,只需要求供方在标签上注明即可。

对于大多数复杂产品,只要规定了相应的测试方法,则由供方提供一份性能数据(产品信息)清单比标准中给出具体性能要求更好。对于健康和安全要求,标准应规定其特性值,不准许采用由供方确定的特性值。

第十节 管理体系标准

根据 GB/T 20001.11—2022 相关定义,管理体系是指"组织为确立方针和目标以及实现这些目标的过程所形成的相互关联或相互作用的一组要件"。根据定义来看,一个管理体系可能针对一个或几个主题。管理体系要件包括组织的结构、岗位和职责、策划和运行。管理体系标准是"针对特定主题的管理体系规定需要满足的要求或提供指导以保证其适用性的标准"。管理体系标准具有典型的核心技术要素及核心内容,有针对性地确立特定的起草规则,有助于提高管理体系标准之间的协调性。管理体系标准的核心内容是术语条目以及条的标题和相应的条款及内容。

一、管理体系标准的类别

管理体系标准的分类主要有两种:一是按照标准内容适用的广度,二是按照标准内容的功能。

按照标准内容适用的广度,可以将管理体系标准划分为以下类别:①跨行业管理体系标准,即广泛适用于各经济行业、各类型和规模的组织的管理体系标准,如GB/T 19001—2016;②特定行业管理体系标准,即为在特定行业应用跨行业管理体系标准而规定补充要求或提供指导的管理体系标准。

按照标准内容的功能,可以将管理体系标准划分为以下功能类型:①要求类管理体系标准,即规定要求的管理体系标准;②指南类管理体系标准,即提供指导的管理体系标准,具体包括指导类指南(即为建立、改进或提升管理体系提供指导的管理体系标准)、应用类指南(即为要求类管理体系标准的应用提供指导的管理体系标准)。

要求类管理体系标准能用于合格评定活动。

二、总体原则

根据管理体系标准的特性,管理体系标准起草需要遵循的总体原则主要有两条,即过程原则和可证实性原则。

(一)过程原则

过程原则是管理体系标准要素中各条及其内容的选取原则,通过使用适用的过程方法,一方面,识别、梳理和分析管理体系的过程,形成管理体系标准要素中相应的各层次条;另一方面,考虑与各过程的履行相关的输入、输出、资源配置等因素,选取标准核心技术要素中的内容。

遵守过程原则意味着选取管理体系标准中拟规定的过程及其内容时,需要系统地识别相应的管理体系所涉及的过程,分析各过程之间的相互关系、相互作用,以确保纳入管理体系标准的过程是系统的、功能连贯的;在起草各过程所涉及的内容时,对输入、输出及所需的资源作出符合过程特点及满足过程所期望的结果的规定,以确保管理体系标准中各过程及过程中规定的内容的适宜性、充分性和有效性。

(二)可证实性原则

可证实性原则是指要求类管理体系标准中规定的要求能够通过有关证实方法或者所提供的溯源证据得到证实。

遵守可证实性原则意味着:一方面,标准中所规定的要求是能够证实的;另一方面,标准中需要描述所需的证实方法。在管理体系标准中,证实方法通常表现为文件化信息。需要注意的是,这些文件化信息依据用途分为两种:一种作为证明符合性的证据,另一种不作为证明符合性的证据但有益于管理体系的建立、实施、维护和持续改进。因此,在起草时,需要通过使用不同的典型表述予以区分。

三、总体要求

(一)管理体系标准之间的协调性

在编制管理体系标准时,应优先编制跨行业管理体系标准。在有管理体系的通用术语标准的情况下,跨行业管理体系标准、特定行业管理体系标准应规范性引用该通用术语标准。GB/T 19000—2016《质量管理体系 基础和术语》是针对质量管理体系的基础和通用术语标准。跨行业管理体系标准不应规范性引用特定行业管理体系标准。特定行业要求类管理体系标准应在相应条的开始规范性引用跨行业要求类管理体系标准;应用类指南应在相应条的开始资料性引用要求类管理体系标准。无论哪种情形,都不应更改或通过解释更改要求类管理体系标准的条款。

(二) 核心内容的使用

要求类管理体系标准正文中应包含 GB/T 20001.11—2022 附录 A 规定的核心内容,不准许更改、删除核心内容中的条款和附加信息。必要时,可增加或更改 GB/T 20001.11—2022 附录 A 中给出的术语和定义的注。特定行业要求类管理体系标准,由于规范性引用了跨行业要求类管理体系标准,因此视为包含了核心内容。要求类管理体系标准只准许根据特定主题的实际情况增加需要的内容。增加的内容应在相应层次的核心内容之前或之后编排,并与核心内容在层次上区分开,必要时调整相应的编号。新增加的内容不应与核心内容相抵触。如适用,指导类指南可包含核心内容,但是应将其中的要求型条款转换为推荐型条款。

应用类指南正文核心技术要素中应包含对应的要求类管理体系标准第一层次的条标题,且第一层次条的先后次序也应与要求类管理体系标准保持一致。

(三) 典型表述的使用

表述文件化信息的相关要求时,常用的典型表述包括:
(1)"……应作为……证据可获取";
(2)"……应可获取"。

根据具体情况,如果针对某项活动所要求的文件化信息是作为符合性的证据使用,那么应使用(1)中的典型表述;如果所要求的文件化信息仅是在有需要时能够获取和使用,那么应使用(2)中的典型表述。另外,GB/T 20001.11—2022 附录 A 规定的核心内容中有一些要求使用了词语"确定",但这并未要求所确定的内容及承载这些内容的文件化信息作为符合性的证据可获取。

(四) 遵守基础标准

除了涉及通用的规则应遵循 GB/T 1.1—2020 的规定外,规定要求应使用要求型条款,提供指导应使用推荐型条款或陈述型条款,提供建议应使用推荐型条款,给出信息应使用陈述型条款。起草指南类管理体系标准时,其中的指导、需考虑的因素等技术内容应遵守 GB/T 20001.7—2017 的规定。

四、文件名称和结构

(一) 文件名称

跨行业管理体系标准的文件名称中应包含词语"管理体系",可置于文件名称的主体元素或补充元素中。如:GB/T 24001—2016《环境管理体系 要求及使用指南》。特定行业管理体系标准的文件名称中宜包含所应用的跨行业管理体系标准的标准编号。如:《核能行业供应链中的组织应用 ISO 9001:2015 的特别要求》。

要求类管理体系标准文件名称的补充元素中应包含词语"要求",指南类管理体系标准文件名称的补充元素中应包含词语"指南"。

(二) 结构

管理体系标准中各要素的类别,构成及表述形式见表 9-6。

管理体系标准中技术要素的类别、构成及表述形式 表 9-6

要素	要素的类别		要素的构成	要素所允许的表述形式
	必备或可选	规范性或资料性		
组织环境	必备	规范性	条款、附加信息	条文、图、表、引用、提示、移作附录
领导作用				
策划				
支持				
运行				
绩效评价				
改进				

表 9-6 界定了管理体系标准中要素的类别及其构成,给出了要素允许的表述形式。其中,要素组织环境、领导作用、策划、支持、运行、绩效评价和改进是管理体系标准的核心技术要素。管理体系标准应按照上表中规定的先后次序设置从"范围"开始的各章编号和章标题,不准许增加章。

五、要素的编写

(一) 引言

如果管理体系标准设置引言,那么引言中宜包括但不限于下列内容:①管理体系的运行示意图;②实施管理体系所能实现的预期结果。

(二) 范围

范围应清楚地指明管理体系标准所针对的特定主题和所覆盖的方面,并指明适用的界限。在指明适用的界限时,应明确指明是否适合用于合格评定活动。在指明所覆盖的方面时,对于要求类管理体系标准,应指明规定了哪些方面的要求;对于指南类管理体系标准,应指明提供了哪些方面的指导、建议或给出了哪些方面的信息。对于特定行业管理体系标准,范围中还应指明所针对的特定行业。

(三) 术语和定义

必要时,可增加或更改 GB/T 20001.11—2022 附录 A 中给出的术语和定义的注。在其他文件中界定的术语和定义适用于某个管理体系标准的情况下,应从 GB/T 1.1—2020 规定的适当的引导语中选择并替换核心内容中的引导语。

(四) 组织环境

要素"组织环境"应设置为标准的第 4 章,并应至少分出以下第一层次的条。

(1) 理解组织及其环境:对理解并确定与组织的宗旨、实现管理体系预期结果的能力等相关的重要事项规定要求,或提供指导/建议,以便为管理体系的策划、建立、实施和改进奠定基础。这些重要事项可以是:内部事项,例如组织的价值观、文化、战略、组织治理架构、业务模式等;外部事项,例如法律环境、技术发展趋势、经济形势、市场竞争形势等。

(2) 理解相关方的需要和期望:对理解并确定管理体系所适用的相关方及其需要和期望规定要求,或提供指导/建议,以便为确立管理体系的范围、识别风险和机会等奠定基础。

并不是相关方的所有需要和期望都是组织的需要和期望。相关方的有些需要和期望并不适用于组织或与管理体系无关。相关方的有些需要和期望如是法律、法规中的要求，或需要经政府或法律允许，这类需要和期望则是强制性的。有些需要和期望是组织自愿决定采用或决定纳入协议或合同中的，在这种情况下，组织一旦采用或同意纳入协议或合同，就变成组织需要遵守的义务了。

(3)确定×××管理体系的范围：对界定组织所要建立的×××管理体系的边界和适用性规定要求或提供指导/建议。

×××管理体系的边界可能是整个组织、组织的特定部门、组织的特定职能团队。

(4)×××管理体系：对构建有效的×××管理体系的总体思路规定要求或提供指导/建议。

(五)领导作用

要素"领导作用"应设置为标准的第5章，并应至少分出以下第一层次的条。

(1)领导作用和承诺：对最高管理者自行实施、在组织中指导实施的活动规定要求或提供指导/建议，以便证实其对管理体系的领导和承诺。最高管理者不一定亲自实施所有这些活动，但是最高管理者负责确保这些活动得以实施。在某些管理体系标准中，还会区分治理机构和最高管理者各自对于管理体系的领导和承诺。

(2)×××方针：对确立组织的×××意图和方向规定要求或提供指导/建议。

(3)岗位、职责和权限：对如何给相关岗位分配实施管理体系的职责和权限规定要求或提供指导/建议。

(六)策划

要素"策划"应设置为标准的第6章，并应至少分出以下第一层次的条。

(1)应对风险和机会的措施：对如何策划应对风险和机会规定要求或提供指导/建议。它在战略层面开展，明确规定需要根据什么、策划什么、达到什么目的。

(2)×××目标及其实现的策划：对确立目标和策划实现目标所需的行动规定要求或提供指导/建议。

(3)针对变更的策划:对变更管理体系的策划规定要求或提供指导/建议。

(七)支持

要素"支持"应设置为标准的第7章,并应至少分出以下第一层次的条。

(1)资源:对如何确定和配置那些用于建立、实施、维护和改进管理体系的资源规定要求或提供指导/建议。

资源通常包括人员、基础设施、工作环境、组织知识等。

(2)能力:对组织的人员需具备的能力规定要求或提供指导/建议。

(3)意识:对组织的人员需具有的意识规定要求或提供指导/建议。

(4)沟通:对如何围绕管理体系相关事宜进行内部和外部沟通规定要求或提供指导/建议。

(5)文件化信息:对管理体系中需要的文件化信息的创建、更新和控制等规定要求或提供指导/建议。

(八)运行

要素"运行"应设置为标准的第8章,对运行的策划以及从运行层面上如何实施和控制所需的过程(包括已策划的变更、因异常状态或突发情况等引起的非预期变更等)规定要求或提供指导/建议,以确保要素"策划"中所策划的措施得以落实。

通常,要素"运行"的内容根据主题或行业的特点,宜按照运行逻辑来设定。例如,质量管理体系标准按照产品和服务的识别与确定、设计和开发、过程控制、提供、放行的逻辑规定了运行要求。

(九)绩效评价

要素"绩效评价"应设置为标准的第9章,并应至少分出以下第一层次的条。

(1)监视、测量、分析和评价:对如何监视、测量、分析和评价管理体系规定要求或提供指导/建议,以确保管理体系的预期结果按策划实现。

(2)内部审核:对如何策划、实施和维护内部审核规定要求或提供指导/建议,以便检查管理体系满足管理体系标准和组织自身对管理体系设定的要求;管理体系按策划得以有效实施和维护。

(3)管理评审:对最高管理者如何全面系统地评审管理体系规定要求或提供指导/建议。

(十)改进

要素"改进"应设置为标准的第10章,并应至少分出以下第一层次的条。

(1)持续改进:对如何不断改进管理体系规定要求或提供指导/建议。改进主要关注管理体系的适宜性、充分性和有效性三个方面。

(2)不符合与纠正措施:对不满足管理体系标准和管理体系要求时需要作出哪些响应规定要求或提供指导/建议。这些响应可以包括:纠正现状、分析不符合产生的原因、策划必要的措施;实施策划的措施;对所采取的措施进行评价,以确认是否达到预期结果;对管理体系进行评价或必要的变更。

第十章
标准编制材料

第一节 审查材料

团体标准编制根据工作进展,划分为不同的阶段,并对各阶段作出具体要求。

一、团体标准审查阶段

根据《中国交通运输协会团体标准管理办法》(中交协秘字〔2019〕25号),团体标准制定的工作程序包括:提案与立项、大纲、起草、征求意见、技术审查、符合性审查、发布和出版印刷等。在这些工作程序中,立项审查、大纲审查、征求意见稿(草案)审查、技术审查、符合性审查,以会议形式进行审查。每个阶段均需要提供符合要求的文件。

二、各审查阶段提交的材料

在立项审查会阶段,主要审查的材料为中交协团体标准项目制修订申报书,需要同步提交的材料为标准大纲和工作计划。

在大纲审查会阶段,主要审查的材料为标准大纲,需要同步提交的材料为标准草稿和工作大纲。

在征求意见稿草案审查会阶段,主要审查的材料为征求意见稿草案,需同步提交编制说明、调研报告、参考或引用相关标准合集、拟征求意见单位或个人名单。

第十章 标准编制材料

在向社会征求意见时,主要向社会公开标准征求意见稿,需同步提供编制说明。

在技术审查会阶段,主要审查材料为技术审查稿,需同步提供编制说明、征求意见汇总处理表、调研报告、参考或引用相关标准合集。

在符合性审查阶段,主要审查材料为送审稿,需同步提供送审函、编制说明、调研报告、征求意见汇总处理表、技术审查专家意见、参考或引用相关标准合集。

在审批发布阶段,主要审查材料为报批稿,需同步提交编制说明和报批工单。标准编制各阶段递交材料详见表10-1。

标准编制各阶段递交材料　　　　　　　　　　表10-1

序号	阶段	提交材料	
		审查材料	需提交的材料
1	立项审查会	申报书(申报单位盖章)	标准草稿、工作大纲
2	大纲审查会	工作大纲	标准草稿
3	征求意见稿草案审查会	征求意见稿草案	编制说明、调研报告、参考或引用相关标准合集、拟征求意见单位或个人名单
4	向社会征求意见	征求意见稿	编制说明
5	技术审查会	技术审查稿	编制说明、征求意见汇总处理表、调研报告、参考或引用相关标准合集
6	符合性审查会	送审稿	送审函、编制说明、调研报告、征求意见汇总处理表、技术审查专家意见、参考或引用相关标准合集
7	审批发布	报批稿	编制说明、报批工单

第二节　申　报　书

为规范团体标准项目制修订申报书的填写,中交协统一规范了申报书格式,并对填写作了具体要求。

一、申报书格式及填写说明

(一) 申报书格式

中交协团体标准项目制修订申报书格式见表10-2。

中交协团体标准项目制修订申报书　　　　　　　　表 10-2

项目中文名称					
项目英文名称					
制定或修订	□制定	□修订	被修订标准号		
采用国际标准	□无　□ISO □IEC　□ITU □ISO/IEC □ISO 确认的标准	采标程度	□等同 IDT	□修改 MOD	□非等效 NEQ
采用的国际标准编号					
ICS 分类号			中国标准分类号		
计划起止时间		年　　月至　　年　　月			
申请立项单位名称			联系人		
单位地址			邮编		
电话		传真	E-mail		
共同发起单位	单位名称		是否会员单位		
	1.		□是　　□否		
	2.		□是　　□否		
	3.		□是　　□否		
是否涉及专利	□是 □否	专利号及名称			

续上表

项目任务的目的、意义：
必要性（不少于 800 字）：
可行性（不少于 800 字）： （包括但不限于技术先进性、经济性等内容）
适用范围和主要技术内容： （应用范围、主要技术等内容）
相关法律法规及标准：
基本思路、计划和保障措施（不少于 500 字）：
与相关部门、相关行业协调的情况和意见
前期有关研究基础和研究成果（不少于 800 字）： （包括但不限于研究内容、关键技术、技术路线等内容）

续上表

必要的试验验证数据及相关统计分析:
标准涉及专利、商标和知识产权等问题:
起草工作组名单:
相关材料清单:
申请立项单位意见：　　　　　　　　　　　　　　　　　　　　（签字、公章） 　　　　　　　　　　　　　　　　　　　　　　　　　　　年　月　日

（二）填写说明

（1）项目任务的目的、意义：指出标准项目涉及的方面，期望解决的问题。

（2）适用范围和主要技术内容：阐明标准的适用范围及主要技术内容，给出标准的框架结构。

（3）相关法律法规及标准：主要说明项目与有关法律法规是否相符，列出制定该标准的法律、法规、规章、规范性文件等依据的名称、文号以及具体条款规定内容，以及政府文件中提出的明确的工作任务等，并说明该标准与这些依据之间的关系。与相关国家强制性标准、国家推荐性标准、行业标准、地方标准的协调情况，简要说明国内外对该技术研究情况、进程及未来的发展；该技术是否相对稳定，如果不是的话，预计一下技术未来稳定的时间，提出的标准项目是否可作为未来技术发展的基础；该标准项目有无对应的国际标准或国外先进标准，标准制定过程中如何考虑采用的问题;该标准项目有无相关的国家或行业标准,该标准项目与这些标准是什么关系,该标准项目在标准体系中的位置。

(4)基本思路、计划和保障措施:给出基本思路、工作计划,工作计划包括成立专项工作组、项目启动、形成草稿,以及论证和审查会组织安排,具体保障措施,经费落实等计划,简述标准编制的经费来源。

(5)与相关部门、相关行业协调的情况和意见:标准涉及多个相关部门、相关行业的,应与相关部门进行协调并达成一致意见,在此阐明具体协调情况,并将征求意见的复函或协调会会议纪要作为项目申报书的附件。

(6)前期有关研究基础和研究成果:阐明已进行过的与该标准相关的科研课题或调查研究的主要内容,并将科研报告或调研报告作为项目申报书的附件。

(7)必要的试验验证数据及相关统计分析:给出已进行过的与该标准相关的试验验证和统计分析的结果,并将试验报告和统计分析报告作为项目申报书的附件。

(8)标准涉及专利、商标和知识产权等问题:不涉及的填写"否";涉及的,填写专利、商标名称、持有人名称、证书编号,并提供专利的相关证明及专利持有人授权文件。

(9)起草工作组名单:注明姓名、单位、职务、联系方式、分工等信息。

(10)相关材料清单:《标准草稿(二级目录)》和《工作大纲草稿》及相关证明或论证材料。

(11)申请立项单位意见:由该标准的牵头起草单位签署同意申报立项的意见,并加盖单位公章。

二、申报书填写要求

(一)基础信息

1. 项目名称

项目中文名称	
项目英文名称	

(1)项目中文名称:项目中文名称需按照标准的要求拟定,参考第八章第一节封面中标准名称的要求。

(2)项目英文名称:项目的英文名称需按照第八章第一节中的要求进行翻译,英文译名的编写要以中文的文件名为基础,在保证原意完整和准确的基础上,不必按照中文的文件名称逐字翻译。

2. 制定或修订

制定或修订	□制定	□修订	被修订标准号	

在标准的不同阶段,按照需要选择即可。如是进入修订阶段的标准,需给出被修订的标准号。

3. 采用国际标准

采用国际标准	□无 □ISO □IEC □ITU □ISO/IEC □ISO 确认的标准	采标程度	□等同 IDT	□修改 MOD	□非等效 NEQ
采用的国际标准编号					

"采用"是指"以对应 ISO 和/或 IEC 标准化文件为基础编制,并说明和标示了两者之间变化的国家标准化文件的发布"。这表示:①采用需要以对应 ISO 和/或 IEC 标准化文件为基础;②需要说明结构调整或者差异及产生的原因;③需要经过国家标准化文件制定程序直至最终发布。在此基础上,还需要判定采标程度,"等同、修改、等效、非等效"。采标程度代号及说明见表10-3。

采标程度代号及说明 表10-3

采标程度	代号	说明
等同	IDT	文本结构相同;技术内容相同;最小限度的编辑性改动
修改	MOD	全部清楚地说明:结构调整,技术差异
非等效	NEQ	没有清楚地说明结构调整、技术差异,或只保留了数量较少或重要性较小的 ISO 和/或 IEC 标准化文件条款

填写要求具体参照第八章第一节。

4. 分类号

ICS 分类号		中国标准分类号	

（1）国际标准分类号（ICS 号）：团体标准应在封面左上角标明 ICS 号。ICS 号是国际标准化组织（ISO）编制的，在团体标准封面上标明 ICS 号后，能够通过使用国际统一的分类法给团体标准进行类别定位，便于我国团体标准与国际标准的交流。具体分类号的选择可在中国标准化研究院国家标准馆编译的《国际标准分类法 ICS》（第七版）中查找。

（2）中国标准文献分类号（CCS 号）：团体标准应标明 CCS 号的一级类目和二级类目编号。具体分类号可在《中国标准文献分类法》中查找并选择。

5. 制定时间

计划起止时间	年　　月至　　年　　月

为保证团体标准能够快速填补市场空白，弥补标准空缺，根据《协会团体标准管理办法》，团体标准制定周期一般为 12 个月。应国家或行业主管部门要求，为应对突发紧急事件制定的团体标准，制定过程中可缩短时限要求。

6. 申请立项单位情况

申请立项单位名称		联系人	
单位地址		邮编	
电话		传真		E-mail	

申请立项单位需具备独立法人资格。按照申报书要求填写相关信息。如在标准制定过程中，申请立项单位无法继续完成或者承担其义务，可向协会标委会申请变更。

7. 共同发起单位

共同发起单位	单位名称	是否会员单位
	1.	□是　　□否
	2.	□是　　□否
	3.	□是　　□否

立项阶段除申请立项单位外,还需要至少三家单位作为该项标准的共同发起单位。共同发起单位可以是标准编制单位或标准使用单位。

8. 专利

| 是否涉及专利 | □是
□否 | 专利号及名称 | |

填写要求具体内容见本章第五节。

(二)标准信息

1. 项目任务的目的、意义和必要性

充分说明团体标准编制的目的、意义和必要性,需要指出标准项目涉及的方面,期望解决的问题。

2. 适用范围和主要技术内容

界定该标准的适用范围,阐述主要技术内容,给出标准的框架结构。

3. 国内外情况简要说明

(1)说明国内外对标准涉及的技术内容研究情况、进程及未来的发展,以及该项技术是否稳定。如果涉及的技术不稳定的话,预计一下技术未来稳定的时间,提出的标准项目是否可作为未来技术发展的基础。

(2)说明国际标准或国外先进标准采用程度的考虑,该标准项目有无对应的国际标准或国外先进标准,以及标准制定过程中如何考虑采用的问题。

(3)说明该标准项目与国内相关标准间的关系,该标准项目有无相关的国家或行业标准,该标准项目与这些标准是什么关系,以及该标准项目在标准体系中的位置。

(4)指出有无发现知识产权的问题。

4. 与有关法律法规、其他标准的关系

说明与有关法律法规是否相符,列出制定该标准的法律、法规、规章、规范性文件等依据的名称、文号以及具体条款规定内容,以及政府文件中提出的明确的工作任务等,并说明该标准与这些依据之间的关系。与相关国家强制性标准、国家推荐性标准、行业标准、地方标准的协调情况。

5. 经费来源

简述标准编制的经费来源、具体保障措施、经费落实等计划。

6. 起草工作组名单

注明起草工作组成员的姓名、单位、职务、联系方式、分工等信息。

7. 相关材料清单

《标准草稿(二级目录)》和《工作大纲草稿》及相关证明或论证材料。

8. 申请立项单位意见

由该标准的申请立项单位签署同意申报立项的意见,并加盖单位公章。

9. 其他

(1)与相关部门、相关行业协调的情况和意见:标准涉及多个相关部门、相关行业的,应与相关部门进行协调并达成一致意见,在此阐明具体协调情况,并将征求意见的复函或协调会会议纪要作为项目申报书的附件。

(2)前期有关研究基础和研究成果:阐明已进行过的与该标准相关的科研课题或调查研究的主要内容,并将科研报告或调研报告作为项目申报书的附件。

(3)必要的试验验证数据及相关统计分析:给出已进行过的与该标准相关的试验验证和统计分析的结果,并将试验报告和统计分析报告作为项目申报书的附件。

第三节　工作大纲

根据《中国交通运输协会团体标准管理办法》(中交协秘字〔2019〕25号)第十七条,编制工作大纲应包括下列内容:标准编制筹备工作进展,标准编制的依据、背景和意义,标准编制的工作基础,主要技术内容和需要解决的问题,需要开展的专题调查、研究、试验和验证,起草单位和人员组成,任务分工,进度计划安排,经费预算和筹措方案等。

一、标准编制的背景

说明标准编制的背景、依据,进一步论证标准编制的目的、意义,必要性和可行性。

二、标准编制的技术路线

说明标准编制的理论依据、采用的方法及步骤。

三、标准主要框架和内容

(1)列出标准结构:章和第一层次条的标题,简要说明各章、条的内容。
(2)说明需要解决的重点、难点问题,需要开展的专题调查、研究、试验和测试验证,需要开展的专题论证。

四、标准编制的保障措施

(1)说明主要编写单位情况、进行过的研究和实践、前期工作情况、主要负责人情况,简要说明参与编写单位情况。
(2)说明主要编写人员情况、编写人员和分工,编写人员分工到章条,可个别列出总体、审核、试验、检测等。
(3)给出时间进度安排:立项、大纲、征求意见、技术审查和符合性审查的时间节点。

五、标准编制经费落实情况

编制标准项目经费预算表和资金筹措表。

第四节 编制说明

编制说明作为标准起草过程中的重要文件,在各个阶段均需按照实际工作开展情况进行更新和说明。在各标准审查阶段,需提交各阶段标准编制说明;标准征求意见以及发布阶段需要同步公开编制说明。编制说明应包括以下内容。

一、工作简况

工作简况包括任务来源、制定背景、起草过程等。

(1)说明任务来源、起草单位、协作单位、主要起草人。准确引用协会标委会下达的计划文件号、项目名称与计划项目代号、任务要求(包括起草单位、项目周期)等信息,确保任务信息可以追溯。

(2)制定标准的目的、意义、必要性和可行性。

(3)标准自提案、立项开始到该稿形成时的工作情况,包括编写组内部会议、研讨、调研、试验、检测、试验工程、产品应用等;之前历次审查会专家审查及结论;征求意见及意见处理等。

意见征求阶段工作的说明,应突出说清以下三个情况:一是标准征求意见稿发放范围、单位数量及其行业代表情况,是指应说明标准征求意见稿发给了哪些单位,为什么选择这些单位,这些单位在使用本标准方面具有什么样的代表性。需要强调的是,在选择标准征求意见单位时,起草单位不应规避与自己存在竞争关系但有可能会使用标准的单位,应突出说明竞争对手关于本标准的意见以及本单位对其意见的处理情况。二是意见汇总及分析处理情况,是指应说明各单位反馈的意见情况(数量)、起草单位经分析后对意见的处理情况、对于未采纳意见的原因说明,其中如果未采纳意见包括有竞争对手的,应对其原因进行重点说明。三是起草单位应将意见"部分采纳"和"不采纳"的处理结果向意见提出单位进行反馈,争取达成一致。若不能达成一致的,起草单位应在编制说明中予以说明,提请标准审查会议定。

二、标准编制技术内容

标准编制技术内容包括标准编制的原则、主要内容及其确定依据,修订标准时,还包括修订前后技术内容的对比。

(1)制定标准的原则和依据。

(2)主要条款的说明,主要技术指标、参数、实验验证的论述。该部分是标准编制说明的核心部分,其目的是对标准主要技术内容及其确定依据进行说明。切记不是抄录标准条文,而是要写出该条款的理由和依据,如上位标准、研究成果、试验结果、检测结论、工程实践等。

在实际编制过程中,把编制说明写成标准条款解释,即只讲"标准有什么(或者是什么)",不讲"标准为什么这样规定",是最常见的问题。这样的阐释不符合标准编制说明的要求。

在标准编制说明中需要特别说明的,通常包括以下方面的内容:一是提出或推荐选用的参数和指标等,如产品系列化的分档参数、产品系统的对外接口参数、可靠性维修性指标、设计时采用的冗余系数或安全系数、产品实现过程中的指标限值等;二是提出或推荐使用的公式、图表等,含公式或图表中的经验系数;三是提出或推荐选用的工作项目、工作流程等;四是对修订标准,主要是与原标准相比,变化的条目或内容。

确定上述内容的依据,一般可从以下方面进行说明:一是理论依据,如新的原理、新的方案、新的模型、新的技术要求等;二是试验依据,例如试验验证情况及结论;三是数据依据,例如基于数据样本的统计分析结论;四是实践依据,例如经过多型产品应用验证获得结论、经验等。

确定标准重要内容的依据的说明应当越详细越好,可综合运用文字分析、图形示意、统计图表等,不应当笼统地使用"经验证明有效""试验证明合理"等模糊表述。当起草单位开展过标准内容的试验验证或分析验证工作时,应在该部分进行详细说明。重点说明验证工作如何开展,并得到何种结论。如果编制说明提及试验验证或分析验证工作的,应将对应的试验验证报告或分析验证报告作为编制说明附件一同提交标准审查与报批,最终与标准发布稿、标准编制说明一并留存归档。

三、重点需要说明的问题

重点需要说明的问题主要是两个方面：一是创新点是什么，二是试验突破的是什么问题。

（1）试验验证的分析、综述报告，技术经济论证，预期的经济效益、社会效益和生态效益。

（2）与国际、国外同类标准技术内容的对比情况，或者与测试的国外样品、样机的有关数据对比情况。

（3）以国际标准为基础的起草情况，以及是否合规引用或者采用国际国外标准，并说明未采用国际标准的原因。

（4）与有关法律、行政法规及相关标准的关系。

（5）重大分歧意见的处理经过和依据。

（6）涉及专利的有关说明。

（7）实施团体标准的要求，以及组织措施、技术措施、过渡期和实施日期的建议等措施建议。

（8）其他应当说明的事项。

一般而言，标准编制背景依赖于现实工作应用和既有成熟技术水平，但团体标准同时还担负着新产品、新技术、新业态等更加丰富的新领域的推进使用，因此，做好团体标准编制说明工作，具有更重要的意义。

除了以上的常规要求外，团体标准编制说明中需要重点对起草标准的必要性进行论述和说明。根据协会团体标准近些年编制说明过程中的经验，对团体标准的编制必要说明提出了更为细化的几个要求。

一是，突出新颖性。团体标准编制立足市场的新变化，使用新技术、新产品，服务新业态。在编写编制说明时，应当突出新颖性。一方面，是指该标准所涉及的核心技术内容是具备突破性的；另一方面，还要通过一些技术手段，比如查重或查新，论证该标准的编写是否现有标准重复。

二是，强调实用性。实用性一般是指该项标准能够制造或使用，并产生积极效果。但作为团体标准来说，还须要区分该标准与既有产品、技术、政策要求、解决方案之间的区别,强调推进该项标准的必要性,现实需求和紧迫性。

三是,表明适用性。适用性分析旨在确保标准能够与特定的应用场景、需求或目标群体相匹配。在编写编制说明时,需要通过一系列评估手段,来确定该项标准涉及的产品或方法在实际使用中的适用性,以及达到的预期效果,包括但不限于环境适应性、技术适应性、经济适应性等。

四是,具备排他性。团体标准编制要对与科研探索、课题研究等其他工作相区别。近些年,很多单位将团体标准的编写纳入科研工作考核当中,对于团体标准的发展起到了积极的作用,但另一方面,依托科研项目成果转化的团体标准在编写过程中,无法有效地将科学的语言转化为标准的语言。其中,最为突出的是在团体标准编制说明的编写上,往往出于科研项目或满足结题等需要,对原有的项目背景和技术路线进行简单改写,与团体标准本身所需的编制说明存在差距。因此,在编写编制说明时,应当使用标准的语言,突出标准所需要的重点,与其他科研工作的文件相区别。

在此基础上,在编写编制说明中的技术路线及实施时,需要按照一步一动的要求,按照工作大纲计划,完成该项标准所需的调研、试验,对利益相关方征求意见,进行沟通。

第五节 征求意见稿意见处理

团体标准征求意见环节非常重要,是广泛吸纳不同意见的重要环节,是提升团体标准质量的重要方式。

一、征求意见函

审查征求意见稿草案后,需要组织向相关单位及个人等征求意见。如有需要,可采取走访或召开专题会议的形式征求意见。如需要向有关行政机关征求意见,可由协会或标委会印发征求意见函。

示例 10-1

关于征求中国交通运输协会团体标准
《××××》意见的函

各有关单位：

　　根据中国交通运输协会××××年中国交通运输协会团体标准制修订项目计划由××××起草的中国交通运输协会团体标准《××××》征求意见稿已完成。按照《中国交通运输协会团体标准管理办法》的要求，现在公开征求意见。

　　请将意见填入"意见反馈表"中，于××××年××月××日前，以××××方式反馈给我单位。如没有意见也应复函说明，涉及修改重要技术指标时，应附上必要的技术数据，逾期未复函的按无异议处理。

　　联系人：××××，电话：××××

　　传真：××××，E-mail：××××

二、征求意见回复

被征求意见的单位或个人应当在截止日期前回复意见，逾期不回复，按无异议处理。对比较重大的意见，应当说明论据或提出技术经济论证。征求意见期限应不少于 30 个自然日。

示例 10-2

《××××》征求意见稿
意见反馈表

　　提出单位(公章)：

　　联系人：　　　　　　联系电话：

　　传真：　　　　　　　E-mail：

序号	章条编号	修改意见内容（包括理由或依据）

注：如所提意见篇幅不够，可增加附页。

三、征求意见处理

征求意见结束后,起草组应对收集到的反馈意见进行逐条归纳整理,在分析研究的基础上提出处理意见。不采纳的意见要写出原因,并形成征求意见处理表。对有争议的重大问题可以视具体情况进行补充的调查研究、测试验证或召开专题会议,形成专题报告。

示例10-3

意见汇总处理表

团体标准名称：　　　　负责起草单位：　　　承办人：

电话：　　　　　年　　月　　日

发送"征求意见稿"的单位数：　个；

收到"征求意见稿"后,回函的单位数：　个；

收到"征求意见稿"后,回函并提出意见的单位数：　个；

没有回函的单位数：　个。

共　页　第　页

序号	团体标准 章条编号	意见内容	提出单位	处理意见 (采纳/不采纳)	备注 (不采纳的理由等)

为清晰、明确起见,对征求意见单位提出意见的排列顺序,通常按照其在标准文本中出现的顺序编排。征求意见说明应总结分析共收到意见的条数、采纳意见的条数、部分采纳和不采纳意见的条数。

第六节　涉及专利的处置

团体标准编写过程中,涉及专利应在各阶段依照有关办法处置。

一、涉及专利处置的依据

涉及有关专利的程序和要求应参照国家标准委、国家知识产权局关于发布的《国家标准涉及专利的管理规定(暂行)》,并按照 GB/T 20003.1—2014 和 GB/Z 43194—2023《团体标准涉及专利处置指南》的要求和建议执行。团体标准编制过程中,各阶段需要发布的专利说明不一,但均应将团体标准涉及的专利信息及时公布。

二、涉及专利处置的要求

(一)提案阶段

在提案阶段,项目提案方应尽可能广泛地收集项目提案所附的标准建议稿中涉及的专利信息,并应按照 GB/T 20003.1—2014 的规定披露自身及关联者拥有的标准涉及专利以及其所知悉的他人(方)拥有的标准涉及专利。项目提案方在向社会团体提交的项目提案中应包括标准涉及专利信息披露表和证明材料。

(二)立项阶段

在立项阶段,社会团体在项目建议书提交审查或表决时,应同时提交收到的标准涉及专利信息披露表、证明材料和已披露的专利清单(可不填写有关许可的信息)。社会团体内部人员及其外聘的专家或委员应在规定的截止时间前,按 GB/T 20003.1—2014 的规定披露本人、所在单位及其关联者拥有的标准涉及专利以及其所知悉的他人(方)拥有的标准涉及专利,具体的期限由社会团体自行规定。社会团体在对拟立项的涉及专利的标准项目进行公示时,应同时公布涉及专利的标准草案、已披露的专利清单和社会团体的联系方式,鼓励组织和个人披露其拥有和知悉的与标准有关的专利。

(三)起草阶段

在起草阶段,起草工作组应披露自身及关联者拥有的标准涉及专利以及其所知悉的他人(方)拥有的标准涉及专利。不属于起草工作组,但对向正在制修订的标准提供技术建议的单位或个人,应按规定披露自身及关联者拥有的标准涉及专利以及其所知悉的他人(方)拥有的标准涉及专利。在团体标准制修订过程中规范性引用了涉及专利的标准条款时,应获得专利权人或专利申请人的实施许可声明并进行披露。社会团体应将收到的标准涉及专利信息披露表、证明材料和标准涉及专利实施许可声明表及时通知起草工作组。起草工作组提交的标准草案征求意见材料中应包括标准涉及专利信息披露表、证明材料、已披露的专利清单和标准涉及专利实施许可声明表。

(四)征求意见阶段

在征求意见阶段,涉及专利的团体标准在征求意见时,社会团体应公布标准相关信息,并注明鼓励组织和个人披露其所拥有和知悉的标准涉及专利。被征求意见的单位和个人,宜按 GB/T 20003.1—2014 的规定披露其拥有和知悉的标准涉及专利。社会团体及其外聘的专家或委员应在规定的截止时间前披露本人、所在单位及其关联者拥有的标准涉及专利以及其所知悉的他人(方)拥有的标准涉及专利。社会团体应将征求意见过程中新收到的标准涉及专利披露信息及时通知起草工作组,并按照相关规定进行处置。

(五)审查阶段

在审查阶段,社会团体在对涉及专利的标准送审稿进行审查时,应采用会议审查的方式。审查的内容至少包括标准是否满足相关要求以及标准涉及专利信息披露表、证明材料、已披露的专利清单和标准涉及专利实施许可声明表的完备性。审查应就标准涉及专利的有关事项给出审查意见。起草工作组提交的标准草案报批材料中应包括标准涉及专利信息披露表、证明材料、已披露的专利清单和标准涉及专利实施许可声明表。

(六)批准阶段

在批准阶段,社会团体应对标准涉及专利信息披露表、证明材料、已披露的专利清单和标准涉及专利实施许可声明的完备性,以及处置程序的符合性进行审核。对不符合报批要求的,应退回起草工作组,解决问题后再行报批。对于符合报批要求的,社会团体应在该标准发布前公布标准中涉及专利的信息,公示期至少为30日。公示期间,任何组织或者个人可向社会团体披露其知悉的标准涉及的尚未披露的专利。社会团体应将新收到的标准涉及专利信息及时通知起草工作组。在标准报批之前,如果发现了新的标准涉及专利,社会团体应中止标准的报批程序,并对新披露的标准涉及专利按起草阶段、征求意见阶段和审查阶段的规定进行处置,然后再行报批。

(七)复审阶段

对于团体标准的复审,当标准发布后,发现标准涉及专利但没有专利实施许可声明的,社会团体应组织标准复审,并根据复审结论视情况选择:①要求起草工作组在规定时间内获得专利权人或专利申请人作出的专利实施许可声明;②暂停实施该标准;③要求起草工作组修订该标准。

(八)专利信息发生变化时

标准发布后,标准中涉及的专利信息发生变化时(如专利申请未能通过审查,专利过了保护期年限、专利权人发生变更等),应及时对标准进行复审。在复审过程中,社会团体应对标准中涉及专利的信息进行核实,并根据核实结果确定标准的复审结论。

在团体标准的编制过程中,对于其他标准的引用,原则上按照"规范性引用"的规则进行,确需引用原文的,应当写明来源。应当值得注意的是,近年来,我国标准版权保护工作已连续多年,被列入《中国知识产权保护状况》年度白皮书。团体标准具有独创性智力成果的属性,属于《中华人民共和国著作权法》保护的客体,同样拥有版权。

第十一章
交通运输团体标准应用

第一节 宣贯与培训

宣贯,即宣传和贯彻落实。标准得以有效实施的前提条件,是让所有实施者知道有标可依、有标可用,且能够正确、准确理解和使用标准。因此,标准宣贯是标准发布后的一个重要工作环节。

一、宣贯与培训的关系

标准宣贯与培训常常是紧密联系的。标准宣贯是标准培训的前提和基础,而标准培训是标准宣贯的深化和扩展。在实际操作中,组织通常会先进行标准宣贯,确保所有成员都了解新的或更新的标准,然后通过标准培训确保成员能够正确理解和应用这些标准。

标准宣贯和标准培训是两个在组织或企业中常见的概念,它们都与确保成员了解和遵守相关标准有关,但侧重点和实施方式有所不同:一是标准宣贯通常指的是将某个标准或规定传达给行业、组织内部的实施者,使其了解这些标准的内容和要求。它更侧重于信息的传递和告知,强调的是让实施者知晓标准的存在和重要性,以及修订和更新情况等。宣贯通常采取多种形式,如内部通知、会议、邮件等。二是标准培训则更加深入,它不仅包括标准的告知,还包括对标准的详细解释、应用方法和实施技巧的教授。培训的目的是确保实施者不仅知道标准是什么,而且能够理解其背后的原理,并在实际工作中正确应用这些标准。培训可能包括讲座、研讨会、实操练习等多种形式。

每项标准发布后的宣贯,尤其是培训工作至关重要。通常的做法是发挥标准起草单位、技术依托单位、团体标准化技术委员会的主渠道作用,采取宣贯会、培训班、远程教育等多种形式进行标准的宣贯培训,进而确保标准培训的质量。标准的宣贯培训需求应从人员的标准化知识需要、现有标准化技能和所从事工作的标准化要求等方面来考虑,以增强社会标准化意识为根本点。

二、基础环节

(一)设计策划

宣贯培训的设计和策划包括但不限于以下内容:宣贯培训目的、宣贯培训内容、宣贯培训对象、主讲人、宣贯培训资料、宣贯培训现场管理和效果评价等。

(二)实施宣贯培训

实施标准的宣贯培训时,宣贯培训实施者应做好有关标准宣贯培训的工具、设备、文件、软件和食宿安排等,精心组织标准宣贯培训工作,并收集宣贯培训对象关于宣贯培训效果及改进方面的反馈信息。

(三)评价宣贯培训效果

标准宣贯培训效果评价主要为衡量宣贯培训的目标是否实现、宣贯培训的效果如何,着眼于宣贯培训的有效性和效率的提升。标准宣贯培训效果评价开展的依据为宣贯培训计划和预先设定的评价规则,应在了解宣贯培训对象在宣贯培训方式、资源及宣贯培训中所获得的标准化知识或技能情况后,再作出评价。为确保标准的宣贯培训按要求进行管理和实施,提高宣贯培训的有效性,应对上述宣贯培训所有过程进行监督。如发现问题,应及时采取纠正预防措施,改进标准的宣贯培训过程。

三、宣贯培训内容

标准制定完成之后,标准单位或标准化专业技术归口单位应根据标准的内容、范围及复杂程度组织宣贯。标准的宣贯培训主要包括以下三方面内容:一是标准的重要性。通过讲解标准制定的背景和目的,使学员了解标准制定的意义和重要性。二是标准条文讲解。通过对标准中各条文的讲解,使学员理解和掌握标准规定的内容和各项要求。三是讲解标准实施中应注意的问题。为保障标准的顺利实施,应对标准实施中特别注意的问题进行讲解;对于修订标准,还应通过编写新旧标准内容对照表、新旧标准更替注意事项及其他参考资料等,使学员有针对性地重点掌握标准发生变化的内容,以更有效地推进标准的顺利实施。

(一)标准化意识教育

增强标准化意识是标准化工作有效开展的前提,直接关系到标准化工作的成败。因此,标准化意识教育是标准宣贯培训的首要内容。标准化意识教育的重点是要求实施者理解实施标准对规范行业发展的意义,明晰标准的推广和应用对实施者的生产、经营、检验、服务及管理的作用,以及如何实现运用标准化的手段来指导具体工作。

标准化意识教育的内容包括:标准和标准化的基本概念,标准化法律法规,实施标准对行业、组织、社会的意义和作用等。标准化意识教育的方式多种多样,除了现场宣贯培训方式外,利用网络等媒介来宣贯培训标准化知识已成为新型教育方式,其最大的优势是受众面广。

(二)标准化岗位培训

从事标准化工作的人员需要进行标准化岗前培训和持续地学习,应掌握标准化基础知识,以更好地满足工作和管理的需要。标准化岗位培训大多采取集中培训的方式、使学员掌握标准化通用理论知识。培训内容应具有系统性和基础性,培训完成后可进行考试测评,并颁发相应的培训合格证书。

四、协会标准宣贯实例

团体标准通常是针对特定行业或领域制定的,符合市场和贸易需求,反映了行业或领域内的最佳实践和技术共识。团体标准的制定不妨碍公平竞争,不限制团体标准实施者基于团体标准开发竞争性技术和技术创新,促进行业或领域的健康发展。由于更加灵活和迅速的制定过程,团体标准能够比国家标准更快地响应行业变化和技术进步。与强制性的国家标准不同,团体标准是自愿采用的,因此,做好团体标准的宣贯更加重要。

(一)现场宣贯培训

利用现场宣讲、解答疑难、图片展览等方式可起到直观、感性认识强的宣贯培训效果。标准起草单位或标准化专业技术归口单位可通过印发文件等手段有目的和有针对性地推进重要标准的现场宣贯培训。2023 年 10 月 25 日,T/CCTAS 50—2023《快运术语》团体标准宣贯培训会在浙江桐庐中通快运总部举行。会上对 T/CCTAS 50—2023 团体标准的起草工作情况、标准内容和贯彻使用标准三方面进行了宣贯说明,做好标准条文的解读,让社会各界、行业企业更多地了解标准、使用标准。

(二)网络宣贯培训

通过网络形式开展标准宣贯培训是一种低成本、易传播、发展潜力巨大的培训方式,越来越多地受到社会各界的认可。国家标准化管理委员会在官方网站上设有"标准化新闻""标准化简报""标准化法律法规""国家标准公告""行业标准和地方标准备案公告""标准化知识讲座"等专栏,向公众宣贯标准化相关知识。国家标准化管理委员会官方网站还提供强制性国家标准的在线阅读功能,可以直接浏览强制性国家标准全文。2020 年 5 月 29 日,国家标准化管理委员会发布《关于利用标准云课平台进一步做好国家标准宣贯工作的通知》(国标委发〔2020〕27号),进一步提出通过国家标准宣贯视频来推动标准的有效实施。

2024 年 3 月 1 日,T/CCTAS 71—2023《桥梁工程钢箱梁智能制造技术指南》团体标准线上宣贯会议召开,主要介绍了标准的制定背景、主要工作过程及内容解析。这一指南的制定有利于提升桥梁制造品质,充分发挥钢结构桥梁性能优势,提高公路钢箱梁桥制造自动化、信息化水平,实施钢箱梁智能制造,推动"标准化、工厂化、智能化、信息化"建设理念转化为实践成果。2024年1月4日,T/CCTAS 76—2023《轨道减振效果实验室评价方法》团体标准线上宣贯会议召开,来自交通运输行业相关科研院所、高等院校、企事业单位等1000多位同仁在线参加学习交流。主要起草人从标准制定的背景、研究基础、主要内容等方面进行了详细解读。该标准的制定,解决了国内相关标准不统一的问题,填补了我国轨道减振效果评价方法的空白,规范了城市轨道交通中轨道减振效果的室内测试评价方法,对推动城市轨道减振降噪具有指导意义。

第二节 采 用

团体标准的制定主体是学会、协会、商会、联合会、产业技术联盟等社会团体。采用团体标准的方式包括由本团体成员约定采用,或者按照本团体的规定供社会自愿采用。社会采用团体标准时,一般需要征得发布单位同意。因此,如果需要使用某项团体标准时,可以联系发布该团体标准的社会团体,按照其团体标准使用规定,由双方共同协商。采用团体标准之后,该标准在执行中是否具有强制性,主要取决于该团体标准是否被法律法规或规章文件引用。如果采用团体标准的主体是企业,那么还需要考虑采用的企业是否自愿在其产品和销售中遵守该标准。尽管团体标准本身不是强制性的,但是当企业采用团体标准后,对企业的产品就具有了强制性。这是因为团体标准是社会自愿采用的标准,一旦企业选择采用,那么该标准就成为企业产品生产和销售的依据,违反团体标准的企业将承担相应的法律责任。例如,团体标准经建设单位、设计单位、施工单位等合同相关方协商同意并订立合同采用后,即为工程建设活动的依据,必须严格执行。

一、采用的途径

企业可以自愿采用团体标准作为其生产活动的依据,尤其是当团体标准严于国家标准和行业标准时,企业可能会选择采用团体标准以提升产品和服务的市场竞争力。此外,如果团体标准的实施效果良好,且符合国家标准、行业标准或地方标准的制定要求,团体标准还可以申请转化为这些更高级别的标准。国家鼓励社会团体制定高于推荐性标准技术要求的团体标准,以科学合理利用资源,推广科学技术成果。

二、协会标准采用实例

2022年8月31日起实施的 T/CCTAS 36—2022《高速公路零碳服务区评价技术规范》被海南省交通投资控股有限公司采用,用于建设海南省高速公路零碳服务区建设;内蒙古自治区交通运输科学发展研究院采用该标准,用于高光照资源区高速公路基础设施零碳运营;大理白族自治州交通运输局、新疆维吾尔自治区交通运输厅规划设计管理中心、云南省公路开发投资有限责任公司、吉林省吉高服务区管理有限公司等多家单位积极宣传,自愿采用该标准。

T/CCTAS 37—2022《公路与城市道路工程混凝土结构表层渗透防护技术规程》于2022年12月1日正式实施后,被中铁投资集团有限公司、北京国道通公路设计研究院股份有限公司、北京市市政工程设计研究总院有限公司、广州珠江黄埔大桥建设有限公司、中交特种工程有限公司、山西省和顺公路管理段等多家单位采用,涉及工程金额1300多万元。

第三节 采 信

团体标准采信是指将符合一定条件的团体标准,通过特定的程序转化为国家标准、行业标准、地方标准的活动。《团体标准管理规定》(国标委联〔2019〕1号)第二十八条规定:团体标准实施效果良好,且符合国家标准、行业标准或地方标准制定要求的,团体标准发布机构可以申请转化为国家标准、行业标准或地方标准。《交通运输行业标准管理办法》(交科技规〔2024〕1号)明确指出:"鼓励将实施效果良好,符合行业标准制定需求和范围的交通运输地方标准和团体标准转化制定为行业标准"。

一、采信为国家标准

2023年8月,《推荐性国家标准采信团体标准暂行规定》(国标委发〔2023〕39号)发布实施,搭建了团体标准转化为国家标准的渠道,将有效促进团体标准创新成果推广应用,增加推荐性国家标准供给,提升国家标准质量水平。该规定结合我国现有推荐性国家标准和团体标准特点,在推荐性国家标准工作机制基础上,畅通渠道、简化程序、缩短时间,规范国家标准采信团体标准程序。

(一)采信条件

推荐性国家标准采信团体标准的采信条件包括以下四条。

(1)坚持需求导向和社会团体自愿原则。采信团体标准的推荐性国家标准与被采信团体标准技术内容原则一致。立足国家标准体系建设需求,针对国家标准体系中缺失的重要标准,在充分尊重社会团体意愿基础上,组织团体标准采信工作。

(2)符合推荐性国家标准制定需求和范围,技术内容具有先进性、引领性。

(3)符合团体标准化良好行为标准的社会团体。通过评价符合GB/T 20004.1—2016、GB/T 20004.2—2018等国家标准的社会团体,其制定的标准才具备被采信条件。

(4)团体标准实施满2年,且实施效果良好。

(二)采信程序

《推荐性国家标准采信团体标准暂行规定》(国标委发〔2023〕39号)缩短了采信标准制定周期,简化了立项评估,可以省略起草阶段、缩短征求意见时间,从计划下达到报批,周期控制在12个月以内,大幅提升推荐性国家标准采信团体标准的时效性。该规定还对采信标准的版权、编号等作出了规定。国家市场监督管理总局组织开发的"推荐性国家标准采信团体标准项目申报系统"已正式开通上线,具体见图11-1。

符合团体标准化良好行为标准的社会团体可以通过采信标准申报系统,提出采信申请,并按照操作提示注册账号;同时,依据该暂行规定要求,提交社会团体法人登记证书、团体标准化良好行为评价的证明、团体标准及其编制说明的纸质文本和电子版文本、采信建议书等有关材料。国务院标准化行政主管部门将组织开展采信申请评估、评估结果公示等工作,评估通过后下达推荐性国家标准计划。

图 11-1 推荐性国家标准采信团体标准项目申报系统

二、转化为行业标准或地方标准

团体标准转化为行业标准或地方标准的条件和程序更多地取决于各行业、各地方标准转化的规定。

(一)团体标准转化为铁路行业标准的规定

国家铁路局印发的《团体标准和企业标准转化为铁路国家标准和行业标准的暂行规定》(国铁科法〔2023〕29号),对团体标准转化为铁路国家标准和行业标准的具体条件作了规定。

(1)社会团体和企事业单位应当符合以下条件：

一是在我国境内依法设立、具有法人资格的社会团体和企事业单位；二是有较强的技术实力和行业影响力；三是具有较为扎实的标准化基础和较为丰富的标准化工作经验；四是有完善的标准化管理制度，为开展标准化工作提供必要的专职人员、经费和办公条件；五是国家标准化其他相关要求。

(2)团体标准和企业标准应当符合以下条件：

一是符合铁路国家标准和行业标准制定范围和需求，在所属专业领域应用效果好、适用范围广、技术水平高、行业影响大；二是团体标准在全国团体标准信息平台发布，企业标准已开展自我声明公开；三是标准实施满2年，且实施效果良好。

(二)团体标准转化为北京地方标准的规定

《北京市市场监督管理局关于印发〈北京市地方标准管理办法〉的通知》(京市监发〔2023〕99号)，对团体标准转化为北京市地方标准作出了原则性的要求；对具有先进性、引领性，已在全国团体标准信息平台公开，实施效果良好，需要在全市范围推广实施，且符合地方标准立项条件的团体标准，可以按照《北京市地方标准管理办法》(京市监发〔2023〕99号)规定程序向地方标准转化。

三、协会团体标准采信情况

(一)转化为铁路行业标准

2022年7月，经过近两年的反复研究讨论和精心论证，在国家铁路局指导下，团体标准T/CCTAS 32—2022《铁路建设项目开通运营前安全评估规范》正式发布。该团体标准发布后，国家铁路局立足行业监管部门的高度，结合行业实际，以此为基础，正式启动了团体标准转化为行业标准的审核发布程序。

2022年，国家铁路局下发《国家铁路局2022年铁路装备技术和运输服务标准项目计划》(国铁科法函〔2022〕91号)、《国家铁路局2022年铁路装备技术和运输服务标准项目计划(承担单位)》(科法函〔2022〕121号)，将TB/T 30012—2014《铁路运营安全评估规范》行业标准正式立项，并由中交协轨道交通安全技术专业委员会、国家铁路局安全技术中心、铁科院安全中心、北京交通大学共同起草。由该团体标准修订完善后形成的 TB/T 30012—2024 铁道行业标准已由国家铁路局于 2024 年 5 月 21 日正式发布，2024 年 12 月 1 日实施。这一标准填补了我国铁路运营安全评估行业标准空白。

（二）转化为地方标准

2022 年 10 月，T/CCTAS 37—2022 正式发布，并于 2022 年 12 月 1 日正式实施。这一团体标准所述的混凝土结构表层渗透防护技术已经在广东、北京、江苏、山西、宁夏等多地实施，该技术显著提升了工程内在安全性和外在美观性。在此基础上，结合北京市混凝土工程防护的迫切需求和实际情况，进一步编制了北京市地方标准 DB11/T 2081—2023《道路工程混凝土结构表层渗透防护技术规范》，并于 2023 年 3 月 30 日发布，7 月 1 日实施。这一地方标准的发布实施，推动了团体标准在局部区域的精准落地，并形成示范效应。

第四节　国　际　化

团体标准国际化是指团体标准化工作在协调好国内工作的基础上，主动对外开放，在标准制定主体上吸纳国外利益相关方参与，在标准条款内容上与国外同行共同制定或采用国际、国外先进技术要求，在标准实施上学习、借鉴国外相关学会或协会先进模式，或是联合创新推广与应用模式等。实现团体标准国际化可以在满足我国发展实际需求的基础上，紧跟全球步伐、达到国际水准，切实发挥标准的规范、引领作用。

一、团体标准国际化特点

团体标准国际化呈现出如下特点：一是从目的来看，通过在内容上提高标准可操作性、在程序上提高透明度，进而树立我国团体标准品牌，推动我国团体标准"走出去"。二是从参与主体来看,在国际化路径下,团体标准的参与主体将会进一步得到开放,不仅包括了中国代表,也将包括在中国注册或登记的国外利益相关方,另外也可能在一定的条件下许可或邀请国外的相关机构专家参与我国相关团体标准的制修订工作。三是从适用范围来看,在标准的适用范围方面,团体标准将不仅仅局限在该团体内部,可能拓展至国外相同的行业领域,也可能被其他国家采用,成为其国家标准,在其国家范围内适用,亦可能成为ISO、IEC等国际标准组织的国际标准,在全球范围内适用。四是从标准内容来看,团体标准将会顾及更多利益相关方的需求。团体标准国际化之后,由于更多成员的加入,对标准的需求、代表的技术水平等情况就会发生变化,需要协调各方需求的难度会相对增加,因此,作为各利益相关方协调的产物,此时的团体标准在内容方面将会作出较大程度的调整,技术要求可能会更加严格,也可能会相对降低。五是从国际化的方式来看,将主要出现两种类型:一种是引进来,另一种是"走出去"。对于在团体标准中引进国际、国外标准,要制定相关的引进规范,在遵循国际、国外相关标准制定组织相关规定的前提下,对相关国际、国外标准进行比对分析,确保引进先进的、能够满足我国需求的国际、国外标准。对于推动我国团体标准"走出去",同样要制定相应的规范。一方面对"走出去"的方向作出引导,另一方面也要选拔出能够代表我国团体标准水平、符合推动实现我国团体标准"走出去"目的的团体标准。

二、团体标准国际化的意义

推进团体标准国际化,不仅是战略性问题,更是团体标准发展的未来趋势和必由之路。

第一,首先推进团体标准国际化,能够切实提升团体标准的自身水平。在国际化的视角下,团体标准走的是国际化路线。标准条款解决的将是团体领域内国际共同关注的问题,标准条款设定的将是国际同行业共同遵守的行为规范。因此,经过国际化的团体标准代表的是国际水平。

第二,扩大社会团体的"朋友圈",能够切实提升社会团体的国际影响力。在我国综合国力和全球影响力不断提升的大环境下,推动我国团体标准国际化,将会吸引更多的国外利益相关方参与到相应的团体标准化工作中。通过开展团体标准国际化合作，能够为社会团体在除标准化之外的其他业务方面创造更多的交流与合作的机会，建立起更多的合作伙伴关系。

第三，能够深化国内外产业的互联互通，为提高我国相关产业发展水平提供技术支撑。有了具备国际水平的团体标准，通过社会团体的对外合作与交流，产业"走出去"的步伐将会进一步加快，为产业发展带来更多的发展机遇，促进产业更好、更快地发展。

第四，通过团体标准国际化，将会更好地服务我国的外交、外贸大局。标准是世界的通用语言，标准是贸易的通行证，团体标准自然也不例外。具有市场属性的团体标准，通过国际化，不仅在技术层面为我国的外交、外贸发展提供更多的技术支撑，更会在经济、文化等各方面服务好我国的外交、外贸大局。

第五，通过团体标准国际化，更会在全球经济一体化的进程中贡献出一份力量。标准是世界互联互通的桥梁和纽带，通过推进团体标准国际化，将全球范围内的各利益相关方团结起来，解决经济贸易以及技术发展中切合实际的发展问题，将会为全球经济发展构筑起一道更加坚强有力的保障屏障。

凡事预则立，不预则废。当前，我国团体标准化工作正处于发展起步阶段，呈现出强劲的发展态势。然而，这一阶段的团体标准化工作仍聚焦在国内，尚未将国际化作为重点。国际标准化工作是标准化工作的半边天，在这一阶段就开始谋划团体标准国际化工作不仅能够避免因发展到中后期再考虑国际标准化工作而带来的机制体制方面的问题，还能较早地对团体标准化工作作出全局性、战略性布局，从而有利于在国际标准化工作中树立我国团体标准品牌的同时，更为我国标准化工作水平的不断提升注入新动能。

三、交通运输团体标准国际化路径

将我国的团体标准提升为 ISO/IEC 标准，最为直接的方式就是以标准提案的形式获得 ISO/IEC 的立项认可，进而制定成为国际标准。将团体标准推荐为 ISO/IEC 的标准提案要进行筛选与评估，如符合下列条件之一的产品标准经评价可列为推荐对象：①被评价产品标准的主要技术指标均优于国家标准、行业标准；②被评价产品标准的主要技术指标均达到国家标准、行业标准指标值要求，其中有部分主要技术指标值优于国家标准、行业标准指标值要求；③被评价产品标准无可比对的国家标准、行业标准，产品主要技术指标值无可比，属填补国内标准空白，主要技术指标具有科学性和可行性；④被评价产品标准的主要技术指标值优于国际标准或国外先进标准；⑤被评价的产品标准无可比对的国际标准或国外先进标准，产品主要技术指标值无可比，属填补国际标准空白，主要技术指标具有科学性和可行性。

申请 ISO/IEC 国际标准立项工作，一方面要遵守 ISO/IEC 的工作规则，另一方面也要遵守我国的《参加国际标准化组织（ISO）和国际电工委员会（IEC）国际标准化活动管理办法》。该办法明确了国务院标准化主管部门鼓励各有关方面积极向 ISO 和 IEC 提出国际标准新工作项目和新技术工作领域提案，其中就包括行业协会等社会团体。根据该办法，提交国际标准新工作项目提案应遵照以下工作程序：

一是按照 ISO 和 IEC 的要求，准备国际标准新工作项目提案申请表以及国际标准的中英文草案或大纲，填写国务院标准化主管部门《国际标准新工作项目提案审核表》。

二是要将上述材料经相关国内技术对口单位协调、审核，并经行业主管部门审查后，由国内技术对口单位报送国务院标准化主管部门；经国务院标准化主管部门审查后统一向 ISO 和 IEC 相关技术机构提交申请；如无行业主管部门的，国内技术对口单位可直接向国务院标准化主管部门报送申请。

三是提案单位和相关国内技术对口单位应密切跟踪提案立项情况，积极推进国际标准制修订工作进程并将相关情况及证明文件及时报国务院标准化主管部门备案。

只有符合该办法的基于我国团体标准的 ISO/IEC 国际标准提案才能得到国务院标准化主管部门的支持，并获准提交至 ISO 技术管理局和 IEC 标准管理局，进而根据《ISO/IEC 导则 第 1 部分：技术工作程序》《ISO/IEC 导则 第 2 部分：国际标准结构及编写规则》以及《ISO/IEC 导则 第 1 部分：IEC 专用程序》《ISO/IEC 导则 第 1 部分：ISO 专用程序》的相关要求，进行标准的编写工作。

当前，我国标准国际化政策主要面向"一带一路"倡议和亚太、东盟等重点组织、联盟，相关国家和地区依托既有技术积淀、政策和资源倾斜，更易开展标准国际化工作。对于交通运输传统领域和技术落后的领域而言，部分政策制度条款缺乏针对性和指导性。从标准制修订情况来看,铁路领域涉及的专业技术方向较为广泛,但其他领域参与国际标准仅限于少数技术优势方向,行业整体水平有待提高。行业不同领域之间标准国际化水平不一致、发展不平衡。

四、协会团体标准国际化工作

中交协于2022年发布的团体标准T/CCTAS 30—2022《自动导向轨道交通车辆通用技术条件》已形成了较为成熟的外文版草案。与中文版14页11692字比较,该团体标准的英文版 *General technical specification for automated guided transit vehicles* 全文共计21页,6898字。这一团体标准的英文版经调研讨论,委托第三方专业语言机构文本翻译,由原标准起草单位组织技术专家和语言功底较好的工程师进行审核、修改,广泛征求海外单位和专家意见形成,将通过"一带一路"跨式单轨系统国际标准联盟(ISAM)发布。

此外,协会还参与了"一带一路"铁路项目运营管理团体标准工作,协助相关标准发布。

第十二章
交通运输团体标准应用案例

第一节 交通基础设施工程

本节组织了6个交通运输基础设施工程方面的团体标准应用案例。

一、T/CCTAS 71—2023《桥梁工程钢箱梁智能制造技术指南》

(一)制定背景

我国有关钢桥制造的行业标准有 Q/CR 9211—2015《铁路钢桥制造规范》、JTG/T 3650—2020《公路桥涵施工技术规范》、JTG/T 3651—2022《公路钢结构桥梁制造与安装施工规范》等,这些标准均基于成熟的钢桥制造技术,通用性较强,着重于对钢桥整体质量的控制,对钢桥制造技术发展的促进作用不明显。随着我国经济的快速发展和制造能力的不断提升,钢结构在桥梁建设中的比重不断提升。近些年,在港珠澳大桥、沪通长江大桥、杭州湾大桥、广州南沙大桥、福建平潭海峡大桥等一批重大工程的建设过程中,参建单位不断创新,研发应用先进的钢桥制造技术,尤其钢箱梁智能制造技术,取得显著的成果。目前对于桥梁钢结构智能制造的实施没有相关标准规范,限制了智能制造技术的应用,为此,桥梁工程钢箱梁智能制造指南的研究与制定对指导我国钢桥先进制造技术的应用至关重要。

(二)技术内容

钢结构制造企业多应用数控火焰切割机、数控等离子切割机等进行钢板下料,仅限于切割过程的自动化,与上下工序没有形成有效的协作关系。板材智能下料技术对接车间制造企业生产过程执行管理系统(MES),具备智能提料、智能排版、自动生成切割程序、自动报工等功能,并自动采集和过程信息。板单元智能焊接技术改变以往组装焊接主要依靠人工作业、人工管理的现状,从组装、焊接、矫正等各方面形成了覆盖各种板单元类型的自动化、智能化生产模式。在节段拼装和涂装方面,与以往的装备、工艺和管理模式相比,在生产作业自动化、数据采集信息化、生产管理智能化方面取得明显的进步。《桥梁工程钢箱梁智能制造技术指南》针对桥梁工程钢箱梁智能制造,定义了板材智能下料、板单元智能焊接、节段智能总拼、钢箱梁智能涂装和智能管控系统等术语,规定了实施钢箱梁智能制造的基本要求,规定了智能制造管控系统组成及关于建筑信息模式(BIM)、智能生产、智能物流、系统数据集成等方面的内容,对板材智能下料、板单元智能焊接、节段智能总拼、钢箱梁智能涂装的产线组成、主要功能、技术要求及质量要求等内容进行了详细说明。该团体标准是桥梁制造行业首个关于智能制造技术的团体标准,解决了桥梁工程实施智能制造的方向、路线、具体方法和技术指标等共性难题。其技术内容支撑了编制单位建设钢箱梁智能制造生产线,在深中通道及其他项目中得到应用,使得该团体标准成为构建先进制造技术体系,推进钢桥制造技术发展的核心标准。

《桥梁工程钢箱梁智能制造技术指南》相关技术改变了传统的钢箱梁生产模式,全面提高了生产效率,降低生产成本,提升了钢箱梁制造品质,参与起草的单位实施后成为国内领先的钢桥智能制造示范企业。

(三)应用前景

《桥梁工程钢箱梁智能制造技术指南》在国内外首次总结了板材智能下料、板单元智能焊接、节段智能总拼、智能涂装及制造执行管控系统等相关技术,用于指导钢桥制造企业进行制造化改造升级。该团体标准的实施在行业内引起较大反响,在深中通道巨大影响力下,很多企业开始进行智能制造的转型升级,新建企业更是将智能制造系统建设作为工厂建设的必选项。该团体标准的实施对国内桥梁钢结构制造行业从传统生产模式转向智能化升级起到了很大促进作用,对智能制造相关产业的技术发展起到催化作用。

该团体标准有力指导了钢箱梁智能制造产线建设,在中铁山桥、中铁宝桥、武船重工等单位得到全面应用,完成了深中通道 27 万 t 桥梁钢结构的生产,生产效率、管理水平和产品品质均得到明显提高。相关成果为深中通道钢结构智能制造提供了理论依据、技术支撑和装备保障,显著提升了生产效率,降低了建造成本。钢结构智能制造生产线自动化率总体提升至 80%,比以往提高了 30%,生产效率提高了 30%,产生直接经济效益超过 1.2 亿元。成果还应用于南中高速公路、深汕西高速公路改扩建、洪奇门特大桥、黄茅海跨海通道、厦门二通道、龙潭过江通道等项目的钢箱梁制造中,确保了钢箱梁制造质量,实现钢箱梁高效、高质量制造,创造了良好的经济效益。

成果还应用于常泰长江大桥、瓯江北口大桥、黄茅海大桥等多个项目,均取得了良好的效果。这一团体标准相关技术还可以推广应用到其他桥梁结构、建筑钢结构等领域。

二、T/CCTAS 46—2022《轨道交通隧道装配式复合型材加固技术规程》

(一)技术背景

地铁隧道是城市交通隧道的主要类型。随着我国轨道交通设施大量建造并投入使用,隧道交通运输量迅速增长,轨道中新旧隧道、地下结构、地面建筑物及周围环境等变形控制要求越来越高。隧道运营维护工作的重要性愈发凸显,隧道结构加固作为保障隧道运营安全、维持隧道服役寿命的重要手段应用越发广泛。

过去的十几年中,地铁隧道结构变形超限病害的维修加固方法主要采用的是粘钢法,但是这种方法存在明显的局限性:施工难度大、风险高,污染重,耗费时间长、成本高,不利于后续的安全管控和维修。粘钢法已经无法满足大规模网络化运营条件下地铁隧道加固维修的发展需求,采用何种替代性技术方案成为急需解决的问题。从 2016 年开始,北京市地铁运营有限公司联合北京交通大学、北京城建设计研究院、北京国铁新材科技有限公司等单位创新研发了装配式复合型材结构加固技术,并进行了逐步推广应用。

装配式复合型材加固技术是一种新兴的装配式预制加固解决方案,可在施工天窗短、限界条件控制严格条件下无须重型机械实现多断面高效同步作业,具有绝缘、耐腐、寿命长及综合经济性好的特性。该项技术在轨道交通隧道结构加固领域具有显著技术优势,在行业内实现了广泛推广应用,形成了较为完善的复合型材装配式加固结构选型和设计工艺、复合型材和衬砌结构间的有效连接工艺、施工质量控制工艺等技术体系。

不过,在国内轨道交通领域隧道结构病害治理方面,尤其是装配式复合型材加固技术缺乏相关标准指导。在隧道修复加固工程方面,仅有 DB11/T 1843—2021《盾构法隧道修复加固工程施工质量验收规范(北京)》、DG/TJ 08-2231—2017《上海地铁盾构法隧道修复加固工程施工质量验收规范》可供参考。装配式复合型材加固技术与以上规范中提到的粘钢法工艺,在结构特点方面都有较大差异。因此,亟须制定科学规范的装配式复合型材加固技术指导性技术标准,对城市轨道交通隧道结构安全保障技术的进一步发展进行规范支撑。

(二)标准内容

《轨道交通隧道装配式复合型材加固技术规程》总结了国内多个城市地铁盾构隧道、矿山法隧道等多种类型隧道的装配式复合型材加固施工、工后监测评定及验收经验,广泛征求了有关设计、施工、监理、监测和检测等相关单位的意见,经讨论和论证完成了标准的编制。

该团体标准规定了轨道交通隧道装配式复合型材加固技术的基本规定、检测评定、材料、专项设计、施工准备、加固施工、质量验收及工后维护检修等要求,可以指导轨道交通隧道装配式复合型材加固,提高施工效率,保障隧道结构安全。

《轨道交通隧道装配式复合型材加固技术规程》的发布与实施,对于规范装配式复合型材在材料检测、轨道交通隧道结构性病害评定、专项设计以及施工准备、质量验收等方面均起到了规范和参考意义。

(三)实施效果

装配式复合型材在既有隧道周边土体荷载变化、不均匀沉降、周边保护区地块施工等复杂工况下导致的隧道收敛变形超限治理中,有效提升了隧道承载力及安全储备,阻止了隧道椭圆度继续增加,达到治理预期效果,受到建设单位及施工单位的普遍认可。

目前,参照该团体标准进行装配式复合型材实施、设计及验收的单位包括但不限于:

(1)地铁建设单位:北京市地铁运营有限公司、杭州市地铁集团有限公司、郑州地铁集团有限公司、苏州市轨道交通集团有限公司、天津津铁城市轨道交通工程有限公司、西安市轨道交通集团有限公司、南昌轨道交通集团有限公司、石家庄交通投资发展集团股份有限公司。

(2)设计单位:中国铁路设计集团有限公司、中铁第四勘察设计院集团有限公司、中铁第五勘察设计院集团有限公司、苏交科集团股份有限公司、北京城建设计发展集团股份有限公司、华设设计集团股份有限公司。

(3)建设单位:中铁隧道局集团市政工程公司、中铁二院工程集团有限公司、北京地铁工程管理有限公司、北京建工集团有限责任公司、中铁隧道股份有限公司、中铁三局集团线桥工程有限公司、中铁十六局集团有限公司、中铁二十五局集团有限公司。

(4)科研院所:同济大学、北京交通大学。

(5)监测、检测单位:北京建筑材料检验研究院有限公司等。

三、T/CCTAS 68—2023《桥梁结构形变毫米波雷达法检测技术规程》

(一)制定背景

桥梁结构是土木工程中重要的基础设施,历来被称为"生命线工程",其结构的健康及安全运营问题一直是桥梁管理单位和社会关注的重点。桥梁结构检测的主要方法包括日常检查、定期检测、特殊或专项检测以及桥梁的静动载试验等。桥梁结构的承载能力评估及安全监测需要对桥梁结构的挠度进行测试。

桥梁挠度测试按照静动态进行分类可以分为静态挠度的测试和动态挠度的测试两大类。桥梁动挠度测试一直是桥梁检测行业的一个难点问题,动挠度也是桥梁动载试验中评定桥梁结构的一个重要参数。目前桥梁动挠度测试主要方法有光学类桥梁挠度仪、图像式桥梁挠度仪、电阻式挠度计、全球定位系统(GPS)和毫米波雷达等。

毫米波雷达干涉测量技术是通过计算两次回波信号的相位差来提取结构在观测期间的高精度形变信息。毫米波雷达干涉测量技术能以非接触测量、全天候、不受外界环境的影响等优点，很好地解决桥梁动挠度测试这一行业难点问题。毫米波雷达最早在国内的应用多数是基于意大利的微变形监测雷达(IBIS)开展的研究，由于设备体积大、价格昂贵，毫米波雷达在桥梁工程中的应用受到了一定的限制。随着国内雷达技术的发展，国内毫米波雷达设备生产商在提高测试精度的同时，使设备逐渐轻量化，成本也有了大幅的降低。

目前雷达在桥梁结构中得到了广泛的应用，主要用于拉索索力测试、桥梁静载试验、动载试验以及桥梁健康监测等领域。但目前国内还没有相关的标准和规范，使毫米波雷达测试这项新技术的应用受到很大的限制。在《桥梁结构形变毫米波雷达法检测技术规程》发布之前，最接近的相关标准有 CJJ/T 233—2015《城市桥梁检测与评定技术规范》、JT/T 1037—2022《公路桥梁结构监测技术规范》、JTG/T J21—2011《公路桥梁承载能力检测评定规程》和 JTG/T J21-01—2015《公路桥梁荷载试验规程》等，这些规程涉及桥梁承载能力的检测、评估以及荷载试验的具体操作方法和要求。虽然它们主要关注桥梁的承载能力和荷载试验，但为桥梁结构变形检测提供了必要的背景信息和参考。

随着科技的进步和桥梁工程的发展，传统的检测方法已经难以满足现代桥梁检测的需求，因此，新的检测技术如毫米波雷达法应运而生，并逐渐成为桥梁检测领域的重要技术手段。为进一步推动该技术在桥梁变形测试中的应用，有必要制定相关的测试规程进行指导。

（二）标准内容

《桥梁结构形变毫米波雷达法检测技术规程》规定了桥梁结构形变毫米波雷达法检测技术的检测设备、索力测试、静态挠度测试、动态挠度测试等内容，适用于公路、城镇桥梁结构的形变检测，铁路、水利等其他桥梁可参照使用。对于铁路、轨道交通桥梁，由于其荷载的特点，毫米波雷达法测试的数据对未来在桥梁运营状态下的结构评估,具有更为重要的价值。

根据毫米波雷达在桥梁形变测试的内容,该团体标准对于索力测试、静态挠度测试以及动态挠度测试三项内容安排单一章节,按照一般规定、准备工作、现场检测和数据分析四部分内容来编制,编写格式统一,易于桥梁检测领域人员理解并便于实施。桥梁检测人员能根据毫米波雷达法形变检测内容按照该团体标准进行相关的检测和数据的处理与分析。"桥梁动挠度测试"一章根据桥梁动挠度测试数据的特点,对桥梁动力特性以及动力响应等评价参数的提取、分析进行了详细的规定,对于毫米波雷达新技术在桥梁评价中的应用具有推动作用。

《桥梁结构形变毫米波雷达法检测技术规程》采用了毫米波雷达的新技术,其测试的参数为桥梁结构的微变形,根据桥梁形变数据的检测方法来提取桥梁结构性能评价参数,有利于推动桥梁检测评估技术的发展。

(三)效益体现

《桥梁结构形变毫米波雷达法检测技术规程》的实施对行业发展及技术趋势将产生深远和积极的影响,主要体现在以下几个方面:

一是统一了检测标准,提升了检测质量,推动行业标准化与规范化。该团体标准的制定与实施,为桥梁结构形变的毫米波雷达法检测提供了统一的技术标准、操作流程和检测要求。这有助于消除行业内检测方法的差异性和随意性,确保检测结果的准确性和可比性,推动行业向标准化、规范化方向发展。通过规范指导,检测人员可以更加科学、系统地进行桥梁结构形变的检测工作,减少人为误差和漏检情况,提高检测质量和效率。

二是通过技术引领,推动设备升级,促进技术创新与发展。毫米波雷达技术在桥梁结构形变检测中的应用,本身就是一项技术创新。该团体标准的实施进一步推动了相关企业和科研机构在毫米波雷达技术领域的研发和创新,推动该新技术的在桥梁评估中的应用。为了满足规程的要求,检测机构和设备制造商需要不断升级和改进毫米波雷达检测设备,提高设备的精度、稳定性和可靠性。这有助于推动检测设备的更新换代和产业升级。

三是提高检测精度,增强预警能力,提升桥梁安全监测水平。毫米波雷达技术具有高精度、高分辨率的特点,能够实现对桥梁结构形变的实时监测和精确测量。

该团体标准的实施使得这种高精度检测技术得以在行业内广泛应用,提高了桥梁安全监测的精度和可靠性。通过对桥梁结构形变的实时监测和分析,可以及时发现潜在的安全隐患和变形趋势,为桥梁的养护和管理提供有力的数据支持。这有助于增强桥梁的预警能力,确保桥梁的安全运营。

四是通过产业链整合,促进产业协同发展,推动智慧交通建设。该团体标准的实施促进了桥梁检测产业链上下游企业的协同发展。检测机构、设备制造商、数据分析机构等各方需要紧密合作,共同推动毫米波雷达检测技术的应用和发展。该团体标准的实施有助于推动智慧交通相关技术的研发和应用,促进交通行业的数字化转型和智能化升级。

五是通过智能化发展与多元化应用,未来拥有广阔的发展前景。随着人工智能、大数据等技术的不断发展,毫米波雷达检测技术将向智能化方向发展。通过集成智能算法和数据分析技术,可以实现检测数据的自动处理和分析,提高检测效率和准确性。除了桥梁结构形变检测外,毫米波雷达技术还将广泛应用于其他领域如建筑结构监测、地质灾害预警等。随着技术的不断成熟和应用场景的拓展,毫米波雷达检测技术的市场需求将进一步增长。

四、T/CCTAS 47—2022《正交异性钢桥面板焊接技术规程》

(一)制定背景

正交异性钢桥面板具有自重轻、施工便捷、承载力大等特点,被广泛应用于钢结构桥梁中。截至 2020 年底,我国在建钢结构桥梁以钢箱梁和钢桁架为主,其中钢箱梁占比 50% 以上,钢桁架占比 33% 以上,而正交异性钢桥面占比达到 80% 以上。"十三五"期间集中暴露了一批服役不久(3~5 年)的中小跨径桥梁的桥面板疲劳病害问题,疲劳开裂已经呈现低周期低应力趋势,病害以钢桥面板 U 肋焊缝、横隔板接板焊缝为主,已经严重影响桥面结构的安全性及耐久性。为响应交通强国战略,推进公路钢结构桥梁建设,交通运输部在 2016 年 7 月发布了《关于推进公路钢结构桥梁建设的指导意见》(交公路发〔2016〕115 号),强调"重点示范,标准先行"的原则,不断完善技术标准和规范。

从现有规范要求和技术发展情况来看，纵观钢桥行业规范，无论设计规范还是公路、铁路桥梁制造规范，对正交异性钢桥面板疲劳敏感焊缝的焊接要求缺失，生产施工过程无标准规范约束，也缺乏过程有效监管，致使该结构生产制造质量从标准体系方面难以保障。受国家基础建设政策导向，钢结构桥梁建设将较长时间处于高位运行，钢桥梁市场体量很大，不同规模钢结构企业对正交异性钢桥面板各部位制造重难点把握程度、工艺参数精细化重视程度参差不齐。正交异性钢桥面板的U肋焊接处于单面焊、双面非熔透焊、双面全熔透焊接并存的局面。因此，强化正交异性钢桥面板的制造质量与标准化水平是解决正交异性钢桥面板短期易发病害，提高结构耐久性的重要措施。

（二）技术内容

《正交异性钢桥面板焊接技术规程》是根据完善钢结构桥梁质量控制标准体系要求，在参照国家、行业规范的基础上，统一钢结构桥梁正交异性钢桥面板焊接技术要求编制而成。在编制过程中，该团体标准与现行国家、行业标准进行协调，一方面对JTG/T 3650—2020《公路桥涵施工技术规范》和Q/CR 9211—2015《铁路钢桥制造规范》中原有的焊接要求内容进行整合补充，另一方面增补从各典型工程和重点制造单位对比梳理的技术标准。该团体标准通过近十余年的项目施工经验，不断与设计单位、高等院校、同行交流，提出了针对提高正交异性桥面板的焊接工艺规程，焊材选用、坡口的开设、焊接工艺参数以及焊接位置的应用均经过大量的试验验证。

这一团体标准针对正交异性钢桥面板不同的焊接要求，如U肋的单面焊部分熔透、双面焊部分熔透、双面焊全熔透角焊缝，横隔板接板焊缝等，明确规定了不同焊接形式所对应的坡口形式、焊接位置、焊材选用以及焊接参数，对正交异性钢桥面板的组装、焊接、检验、返修等作出了细致、标准化的规定。它的发布解决了正交异性桥面板焊接检测标准不统一、产品质量不稳定等问题，填补了现行规范对正交异性钢桥面板制造技术要求的空白，在该结构的设计及生产制造过程中可以对设计、制造、监理、验收等单位起到指导借鉴作用。同时，也有利于提高正交异性桥面板制作的标准化程度，提升钢结构桥梁耐久性，减少并避免桥梁服役过程中因病害维修加固带来的经济损失及封路改道对社会带来的负面影响。

(三)运用实施

1. 成立团体标准宣贯领导小组

为加强成果转化,促进现有团体标准的推广应用,《正交异性钢桥面板焊接技术规程》发布实施后,起草单位迅速联合多家采信单位成立团体标准宣贯领导小组,根据标准的技术内容、应用范围及实施要点定期组织宣贯。

自该团体标准发布实施以来,已向行业内三十余家知名建设、设计、制造、监理及验收等单位,以文件、电子邮件等形式正式下发该团体标准。同时,团体标准宣贯领导小组以会议、讲座及培训形式进行团体标准解读宣贯工作达 6 次,以交流来访、监督检查及比武大赛形式进行团体标准实操宣贯工作达 5 次,并通过微信公众号、官网等多媒体渠道,对该团体标准进行多角度、全方位的宣传,积极推进其在行业的实施,不仅扩大了知名度,更有力地推进了其在行业内的贯彻实施。

2. 团体标准技术内容针对性转化

《正交异性钢桥面板焊接技术规程》发布实施后,起草单位对用户需求进行高效响应,高质高效推进各流程,为其使用保驾护航。针对各使用对象的不同需求,编写组通过指导各使用对象分别将标准技术内容转化为设计细则、制造规则及作业指导书等产品文件,显著促进了该团体标准技术内容向现实生产力的快速转化。

自该团体标准发布实施以来,已实践应用于约 6000 块正交异性钢桥面板的生产制作中,桥面板焊缝外观质量大幅提升、焊缝内部质量稳定、一次报验合格率可稳定达到 99.5% 以上。

3. 指导建设产品标准化生产线

该团体标准发布实施后,发起单位依托标准主体技术内容,率先集成开发了国内首条正交异性钢桥面板自动化焊接生产示范线,推进企业产、学、研协同创新。该示范线先后接待行业内来访单位约 80 余家、指导采信单位建设正交异性钢桥面板自动化焊接生产线达 8 条,显著地提高了正交异性钢桥面板制作的标准化程度。

4. 积极参与标准化活动团体

起草单位依托该团体标准积极参与国内标准化学术研讨会、标准化论坛等活动,有效整合各企业的资源和研发力量,促进优化上下游产业资源形成产业链,在全产业链、行业交融和社会管理中激发市场主体的活力与自主协调能力,促进了企事业单位间的协同交流,协助打通产业上下游,助力企业资源整合,提高企业市场竞争力。

(四)效益前景

不同规模钢结构企业对正交异性钢桥面板各部位制造重难点把握程度、工艺参数精细化重视程度参差不齐,使得行业内对于桥面板不同焊接接头的焊接参数、焊接材料以及产品焊后检验无统一标准。《正交异性钢桥面板焊接技术规程》对正交异性钢桥面板的组装、焊接、检验、返修等作出了细致、标准化的规定,解决了正交异性桥面板焊接检测标准不统一、产品质量不稳定等问题,填补了现行规范对正交异性钢桥面板制造技术要求的空白,在该结构的设计及生产制造过程中可以起到对设计、制造、监理、验收等单位的指导借鉴作用。

该团体标准在深中通道、常泰长江大桥等多个项目中得到实施运用,推广应用项目共计约 5 万 t,项目总产值约 5.8 亿元,利润共计约 1750 万元,经济效益显著。同时,通过运用该团体标准,正交异性钢桥面板焊缝外观质量大幅提升、焊缝内部质量稳定、一次报验合格率稳定达到 97%,返修费用降低约 400 元/块,平均热矫费用降低约 40 元/块,合计节约 132 余万元生产成本。

作为首次制定了正交异性钢桥面板标准化焊接流程的标准,《正交异性钢桥面板焊接技术规程》在应用方面,率先集成开发了国内首条正交异性钢桥面板自动化焊接生产示范线,推进企业产、学、研协同创新,安全、节约、高效地建成了正交异性钢桥面板示范应用项目——五峰山长江大桥、瓯江北口大桥等,对提升我国桥梁技术水平,推动桥梁钢结构设计与制造技术的创新发展具有重要作用。另外,这一团体标准在切割及焊接过程中采用丙烷或天然气代替乙炔,有效提高了能耗利用效率,在水污染、粉尘和废气污染、噪声污染、固体废物污染等方面均采取有效措施严格控制,节能环保效益明显。

五、T/CCTAS 72—2023《声屏障工程结构技术规范》

(一)制定背景

随着时代的发展以及社会经济的进步,近年来,我国声屏障行业发展迅速,问题也随之渐渐暴露出来,声屏障屏体/构配件坠落事件、通透板黄变、金属屏体腐蚀,吸声材料脱空、声屏障着火事件等问题,造成了一定程度的安全隐患。声屏障在我国规模化应用已近15年,层出不穷的声屏障质量及维护问题成为设计、施工以及运营维保单位的一块心病。2010年12月,环境保护部、国家发展改革委、科技部等十一个部门联合发布《关于加强环境噪声污染防治工作改善城乡声环境质量的指导意见》(环发〔2010〕144号),意见要求"加强交通噪声污染防治。噪声敏感建筑物集中区域的高架路、快速路、高速公路、城市轨道等道路两边应配套建设隔声屏障"。2011年4月,交通运输部发布《交通运输"十二五"发展规划》(交规划发〔2011〕191号),规划要求"加强污染治理,对营运期超标的高速公路路段,实施声屏障、隔声窗等噪声治理工程""加强对运量较大、周边居民密集的集装箱作业区的噪声治理"。2018年最新修订的《中华人民共和国环境噪声污染防治法》规定"建设经过已有的噪声敏感建筑物集中区域的高速公路和城市高架、轻轨道路,有可能造成环境噪声污染的,应当设置声屏障或者采取其他有效的控制环境噪声污染的措施"。2022年新修订的《中华人民共和国噪声污染防治法》将轨道交通噪声污染防治纳入其中。

目前国内已有部分声屏障标准实施,如住房和城乡建设部发布了GB/T 51335—2018《声屏障结构技术标准》,是规范和指导声屏障产品的指导性标准。但该标准在完整的技术要求、合理的结构设计细节、施工要求、验收与维养检测等方面的规定还不够详细,有必要制定系统的声屏障结构技术标准,以便规范行业及市场应用,保证工程应用安全。

(二)技术内容

在《声屏障工程结构技术规范》的编制过程中,起草组对现有的国内外声屏障结构技术规范进行了系统性的梳理,并对国内声屏障实际应用情况进行广泛调研。从调研情况来看,绝大部分标准对声屏障结构的材料、声学指标作了较为详细的规定,但在其本身结构上涉及安全性的细部构造的规定尚不够详细。在桥梁声屏障方面,对跨桥梁伸缩缝处声屏障构造设计以及屏体防脱落要求仅作了初步的规定,但未给出详细的设计指标和较为详细的防脱落措施。现有国家标准和地方标准都从设计、施工安装和维护等方面进行了规范说明,但每个标准都存在规范不全面、不统一、不具体的问题。《声屏障工程结构技术规范》针对上述问题进行了规范和细化，主要对声屏障耐久性按不同材料进行了规范统一；对钢立柱材料选用及防火性能等方面提出了具体要求；对屏体材料仅作了通用性、耐久性要求；对其他新材料的推广使用起到了促进作用；明确了吸声材料的耐久性和环保性规定；对声屏障的景观设计明确了具体规范要求；提出了声屏障防坠落措施；规范了基础施工偏差。

（三）运用实施

为加快该团体标准的有效实施，起草单位中交协新技术促进分会充分发挥"产学研用"的协同力量，组织国道G109新线高速公路建设管理、设计、施工、科研、生产等单位的各领域专家，相关科研、高校、养护管理等各领域单位，同时邀请行业内的专家学者作为指导专家，在新建声屏障工程中对标实施该团体标准的相关技术规范。选取典型试验段进行技术的适用性和匹配性验证，进一步针对实施中可改进的地方进行重点提升，制定适用于项目的技术指南，并进行全路段推广应用，在应用过程中及时总结反馈，并结合其他声屏障标准及相关项目进行总结，提升标准的普适性。

中交协新技术促进分会组织开展了该团体标准宣贯会，从标准制定的目的、意义、主要技术内容及实施案例等方面进行交流分享，以扩大该团体标准影响力和实施范围，推动行业发展及产品研发，促进生产单位、新材料研发单位、施工单位等加强对该技术体系的研发投入和营销投入。

（四）效益前景

该团体标准取得了显著经济效益，具体见表12-1。

该团体标准实施的经济效益　　　　　表12-1

项目	时间		
	实施日—2021年底	2022年初—2022年底	2023年初—2023年底
产量	全封闭:945延米	直立式:8500延米	直立式:1001延米 封闭式:356延米
新增销售额（万元）	3270.7	1560.8	1286.3
新增利润（万元）	231.5	96.7	56.9

这一团体标准有效规范了声屏障的材料、设计、制作与安装、验收、维护与安全检测，保障声屏障设施的安全可靠与耐久性，提高了企业的销售额和利润。

随着时代的发展以及社会经济的进步，特别是城市化进程的加快，给我们的出行带来了极大的方便，但同时也给周围的居民带来了噪声污染，促使环境问题日益严重。在这种背景下，声屏障产品被广泛应用，但通过调查分析发现，声屏障存在屏体脱落、吸声材料脱空、屏体局部锈蚀等问题，无法保证声屏障在实际工程中的结构安全以及设计使用寿命。同时在市场竞争中，声屏障产品通常为低价中标，造成其产品质量差异较大。《声屏障工程结构技术规范》的编制是对现有国内外标准的深化和补充，对于提升声屏障的结构安全、提高产品质量、规范市场竞争，推动技术进步与城市高质量发展，建设绿色环保安全的声屏障工程具有非常重大的意义。

六、T/CCTAS 53—2023《蜂格护坡系统应用技术规程》

（一）制定背景

目前道路边坡生态修复普遍使用的土工格室在长期性工程的应用中存在诸多问题：一是材料性能方面的欠缺较明显，采用的高密度聚乙烯/聚丙烯等单一高分子材料，不能满足工程长期性使用所需的设计强度。二是产品标准滞后问题突出，加工设备、工艺和产品标准已明显落后于国外同期水平。三是现有关于土工格室设计与施工的技术规范较笼统，在工程设计与应用时较难实施。

（二）技术内容

为规范蜂格网护坡施工作业，提高其工程质量，起草组在充分调研、分析和总结国内外相关工程和科研成果，并结合其在室内研究成果和工程应用经验的基础上制定《蜂格护坡系统应用技术规程》。该团体标准针对传统土工格室在长期性工程护坡应用中存在的材料易老化、抗冲刷能力弱、组件不完善等问题，提出了高强度、抗老化、抗蠕变等兼具稳定性要求的蜂格护坡系统，规范了蜂格护坡系统对各类护坡工程的结构与材料、设计、施工、验收等内容。

这一团体标准属于产品类型的标准，从蜂格护坡系统应用于道路边坡的情况来看，其已经达到坡体稳定、水土保持和生态绿化等特定工程目标的目的，产品的性能指标也较传统土工格室大大提高，完全能满足特定工况的使用。

《蜂格护坡系统应用技术规程》的产品属于应用于道路边坡防护中的新材料、新技术、新产品，在一定程度上可以替代传统高碳排放、高耗能的资源型防护措施的施工方法，总工程造价比传统护坡形式低约2%～5%；施工后可实现近100%绿化与植物群落，可以达到无任何工程施工痕迹，施工工艺简单，由专用连接件可连接扩大至数万平方米，整体性强；高分子复合材料保障30年以上抗老化和尺寸稳定性，适用于长期工程；使用设备少、施工速度快、便于抢工期，亦适用于道路抢险的边坡防护工程。

（三）实施应用

《蜂格护坡系统应用技术规程》的发布在一定程度上提高了行业同类产品的生产质量，促进了生产设备的革新升级；给设计单位提供了理论依据，使其在边坡设计中采用蜂格网防护时有可以参考的设计依据；给施工单位在项目施工时提供总体的施工方法、产品质量的测验方法以及工程完成后的工程验收。目前已应用于公路工程边坡防护，未来还可以应用于城市道路边坡生态修复、铁路、航道、山体生态修复、侵蚀沟治理等。以2023年为例，全年产量约35万m^2，新增销售额1600万元。被黑龙江鑫蜂格生态环境材料有限公司等单位采用。

这一团体标准的公布大大提高了同行业产品的设计规范和产品质量，从产品上的高质量倒推，势必要提高生产设备的性能、产品品质，不断提高自身的技术能力。同时，该团体标准给蜂格网在边坡防护中提供设计依据，采用蜂格网防护边坡可以做到边坡100%绿化，不但可以对边坡进行基本的水土保持，还可以对边坡进行美化，减轻道路行车的疲劳、提高道路生态环境，亦可选用适宜的牧草植被或经济灌木增加额外的收入，充分利用了边坡资源。

蜂格网应用到道路边坡防护中，不但可以对边坡表土、道边基础设施、道路两侧农田作物生长环境进行基本防护、减少水土流失，还可以对路堑、路堤等边坡的局部水毁进行生态修复，减少雨季或集中降水导致的边坡泥沙大量冲入行车道，保障行车安全。

第二节 交通运输安全

本节组织了 6 个交通运输安全方面的团体标准应用案例。

一、T/CCTAS 32—2022《铁路建设项目开通运营前安全评估规范》

(一) 制定背景

在铁路改制之前,全国新建、改建铁路项目的运营安全评估由铁道部统一组织。2013 年国务院颁布《铁路安全管理条例》(中华人民共和国国务院令第 639 号),规定铁路开通运营前须由铁路运输企业进行安全评估。2019 年,国务院办公厅下发铁路事权划分原则,国家铁路集团公司按照中央事权划分负责国家铁路以及指定的合资铁路安全管理。国家铁路集团公司及下属各局集团公司按照国家铁路集团规定负责国家铁路以及组织运营的合资铁路、地方铁路等铁路安全评估工作,合资、地方铁路自主运营的,由其进行运营安全评估。由于各企业在运营安全评估中执行标准、评估项点等方面所不同,评估效果参差不齐,安全评估工作有待规范。

为认真贯彻落实习近平总书记关于加强铁路安全工作的重要指示批示精神,坚持"安全第一、预防为主、综合治理"的方针,依据国家法律法规及铁路行业安全规定,制定《铁路建设项目开通运营前安全评估规范》,为铁路运营的安全技术、安全管理标准化和科学化创造条件,为铁路运营全过程实现有序可控奠定基础,切实提高铁路运输企业科学安全管理水平。进一步推动铁路运营安全管理标准体系建设,促进铁路运营安全管理标准化,实现铁路运营安全有序可控的目标。

(二) 标准内容

在《铁路建设项目开通运营前安全评估规范》发布之前,国内无论国家铁路还是地方铁路的开通运营前安全评估工作尚无统一标准,迫切需要制定铁路建设项目开通运营前安全评估工作规范,明确运营安全评估工作范围、内容、标准及各方责任。《铁路开通运营前安全评估规范》的发布,为铁路运营的安全技术、安全管理标准化和科学化创造条件,为铁路运营全过程实现有序可控奠定基础,切实提高铁路运输企业科学安全管理水平。

该团体标准对铁路建设项目开通运营前的安全评估条件、安全评估主要内容、安全评估机构、安全评估程序、安全评估报告和各专业安全评估检查细化表等要求进行了规范,表述清楚、完整,方便所属领域技术人员能够清晰理解并便于实施。

(三) 应用推广

1. 上升为行业标准

中交协轨道交通安全技术专业委员会向国家铁路局积极汇报《铁路建设项目开通运营前安全评估规范》团体标准编制及发布情况,国家铁路局为规范行业安全评估的开展,保障铁路开通运营安全,以《铁路建设项目开通运营前安全评估规范》为基础,从行业监管部门的高度,结合行业实际,确认将该团体标准上升为铁路行业标准。由该团体标准修订完善后形成的 TB/T 30012—2024《铁路运营安全评估规范》已由国家铁路局于 2024 年 5 月 21 日正式发布,于 2024 年 12 月 1 日实施。

2. 应用情况

《铁路建设项目开通运营前安全评估规范》具有通用性,不仅适用于国家铁路,还适用于地方铁路、专用铁路和铁路专用线,不仅适用于铁路货物运输企业,还适用于铁路旅客运输企业,为铁路建设项目开通运营前的安全评估提供了标准遵循。

该团体标准自 2022 年 8 月实施以来,已对内蒙古、河南、湖北、湖南、山西、四川、贵州、山东、河北、广东、江西等省、自治区 30 余条铁路开展了运营安全评估,评估效果良好,为线路运营安全提供了保障。

(四) 效益、前景

《铁路建设项目开通运营前安全评估规范》的实施,将转变各企业在运营安全评估中由于执行标准、评估项点等方面各有不同,评估效果参差不齐的局面,为铁路运营的安全技术、安全管理标准化和科学化创造条件,为铁路运营全过程实现有序可控奠定基础,切实提高铁路运输企业科学安全管理水平。

该团体标准作为铁路开通运营前安全评估的标准规范,明确了安全评估过程中涉及的铁路安全运营管理环节的安全评估工作要求。通过安全评估切实发现运输企业在铁路运营安全管理的薄弱环节与存在问题,督促企业落实安全主体责任,健全安全管理体系,及时整治安全问题和安全隐患,最大限度降低运营安全风险,确保铁路运营安全和人民群众生命财产安全,为国民经济建设与发展作出更大的贡献。

二、T/CCTAS 35—2022《公路水路建设工程锚杆锚固质量检测规范》

(一)制定背景

交通建设工程中大量使用锚杆,锚杆是交通工程隧道、边坡支护的重要手段,锚杆锚固质量直接影响支护工程的质量。近年来,因锚杆锚固质量问题导致隧道、边坡石块掉落甚至坍塌事故时有发生,严重影响车辆通行安全。JTG F80/1—2017《公路工程质量检验评定标准 第一册 土建工程》明确规定:"锚杆的长度应不小于设计长度,锚杆孔内灌浆应密实饱满,锚杆拉拔力应不小设计值"。目前,锚杆锚固质量评定的主要依据是锚杆拉拔力试验结果,但锚杆拉拔力试验结果无法反映锚杆的入岩长度和注浆密实度信息,不能全面、准确地评定锚杆的锚固质量,因此,现有的交通建设工程锚杆锚固质量检测与评定方法需要补充完善。考虑在锚杆施工完成后,锚杆长度和注浆密实度属隐蔽部分,无法直接观察或测量,需要采用无损方法检测锚杆的入岩长度和注浆密实度,只有综合锚杆拉拔力试验结果和锚杆无损检测结果,才能全面、系统评定锚杆的锚固质量。目前,交通行业既没有锚杆拉拔力试验标准,也没有锚杆无损检测相关技术标准,因此,制定交通建设工程锚杆锚固质量控制检测相关标准是十分必要的。

(二)标准内容

《公路水路建设工程锚杆锚固质量检测规范》规定了公路工程和水路工程锚杆的锚固质量检测方法,适用于公路工程和水路工程施工过程及工程验收的锚杆锚固质量检测。

《公路水路建设工程锚杆锚固质量检测规范》由浙江省交通工程管理中心发起,召集交通建设工程设计、施工、检测、运维、管理及相关的 10 多家单位共同编制。在中交协的领导下,经过两年多的共同努力,《公路水路建设工程锚杆锚固质量检测规范》于 2022 年 9 月 22 日正式发布,2022 年 10 月 1 日开始实施,已在交通运输行业推广使用,并成为交通建设工程锚杆锚固质量检测与评定的必备依据。

这一团体标准的编制和发布实施,创造性地把锚杆拉拔力试验和锚杆无损检测结合起来,以锚杆拉拔力、入岩长度和注浆密实度等三项指标综合评价锚杆的锚固质量,解决了单一利用锚杆入岩长度、注浆密实度或锚杆抗拔力评定锚杆锚固质量的不足,有效提升锚杆锚固质量检测及评价的科学性、准确性、可靠性,具有较强的新颖性和创造性,并填补了我国锚杆锚固质量检测及综合评价相关标准的空白,也有助于健全完善交通行业的标准体系,并对 JTG F80/1—2017 提供配套支持。

这一团体标准作为交通行业团体标准,立足于对交通建设工程的锚杆锚固质量检测与评定。除交通建设工程外,水利、水电、市政、工民建等工程也大量使用锚杆进行隧道或边坡支护,为确保锚杆支护工程质量必须对锚杆的锚固质量进行检测与评定。目前水利、水电、市政、建设等行业尚没有类似综合锚杆拉拔力试验和锚杆无损检测的技术标准,这一团体标准可在水利、水电、市政、工民建等工程中推广应用。

(三)推广应用

浙江省交通工程管理中心及各参编单位从自身所从事的设计、施工、检测及管理工作出发,带头使用并积极推广该团体标准,在各自业内和所承担工程中,以业务培训、技术交流及展板等各种方式向相关人员介绍、宣传该技术标准,并在瑞苍高速公路(龙丽温至甬台温复线联络线工程)、甬台温高速公路至沿海高速公路三门联络线、甬台温高速公路(G15 沈海高速公路)改扩建工程三门麻岙岭至临海青岭段、329 国道临安玲珑至於潜段改建工程、国家高速公路网 G5615 天保至猴桥高速公路天保至文山段工程(天麻段)、陕西延长石油富县发电有限公司铁路专用线等工程的锚杆锚固质量自检和第三方抽检中使用该技术标准,取得了良好的效果,受到质监、建设、监理等相关单位的好评。

《公路水路建设工程锚杆锚固质量检测规范》发布实施后，浙江省交通工程管理中心作为省内交通建设工程质量安全业务主管部门，积极推广该团体标准在交通建设工程中的应用，将该团体标准发布实施的信息推送给省内各交通建设工程参建和管理单位以及兄弟省（市）交通质监部门，并要求省内各在建工程必须按照T/CCTAS 35—2022《公路水路建设工程锚杆锚固质量检测规范》开展锚杆锚固质量检测与评定工作，确保检测结果符合 JTG F80/1—2017 有关锚杆施工质量评定的要求。多家单位将该团体标准作为锚杆锚固质量检测与评定依据，取得了较大的经济和社会效益，施工单位节约锚杆处理费用 75 余万元，相关检测单位因市场竞争力的提高中标合同额 7111 余万元。

三、T/CCTAS 90—2023《运输机场航空器怠速除冰规程》

（一）制定背景

携带冰冻污染物的航空器影响飞行安全，使得航空器除冰成了北方机场冬季的常见工作。在冬季低温冰雪气候条件下，传统除冰方式用时较长，降低了机场冬季运行整体保障效率。在这种情况下，怠速除冰逐步进入视野。怠速除冰模式可以减少保障期间机组关闭或启动发动机操作的次数，缩减了除冰车辆和人员调配环节，减少了除冰车辆机动区域，使航空器除冰更加安全高效。2011 年，我国首次在首都机场试用怠速除冰；2012 年冬天，怠速除冰的应用已覆盖 A320 和 B737 系列机型。在国内北方 150 余个机场中，均不同程度开展过除防冰工作，冬季运行期间，有 71% 的机场航空器除防冰保障量占总航班量的比例超过 10%，仅有首都机场、郑州机场、乌鲁木齐机场、长春机场、哈尔滨机场等不到 6% 的机场陆续实施了怠速除冰，大部分机场因怠速除冰标准不掌握、条件不明确、程序不清楚，处于"想实施，但无从下手"的阶段，已实施过怠速除冰的机场，也存在操作标准、安全限制、实施条件的不统一、不一致、不合理问题。

中国民用航空局在 2005 年先后发布了航空器除冰、除冰液使用的民航行业标准，国际民航组织于 2018 年第三次修订 Doc9640 AN/940《航空器地面除防冰手册》，但国内外始终未发布怠速除冰的相关标准。怠速除冰应用需求逐年增长，但标准不一导致怠速除冰的实施存在安全隐患,推广缓慢,确实有必要建立怠速除冰的规范性文件。

(二)标准内容

《运输机场航空器怠速除冰规程》规定了运输机场航空器怠速除冰的总体要求、人员、场地、除冰车、作业模式、作业流程、安全和应急处置的内容,适用于运输机场区域内在翼装有涡轮风扇发动机航空器的怠速除冰,能够为计划或已实施怠速除冰的运输机场、航空公司或航空器除冰服务保障单位提供参考。

这一团体标准在编制过程中对怠速除冰作业人员、场地、设备、作业模式、作业流程、安全和应急处置方面进行了研究,通过试验验证了除冰车性能、标志标线设置等指标,征求了中国国际航空、中国东方航空等17家航空公司,新疆机场、哈尔滨机场等14家机场,以及民航吉林地区监管局、中国民航大学、中国民用航空总局第二研究所等多方意见,请教了机务维修、航空器除冰、机场运行管理等领域的多名业内专家把关,确保了标准的质量和水平。

(三)效益及推广

《运输机场航空器怠速除冰规程》是国内外首个研究怠速除冰方面的规范性文件。这一团体标准的发布,解决了传统航空器除冰模式效率较低的历史难题,满足了业内怠速除冰应用需求,实现了怠速除冰规程标准的统一,规避了怠速除冰实施过程中的安全隐患,加快了怠速除冰模式的推广应用,北方机场冬季运行效率得到明显提升。

同时,这一团体标准的出台为计划实施航空器怠速除冰的运输机场、航空公司或航空器除冰服务保障单位提供了现成的技术指导,规避了在航空器怠速除冰应用摸索过程中的诸多弯路,节省了成本投入。

航空器怠速除冰的应用,实现了航空器在怠速运转状态下开展除冰作业,每架次除冰作业节省了至少2名人力,降低了人工成本,提高了人力资源利用率。

实施怠速除冰的航空器,平均除冰作业时间相比传统除冰模式,每架次至少缩短 5~10min,提高了运行效率,降低了航空器延误程度,提升了航空公司服务质量。

《运输机场航空器急速除冰规程》在2023年12月发布后,起草单位吉林省民航机场集团有限公司与全体起草单位全面开展相关从业人员的阅研,并对应建立、完善本单位的航空器急速除冰制度和程序,其中包括12家机场集团公司、1家民航局监管机构、1家机务技术公司、1家民航研究机构、1家民航院校。目前这一团体标准已应用于北京、天津、河北、吉林、内蒙古、新疆、河南、辽宁、黑龙江、山西等地,20余个干支线运输机场在该团体标准的基础上开展或筹备航空器急速除冰的应用。

四、T/CCTAS 73—2023《钢轨平直度自动检测设备使用精度评估方法》

(一)制定背景

根据TB/T 2344.1—2020《钢轨 第1部分:43kg/m~75kg/m钢轨》和TB/T 2344.2—2020《钢轨 第2部分:道岔用非对称断面钢轨》要求,钢轨轨身平直度需采用在线自动平直度检测设备进行检测,为满足标准要求,各钢厂引进了在线平直度检测设备,然而由于各钢厂选用的厂家不同,设备参数存在差异,在检测方法和检测结果评估上存在不一致的地方,需建立相应的规范对平直度自动检测设备的有效性进行评估,从而确认选用的设备能够满足行业标准要求。

由于各家钢厂的设备选择不同,因此,设备的软件功能、精度区间有所区别,设备的精度能否满足铁路标准的检测要求,以及结果的储存能否满足质量追溯的质控要求需要明确。目前针对自动化检测设备的精度及功能要求,尚缺少相应的文件或规范进行评估指导,因此,制定规范对评估设备的精度、基础功能的适宜性等具有指导意义,同时能够推进自动化检测设备的使用,具有重要的现实意义。

在《钢轨平直度自动检测设备使用精度评估方法》发布之前,行业内没有对钢轨平直度自动检测设备的精度进行评估的规范。

(二)技术内容

《钢轨平直度自动检测设备使用精度评估方法》主要针对钢轨生产过程中的平直度自动检测设备,提出了详细的精度评估方法。在这一评估方法发布之前,各钢厂的设备校准标准均为第三方自定，无统一、规范合理、通用的评估方法，它的发布切实有效地解决了钢轨平直度自动检测设备精度控制不一、缺乏统一评估标准的共性技术难题。

明确统一的精度评估方法，一是减少了人为因素对钢轨平直度自动检测结果的影响，提高了检测效率和准确性；二是有助于降低设备校准和维护成本；三是确保了钢轨平直度自动检测结果的准确性和一致性，为钢轨平直度质量的稳定提升提供了有力支持；四是促进钢轨生产过程的标准化和规范化发展，提高了生产效率和产品质量。

(三) 实施应用

《钢轨平直度自动检测设备使用精度评估方法》的发布与实施，对行业技术发展趋势产生了深远影响。一方面，它推动了钢轨检测技术的创新发展，促使相关企业加大研发投入，不断提升检测设备的性能与精度。另一方面，它促进了行业内的技术交流与合作，加速了技术成果的转化与应用，提升了整个行业的竞争力。《钢轨平直度自动检测设备使用精度评估方法》发布后，中铁物总技术有限公司积极推动标准在行业上下游企业实施执行，并在行业年度会议上进行制度宣贯与答疑。同时充分发挥驻厂监督工作的优势，通过现场实操演示等方式与钢厂达成设备评估服务意向，积极促成钢轨生产厂将标准纳入自身设备管理体系。

目前多家钢厂均与中铁物总技术有限公司达成技术服务协议，委托进行平直度在线检测设备评估。各家钢厂与部分焊轨基地已将《钢轨平直度自动检测设备使用精度评估方法》纳入设备管理体系文件，推动现场执行标准要求。

该团体标准的实施极大地推动了钢轨平直度检测技术的自动化与智能化进程。通过精确的评估方法，确保检测设备的高精度与稳定性，为钢轨生产质量的持续提升提供了技术支撑。该团体标准明确了检测设备的精度评估流程与要求，促使钢轨生产企业建立健全的质量管理体系，实现了从生产到检测的全程可追溯。高精度的自动检测设备减少了人工干预，降低了操作风险，显著改善了生产现场的安全环境与劳动条件。该方法在五家钢轨生产厂进行第一次评估，通过标准化评估流程进行，纠正现有设备存在测量精度偏差、定位偏差 1 台，经过评估合格设备检测钢轨平直度平均准确率达 95% 以上。

五、T/CCTAS 16—2020《高强钢轻量化波形梁护栏》

(一) 制定背景

波形梁钢护栏是设置于行车道外侧、用立柱连接固定的梁柱式结构护栏,传统的波形梁钢护栏采用 Q235 低强度碳素结构钢为基材,通过热浸镀锌等工艺对其表面进行防腐处理后投入使用。作为交通安全设施,护栏的抗碰撞能力是关键问题。Q235 材料为了提高性能不得不增加构件厚度,而应用高强度材料,其延伸指标不适应加工和韧性要求,碰撞时容易脆断。因此,近年来,护栏行业一直被材料性能困扰,行业发展阻力较大。随着我国公路和城市道路建设规模的扩大,波形梁钢护栏使用量持续增长。最近几年,国家坚持实施压减粗钢产能政策,根据这个目标,大型钢厂和护栏制造企业以及使用管理部门提出了护栏轻量化的应用方向。在满足护栏安全性能的前提下,使用高强钢材料,适当减薄产品厚度,可减少钢铁材料的耗费,并降低能耗、减少碳排放,在满足护栏防护性能的同时,不仅制造成本得到了控制,同时也有效降低了物流运输以及安装维护成本。

此前,相关技术有 T/CECS 10088—2020《波形梁合金钢护栏》和 GB/T 31439《公路波形梁钢护栏》。T/CECS 10088—2020 主要推广应用高强度合金钢材料,其韧性指标制约了其应用的实际性;GB/T 31439 规定了材料为普碳钢,其要求的产品制造钢材消耗较大。

T/CECS 10088—2020 主要规定的是应用低合金系列材料,不同安全等级应用相应的低合金,护栏主要构件重量减轻,原则是安全等级越高,应用材料强度越大,应用牌号较多,实际应用性不强;而 GB/T 31439—2015 规定的是应用一种 Q235 普通碳素钢,尽管应用很方便,但构件笨重,钢材消耗大,综合效益差。在这两个标准相关规定的基础上,应用一种高性能(强塑积高)材料,便于组织和管理,不仅实现了护栏的轻量化效果,而且降碳效果明显,综合成本降低,具有适应性强、推广价值的优点。

(二) 标准内容

《高强钢轻量化波形梁护栏》规定了高强钢轻量化波形梁护栏产品的术语和

定义、分类及组成、技术要求、试验方法、检验规则，以及标志、包装、运输与贮存。这一团体标准适用于公路和城市道路用波形梁钢护栏。由于该团体标准产品应用一种高强度高韧性材料，抗撞吸收能力强，在同等性能条件下可以减轻构件重量，达到节能降碳效果，因此，该技术还可以应用于桥梁护栏和建筑结构等相关产品。

这一团体标准努力践行 JTG D81—2017《公路交通安全设施设计规范》和 JTG/T D81—2017《公路交通安全设施设计细则》规定的"在满足安全和使用功能的条件下，应积极推广使用可靠的新技术、新材料、新工艺、新产品"的创新理念，对 B、A、SB、SA 和 SS 等五类防护等级的波形梁钢护栏实现轻量化，轻量化率达到 30% 以上。高强钢轻量化波形梁护栏，设计防护等级按 JTG D81—2017 和 JTG/T D81—2017 执行；施工参照 JTG F71《公路交通安全设施施工技术规范》执行；验收参照 JTG F80/1—2017《公路工程质量检验评定标准　第一册　土建工程》及相关文件执行。

（三）推广应用

自 2020 年 9 月这一团体标准颁布实施以来，通过团体标准推广单位的努力，东北、华东、西北、西南、华中、华南区域开展了应用该团体标准护栏产品的 21 个项目。采用高强钢轻量化波形梁护栏不仅可以大幅节约钢材原材料、煤炭等不可再生资源的消耗量，而且可以大量减少温室气体排放和运输成本，具有显著的社会效益，也对整体碳达峰和碳中和战略目标的实现具有重要意义。

这一产品的研发与生产有利于提升产业层次，延伸产业链，促进产品结构、技术结构调整，加速自主品牌推广，不仅可以为企业带来效益，也推动了我国绿色交通设施产业化应用与发展。该团体标准采用情况见表 12-2。

该团体标准采用情况　　　　表 12-2

采用单位	采用涉及金额（万元）	采用内容
开封市交建供应链管理有限公司	305.5	SB、SAm、Am 级
安徽润瑞建设工程有限公司	253.7	B 级

根据行业制造情况分析和公司实际生产成本情况，每吨高强钢护栏销售价格 7650 元，可产生利润约 110 元（首年因推广成本，利润有所降低），2021 年是标准护

栏推广接受的时间,其生产和管理处在开始阶段,共生产 8843.223 t,销售收入 6765 万元,但实际利润仅为 23 万元左右。2022 年是市场逐渐扩张的一年,生产标准护栏共 13446.158 t,新增销售额 10286.12 万元,产生利润约 135 万元。2023 年高强钢护栏产量 37032.761 t,销售量 13058.48 t,销售收入 10799 万元,实现利润 900.36 万元。具体见表 12-3。

该团体标准实施的经济效益　　　　表 12-3

项目	时间		
	实施日—2021 年底	2022 年初—2022 年底	2023 年初—2023 年底
产量(t)	8843.223	13446.158	37032.761
新增销售额(万元)	4421.07	10286.12	10799
新增利润(万元)	23	135	900.36

高强轻量化护栏在保证安全性能的同时,能够实现轻量化 30% 左右,减少了钢材用量,达到了节能降碳、绿色环保的社会效益,同时有利于制造企业控制运输物流成本,改善现场安装的劳动条件,降低了劳动强度、提高了作业效率,项目工期能够充分保障,护栏造价成本下降 10%,综合成本下降 10% 以上。

以吨钢产生 2.1 t 的 CO_2 排放测算,每年公路用钢 480 万 t,采用高强钢轻量化护栏可以节约钢材 158.4 万 t/年,可实现碳排放减少 332.64 万 t/年。以吨钢消耗 571 kg 标准煤测算,可节约标准煤 90 万 t/年,可大幅节约煤炭等不可再生资源,并大量减少能源消耗。以运输车辆每车装货 32 t 为例,运输现有公路护栏车辆约需 156250 辆,运输新型轻量化公路护栏车辆只需 104688 辆,运输车辆减少 51562 辆,车辆运输成本降低约 33%;以柴油货车消耗柴油 0.0606 L/吨公里为例,单位周转量碳排放量 0.1553 kg/吨公里计算(数据来源《铁道知识》2009 年 02 期),51562 辆货车若运距为 1000 km,则可减少 CO_2 排放量 25.6 万 t。

六、T/CCTAS 19—2021《车载式道路标线逆反射测量仪》

(一)制定背景

交通标线作为公路重要的附属设施,承担着保障驾乘人员安全,指引行驶方向的重要责任，交通标线的技术状况决定了公路服务使用者的能力，更重要的是直接影响着使用者的出行安全。交通运输部自2018年先后出台相关规定对交通标线治理作出全面部署，其中要求开展交通标线的质量检测工作，强化交通标线的质量和安全保障能力。现阶段，由于大部分公路处于养护运营期，原有的便携式检测设备采用封路、定点检测方法针对交竣工时的小规模检测尚可，但是针对大规模已处于运营养护阶段的标线则不再适用，需要更加高效、安全的检测技术及产品。

目前，许多公路建设单位和检测单位逐步尝试使用动态快速的车载式标线检测设备，国内市场上的车载式标线检测设备以欧美和我国自主生产为主，这些设备已在实际应用中起到了非常大的作用。但是由于国内标线快速检测应用较晚，还没有对标线快速检测设备形成统一的标准规范，这一定程度上限制了此技术在我国的发展，所以国内需要制定相关标准来规范车载式标线快速检测设备生产、使用和检验。

就标准而言，目前只有GB/T 26377—2010《逆反射测量仪》针对便携式逆反射测量仪进行了规定。随着我国公路大部分已处于运营养护期，原有的便携式逆反射测量仪在运营养护检测上存在一些困难。针对国内应用的标线快速检测设备提出参考规范，以使不同品牌的产品适用我国技术指标，会推动标线快速自动化检测在国内的进一步应用，对于提高我国公路标线养护检测的科技化水平是非常必要的。

(二)标准内容

《车载式道路标线逆反射测量仪》为车载标线快速检测设备的产品标准。通过以下技术要点的研究解决了该领域的关键性技术难题：①完成光源系统与发射光路研究，有效抑制环境光对测量的影响；②完成图像采集控制技术研究，进一步缩减环境光对测量数据的影响；③完成自动对位系统研究，提升静态参数标定效率；④完成高度/倾斜补偿系统研究，保证动态检测稳定性及数据准确性；⑤完成基于北斗定位系统的应用研究，保证了检测数据的地理精准定位，为后期数字化应用提供技术支持；⑥完成辅助检测影像系统的应用研究，动态检测时测试人员通过实时观察来调整测量仪测试位置，从而保证测量仪可实时检测到标线。

这一团体标准不但规定了车载式道路标线逆反射测量仪的主要组成和技术要

求,还规定了其试验方法和检验规则,所以可适用于车载式道路标线逆反射测量仪的生产、检验和使用全过程。

对比国外同类产品,《车载式道路标线逆反射测量仪》提出的技术方案,具有以下优势:①检测效率更高。这一团体标准特别提出的前置式双通道的检测模式,可以同时检测车道两侧标线,检测效率比传统车载式标线检测仪效率提高一倍。②路上检测更安全。国外车载式标线检测仪安装在车辆的侧面,且必须对齐标线检测,这无疑增加了路上动态检测时的安全风险;该团体标准提出的光学测量系统中心垂直平面与车身纵向垂直平面夹角宜≤10°,使测量仪无须对齐标线就可以检测到标线,从而使检测车在车道内正常行驶就可以检测,保证了路上动态检测时的安全性。③路上检测更合规。原有车载式标线检测仪系统结构较简单,挂载在车辆侧面且需对齐标线检测存在安全风险,导致原有车载式标线检测仪的安装车辆缺少道路专用检测资质,路上检测时存在违反交通法规的嫌疑;该团体标准特别提出的前置式双通道产品可以集成安装在工信部公告目录的专用改装车辆上,路上检测不但更安全,而且符合交通法规要求。④检测数据精准定位。采用北斗卫星通信和地基增强的精准定位技术,可以精准定位交通标线及其采集数据,动态定位精度≤1 m,为打造高精度交通标线地理信息平台和自动驾驶技术的应用提供精准数据支撑。⑤路上检测更稳定。由于路上行驶检测时,受驾乘人员重量变化、车辆加减速、道路不平整、油耗导致的车辆重量变化等因素影响,会引起测量系统高度或倾斜角变化,以致光学测量系统的测量几何条件变化,检测数据因此会产生较大偏差,这一团体标准提出的高度、倾斜补偿系统可以实时修正测量几何条件,保障了路上检测的稳定性及输出数据的准确性。⑥检测数据分析更便捷。该团体标准提出的计算机处理系统,不仅可以方便快捷地操作仪器,观察检测过程中的实时数据,还可以对后期产生的大量检测数据进行一键快速统计分析,使检测数据处理分析便捷化。

(三)推广应用

《车载式道路标线逆反射测量仪》的制定弥补了我国车载式标线逆反射测量仪产品标准的空白,其有效运用可以为产品大规模生产和应用提供技术保障,同时也为我国企业在制造同类产品时提供了重要竞争手段。它的推广应用产生了巨大的社会效益,主要是:①提升公路交通标线质量,降低交通事故率。有助于提升公路交通标线的反光质量,降低交通事故率,保障车辆行驶安全及车辆驾驶员的生命安全。②提升交通安全设施养护管理服务水平,保障城市健康运行。实现交通安全设施中标线的快速、连续、定量检测技术零的突破,避免国家公路网技术状况检测体系的不均衡发展,有利于为管理部门提出具有针对性的公路交通安全设施养护规划与建议,是管理部门制定科学养护政策的重要依据,是提升交通安全设施养护管理服务水平可靠保障。③填补了国内行业空白。该团体标准研究内容及依据标准开发的我国首套具有完全自主知识产权的双通道道路标线快速检测技术,可替代国内外现有的"单侧"车载式道路标线逆反射测量仪,通过标准技术内容的实施,将在技术上打破国外厂家的封锁,填补行业空白。④有效提高道路检测专业化、信息化水平。我国"十四五"交通运输规划及《交通强国建设纲要》《国家综合立体交通网规划纲要》,强调推进交通装备的技术升级,推广应用交通装备的智能检测监测和运维技术,提高交通基础设施的长期监测检测,提高养护专业化水平,增强设施的耐久性和可靠性,并在交通行业发展推动北斗卫星通信等新技术的应用,打造高精度基础设施服务网,构建高精度交通地理信息平台。四川京炜数字科技有限公司研发的"双通道车载式道路标线逆反射测量仪"无疑是对国家战略政策的有效响应,是对工程建设与科学养护现代化需求的成功贴合。

第三节 交通运输新技术新业态

本节组织了7个交通运输新技术新业态方面的团体标准应用案例。

一、T/CCTAS 86—2023《交通运输信息技术应用创新适配测评总体要求》

(一)制定背景

信创事关国家信息技术自主可控,涉及国家战略、网络安全,推进信创设备、软件等适配具有必要性、紧迫性。交通运输不仅属于信创替代八大重点行业之一,更在率先推行 13 个重点领域中占据 4 席。《交通运输强国纲要》《国家综合立体交通网规划纲要》同时提出科技创新、智慧交通、安全可靠等要求，要落实两个纲要的重要任务，信息技术应用创新和相关基础设施安全自主可控不仅是基础保障，也是数字化转型、提升产业链发展的关键。同时，《关于科技创新驱动加快建设交通强国的意见》（交科技发〔2021〕80 号）、《"十四五"现代综合交通运输体系发展规划》（国发〔2021〕27 号）、《数字交通"十四五"发展规划》（交规划发〔2021〕102 号）等一系列政策均提出：交通运输基础研究能力和原始创新能力要得到全面加强，关键核心技术自主可控；加强科技自主自强，大力推动安全可控技术的广泛应用等科技创新方面的要求。

目前党政机关和部分行业已逐步开展软硬件国产化适配工作，交通运输部已完成办公系统的国产化适配，部分企业如中交等大型央企也开始了国产化适配工作，但对于庞大的交通运输行业信息化系统和专用行业软件来说远远不足，适配工作亟待迅速开展。在推进信创适配工作过程中，交通运输行业面临着适配测试、评估时没有专业和统一的行业标准，无法准确衡量适配效果等问题。信息技术应用创新工作委员会发布了操作系统、关系数据库、中间件等 10 余项国家推荐标准，标准文本未对外公布，也尚未制定信息技术应用创新的行业标准。在团体标准方面，中国电子工业标准化技术协会发布了 T/CESA 9461《信息技术应用创新　信息产品成熟度评估体系》系列团体标准，但仅从芯片、基础软件、计算机设备等信息化基础软硬件和外部设备的角度给出了相应的评估要求。多个协会均发布了信息技术应用创新相关的团体标准，其适用范围也均是从通用基础软硬件和设备出发，仅有卫生系统发布了具有行业特性的信息技术应用创新标准。

为积极配合国家发展战略，推进交通运输行业信创适配工作顺利开展，制定《交通运输信息技术应用创新测评总体要求》是非常及时和必要的。

（二）标准内容

《交通运输信息技术应用创新适配测评总体要求》在借鉴信息技术应用创新针对基础软硬件测评要求的基础上，重点针对行业应用软件的测评提出技术要求，具有明显的行业指导意义。该团体标准规定了交通运输信息技术应用创新适配的测评范围和分类、基础软件与基础硬件适配认定、应用软件测评，适用于公路、水运、铁路、民航和邮政等多个交通运输领域的信息技术应用创新适配测评。

这一团体标准将帮助行业中企事业单位解决实际问题，加快信创进程，满足合规要求，建设交通行业适配标准、提供专业适配测试工具、形成行业适配评估体系，在交通行业信创替代全过程中，为从事信创产业的交通行业企业提供第三方权威组织或机构认证认可服务，同时对行业内企事业单位信创替代实施效果提供有公信力的第三方评价，提供适用的技术依据，以便证明采用的信创产品、信创服务等完成了信创适配并达到预期目标，帮助从事信创产业的企业提升能力、获得专业认可、增加市场竞争力，为行业实施信创提供优质的市场环境。

（三）实施应用

《交通运输信息技术应用创新适配测评总体要求》的编制单位和发起单位积极推动标准的推广和实施应用：①推进成立了中交协交通运输信创实验室。为积极响应国家自主可控和交通强国等相关国家战略的实施，中交协信息专业委员会立足专业优势和职责，联合多家行业用户、信创适配中心、行业科研单位和信创企业搭建行业信创平台和生态，向中交协提出实验室成立申请，经协会批准，于2024年初成立中交协交通信创实验室，依据该团体标准开展行业信创适配测评服务和颁发相应证书，提供了具有公信力的第三方测评结果。②发起单位和编制单位（如中国船级社信息中心、交通运输部科学研究院、工业和信息化部电子第五研究所等多家单位）提供了测评环境，并依据该团体标准开展测评服务。③编制单位积极对相应产品开展测评，扩大产品行业影响力。

目前，这一团体标准仍处于推行阶段，交通运输信创实验室依据这一团体标准，已为十多家行业内企事业单位颁发交通运输信创产品评估证书。交通运输行业有大量的关键装备和行业应用服务系统，新基建的建设也迫在眉睫。信创标准的编制，将助力交通运输新基建和关键装备国产化发展，提升行业自主安全能力。这一团体标准的制定使行业信创适配有标准可以依据，为行业信创适配工作的开展提出了要求。这一团体标准的实施规范了应用软件信创适配的测评要求，为适应交通强国建设及国家综合立体交通网建设要求，促进行业信创科学发展，提高行业信创适配能力提供了有力的支撑。

作为交通运输行业首部信息技术应用创新标准，该团体标准受到了行业内外的极大关注。2023年，交通运输部和国家铁路局相继发布了关键信息基础设施安全保护管理办法，提出运营者应当加强关键信息基础设施供应链安全管理，应当采购依法通过检测认证的网络关键设备和网络安全专用产品，优先采购安全可信的网络产品和服务。这一团体标准的实施将为行业用户获取公正可靠的第三方测评结果提供依据，更好地选择安全可信的网络产品和服务。

二、T/CCTAS 28—2022《城市轨道交通数据采集平台技术规范》

（一）制定背景

随着城市轨道交通线路日益成网，建立的各类系统众多，数据结构复杂，各专业系统数据采集颗粒度、接口规范、级别规范、系统的功能和性能技术要求参差不齐，缺乏数据采集方面的规范性指导文件。尤其是在近年来数据要素逐步成为国家发展战略重要内容的背景下，为推动科技创新、规范化信息系统建设，我国相继颁布了数据处理的相关标准，如 GB/T 38672—2020《信息技术 大数据 接口基本要求》、GB 50174—2017《数据中心设计规范》、GB/T 29261《信息技术 自动识别和数据采集技术》、JT/T 1097—2016《城市轨道交通公共区域客流数据采集规范》等。为弥补数据采集技术规范的空白，进一步明确城市轨道交通建设、运营单位在数据采集方面的功能和技术要求，为数据共享与深度挖掘创造条件，形成统一的行业指导性的建设意见，需要制定相应的标准规范。

（二）技术内容

《城市轨道交通数据采集平台技术规范》主要应用于轨道交通数据采集、监测预警、安全监控、运营管理、设备运维等系统研制的前置过程，能便捷地与其他系统集成，提高了对数据接入和定向业务处理的效能。

多种系统的数据采集和业务协同是轨道交通智慧化的先决条件，数据采集是其首要解决的核心问题。为了统筹数据资源整合共享和利用，增强轨道交通数据共享能力，提升信息处理效能，期冀打通行业数据要素堵点，释放数据要素增值效应，赋能交通行业发展，急需突破数据采集及其标准化的关键技术难题。数据采集后处理过程复杂、复用效率低，跨系统间大规模数据传输及处理效率低，缺乏对轨道交通海量数据轻量化、标准化、低成本共享的成熟方案和规范。数据采集平台的关键性设计方法，通过数据采集接口的归一化、设计标准化的数据转换模型，实现数据采集多格式协议标准化转换，屏蔽多专业数据差异性，为轨道交通跨专业海量数据轻量化、标准化共享奠定基础。数据采集过程被拆分为接口标准化、数据模块化两部分，适应业务场景逻辑规则定义和参数适配的表达式，实现跨类型数据采集规则的表达式定义，极大降低了数据后处理的复杂性。通过数据类型归一化、设计最小化共享数据模型，实现数据采集多格式协议标准化转换和提取，为数据高效提取提供基础条件。

根据应用效果可减少数据无效传输量70%以上、采集效率提升30%以上，实现后期数据共享效率的大幅提升。突破了传统的"烟囱式"系统建设和信息孤岛的运行模式，为时序不同、封闭建设的系统打通数据壁垒提供了途径，为数据要素资产驱动轨道交通、综合交通行业以及相关领域发展发挥了增值效应。

（三）应用影响

《城市轨道交通数据采集平台技术规范》技术已应用于城市轨道交通建设、运营的数据采集、指挥中心、智慧车站、枢纽等系统，能够接入外部交通系统，在车站、线路级业务系统、线网级调度指挥中心系统工程中取得示范效应，形成了产业化应用。

同时，该团体标准也可作为原始技术模板，对涉及数据采集、数据分析类业务应用，均可转化应用：①建设方面，多维度、多属性的数据处理与设备模型数字孪生的智能制造结合运用；②运营方面，安全监控预警、线路及线网运营仿真；③维护方面，与全生命周期资产运用、预防预测等数据持久化运用相结合。

该技术在城市轨道交通、城际铁路、铁路、交通领域可广泛应用，为专业化数据中心系统建设、边缘智能数据采集一体机等装备的轻量化、模块化发展提供技术借鉴，远期还可为交通行业数据资源整合与共享，以及同类领域的应用提供成功借鉴。

这一团体标准已取得了北京全路通信信号研究设计院集团有限公司、浙江海宁轨道交通运营管理有限公司、中国铁路设计集团有限公司、深圳市市政设计研究院有限公司、中铁华铁工程设计集团有限公司、南京熊猫信息产业有限公司等单位采信,在相关业务系统的设计、建设、运营中广泛采用。该团体标准的条款具有普适性,兼顾了多种类型的城市运营线路数量和程度不同的情况,能够适用于我国规划和在建城轨各类城市规模和线路的运用场景和需求,具有广泛运用的良好前景。同时结合样板线路的示范效果,在实施的指挥中心、调度指挥系统、仿真系统、智慧车站、通信及乘客信息等系统的大型项目中投用,通过媒体报道、行业示范工程等同行业走访交流,促进了这一团体标准的推介及广泛应用。

(四)效益前景

数据采集成果的标准化有利于促进数据增值效益的发挥,推动大数据技术在轨道交通行业的深化应用,促进生产经营效益的提升,推动行业进步。通过《城市轨道交通数据采集平台技术规范》形成的数据采集平台具有软件通用性,能够与被集成的主应用系统平滑协作,具有良好的适应性。在城市轨道交通专业化系统应用,为构筑数字化转型、数据增值效益挖潜、推动轨道交通行业快速发展担起了责任,作为基础性共性关键技术,进一步推动了轨道交通的科技创新。

2022年,该团体标准通过浙江省轨道交通运营管理集团有限公司数字轨道咨询设计项目、北京市轨道交通安全监控中心应急指挥中心系统2022年软件维护服务、广州城际智慧运管技术服务、江苏省铁路集团有限公司数字化转型和"数字江苏铁路"建设规划项目、重庆轨道综合运营协调指挥中心项目运营仿真系统技术服务等项目,取得累计经济效益7437.61万元。2023年,通过郑州市轨道交通8号线一期工程专用乘客信息子系统系统采购、重庆轨道交通10号线二期PIS子系统设备及服务采购两个项目,取得累计经济效益4420万元。

《城市轨道交通数据采集平台技术规范》通过数据采集方法优化和业务应用导向的标准化处理,形成的通用性产品有效解决了大规模数据采集效率低、专业化适应性差、后期治理工作量大的难题,提高了信息资源共享的自动化水平,实现了该领域数据效益增值和数据处理标准化的转变,与原有技术相比,提高了生产效率,保证了加工质量。打破了传统点对点系统接口、数据逐条处理、业务条块分割数据难以共享的制约。在城市轨道交通行业信息化、网联化发展的大背景下,信息化平台的建设发展越来越迅速,数据采集平台作为整个信息化平台的数据基础,与城市轨道交通行业的多个专业系统关联,这一团体标准的推行和实施,为各城市规划新建数据采集平台或新投入运营线路扩展接入平台管理提供指导性的意见,节省投资成本,具备良好的社会效益。

该团体标准涉及的数据采集、处理技术相关项目《面向全自动运行的城市轨道交通站-车通信系统智能化关键技术》获得2023年中交协科学技术奖科技进步一等奖。

三、T/CCTAS 23—2021《网络预约出租汽车服务纠纷处置规范》

(一)制定背景

随着交通运输部等联合发布《网络预约出租汽车经营服务管理暂行办法》(交通运输部 工业和信息化部 公安部 商务部 工商总局 质检总局 国家网信办令2016年第60号),各地交通主管部门陆续出台网约车经营服务管理实施细则,网约车合法地位得到明确,网约车行业合规化进程也在加速推进。在行业迅猛发展、订单量激增的同时,网约车行业也面临着诸如出行安全、失物寻回、费用纠纷、订单取消、服务纠纷等方面的问题。为解决网约车行业发展面临的费用纠纷、订单取消等问题,厘清网约车平台公司、驾驶员、乘客服务纠纷时的三方权益及对应处置程序,弥补行业发展标准不完善的问题,亟须标准或规范的出台解决行业发展面临的关键及共性问题。

《中华人民共和国民法典》(中华人民共和国主席令第五十四号)规定了隐私权和个人信息保护。《国务院办公厅关于深化改革推进出租汽车行业健康发展的指导意见》(国办发〔2016〕58号)和交通运输部印发《网络预约出租汽车经营服务管理暂行办法》,要求规范网络预约出租汽车经营服务行为,保障运营安全和乘客合法权益。GB/T 22485—2013《出租汽车运营服务规范》和JT/T 1068—2016《网络预约出租汽车运营服务规范》均对出租车经营车辆和驾驶员服务的流程要求进行了规定。以上相关法律法规和标准为这一团体标准的编制提供了遵循的基本依据。

第十二章
交通运输团体标准应用案例

(二)标准内容

《网络预约出租汽车服务纠纷处置规范》已于2021年12月17日发布,2022年1月1日实施。该团体标准规定了网络预约出租汽车服务纠纷处置的基本要求,网络预约出租汽车平台公司对网络预约出租汽车驾驶员与网络预约出租汽车乘客产生的费用争议、订单取消争议和服务质量争议等服务纠纷的处置要求和规则,以及服务纠纷处置程序。适用于网约车驾驶员与乘客产生的服务纠纷处置。

在提高效率方面,这一团体标准规定了网约车平台公司对驾驶员与乘客产生费用争议、订单取消争议和服务质量争议等服务纠纷的处置要求和规则,对各应用场景及服务纠纷处置程序进行详细阐述。在处理各方服务纠纷事件时,能依据该团体标准提出的相关要求、规则或流程尽快处理,可有效提高服务纠纷处置效率。同时要求在受理乘客或驾驶员服务纠纷处置请求后,平台公司应在24小时内处理,5日内处理完毕,并通过客户端应用程序消息推送、短信等方式将处置结果告知乘客或驾驶员,如乘客或驾驶员对处置结果不满意再次提出处置请求的,平台公司应在新的处置请求提出后5日内处置完毕。给出具体时限要求,促进提升网约车服务纠纷处置效率。

在降低成本和节能减排方面,这一团体标准对费用争议、订单取消争议、服务质量争议等内容进行具体规定,例如,规定费用争议包括平台公司发现或乘客投诉驾驶员存在加价议价、未坐车收费、行程开始前计费、未及时结束计费、绕路多收费、要求重复支付、收取不合理车辆清洁费等行为,处理原则是平台公司应将乘客通过客户端应用程序支付的超额费用返还给乘客,针对驾驶员上述费用争议行为,应根据情节严重程度,对驾驶员给予警告、完成指定内容学习教育及考试、限制服务资质和服务范围、追偿不当所得、扣除信用违约金、暂停服务、永久停止服务等处置。这些规定进一步明确了驾驶员在网约车运营服务中的行为规范,也让乘客明确了哪些行为属于费用争议可进行投诉,在规范驾驶员和乘客行为规则的同时,有助于减少驾驶员绕路多收费、超时等待停车费的产生,对减少网约车服务纠纷事件,降低平台公司处置成本,节约驾驶员和乘客服务纠纷投诉时间成本有积极的促进作用。

在提升品质方面,《网络预约出租汽车服务纠纷处置规范》规定了服务纠纷判责机制,对判定真实的服务纠纷启动调查程序并告知处置结果。例如,乘客与驾驶员发生服务纠纷,如果判责是驾驶员违反该团体标准,按该团体标准服务纠纷处置要求和规则对驾驶员处置;如果是驾驶员未违反该团体标准,将告知乘客和驾驶员。乘客与平台公司发生服务纠纷,如果判责是平台公司责任,应适当赔偿乘客损失,并将处置结果告知乘客,乘客不认可处置结果可再次向平台公司发起服务纠纷处置请求或向政府部门电话投诉。该机制能有效保障网约车平台公司、驾驶员和乘客的权利及诉求,对提升网约车服务品质有重要意义。

《网络预约出租汽车服务纠纷处置规范》在研究网约车服务纠纷处置现状背景的前提下,以现行国家层面相关法律法规、标准规范和指导意见为基本遵循,以相关网约车企业管理服务相关探索为实践支撑,深入走访调研相关行业主管部门、网约车企业、网约车驾驶员和乘客,分析总结网约车费用、订单取消、服务态度不佳等服务纠纷处置存在的问题,并提出相关要求及处置流程。

(三)推广应用

为促进《网络预约出租汽车服务纠纷处置规范》的应用和价值实现,中交协共享出行分会、北京交通工程学会在其发布后,积极向行业宣传,参与该团体标准编制的8个网约车平台公司在其指导下完善了企业的网约车服务纠纷处置实施细则,建立了驾驶员信用考核制度和乘客黑名单制度。在标准实施阶段,平台公司与标准牵头编制单位北京交通工程学会保持良好的常态化沟通机制,对遇到的疑问由北京交通工程学会负责给予指导与答疑;对于网约车服务纠纷处置,建立了行业管理部门、运营企业、驾驶员和乘客的多方通话机制,有效提升网约车服务纠纷处置效率,对提升网约车服务质量有重要作用。

《网络预约出租汽车服务纠纷处置规范》的编制与实施,解决了国内网约车行业的费用争议、订单取消争议、服务质量争议等问题缺乏管理与处置规范的问题,有效弥补了行业空白,形成了规范的服务纠纷处置流程,即使未来网约车服务规模持续增长,这些问题也将得到有效解决。

四、T/CCTAS 24—2021《互联网货运平台安全运营规范》

(一)制定背景

近年来,随着互联网货运新业态的迅速发展,道路货运市场涌现出"货拉拉"等依托互联网、大数据、人工智能等整合配置运输资源,进行精准车货匹配的平台,解决了目前货运物流行业普遍存在的运力空驶、长时间等货等突出问题,通过对货源的集中配置和运力的统一调配,提升物流效率,降低运输成本。

网络货运平台和交易撮合型平台是当前互联网货运平台发展的主要模式,是引领带动行业转型升级、促进物流降本增效的重要载体。我国互联网货运行业在安全运营方面仍存在一些问题,如货运平台缺乏安全管理机构和人员、审核机制不健全、安全预警功能参差不齐、应急保障体系缺失等问题。针对货运独有的复杂场景,例如货物安全、超限超载、违禁物品禁运、装卸过程安全等问题,也容易造成运输安全隐患。互联网货运平台型企业处于发展起步探索阶段,货运物流行业主体众多、经营分散、流动性强、行业安全监管难度大、违法违规、超限超载、不诚信经营问题较为突出,进一步健全平台安全运营规则,以及服务质量方面的标准规范显得尤为重要。2021年9月,新版《中华人民共和国安全生产法》(中华人民共和国主席令第七十号)正式实施,明确了平台经济等新兴行业、领域的生产经营单位应根据本行业、领域特点,履行安全生产义务。2021年10月,交通运输部会同公安部、人社部、全国总工会等16个部门联合印发了《关于加强货车司机权益保障工作的意见》(交运发〔2021〕94号),要求切实改善货车司机生产经营环境,保障货车司机合法权益。在这样的背景下,我国首个互联网货运安全运营团体标准的出台,弥补了货运平台企业安全标准的空白。

(二)标准内容

针对互联网货运平台型企业处于发展起步探索阶段,货运物流行业主体众多、经营分散、流动性强、行业安全监管难度大、违法违规、超限超载、不诚信经营等问题突出,该团体标准的制定将进一步健全平台安全运营规则,提高平台运营服务质量,对推进行业规范、健康化发展，积极提升货运行业驾驶员权益保障有着重要促进作用。《互联网货运平台安全运营规范》规定了互联网货运平台安全运营的总体要求、平台安全功能、驾驶员与车辆审核、驾驶员安全管理、安全运营、风险管理与隐患排查、应急与处置、网络与信息安全管理、安全事故事件投诉处理、绩效评定与改进等共计10个方面58项条款，明确了互联网货运平台企业的安全运营管理标准。

2019年，国务院办公厅印发《关于促进平台经济规范健康发展的指导意见》（国办发〔2019〕38号），明确平台经济是生产力新的组织方式和经济发展新动能，并将其提高到推动产业升级和加快经济发展方式转变的高度，要求各行业、各领域加快推进平台经济发展。交通运输部为贯彻落实国务院文件要求，联合国家税务总局在总结无车承运人试点工作的基础上，出台了《网络平台道路货物运输经营管理暂行办法》（交运规〔2019〕12号），支持依托互联网平台组织物流资源，委托实际承运人完成运输任务，承担全程运输责任的网络平台道路货物运输（网络货运）经营者创新发展。该团体标准在继承既有法规的基础上，科学合理地延伸了相关内容，如将平台研发纳入安全费用范畴等，确保既合法合规，又与时俱进。同时，厘清了平台企业、托运人、实际承运人的权责利关系，针对相关方在货运经营中的责任，提出相应的安全运营要求，确保能执行、可落地。

（三）应用效益

1.填补货运平台安全标准空白

随着移动互联网的普及，每个个体运输户、中小企业、货主企业逐步从一个个相对封闭的个体，变成运输网络内一个可流动、可互动的信息终端，互联网货运平台可以利用移动互联网络，有效促进市场中分散的中小货主企业、货运企业和个体业户资源的集约整合，优化市场发展格局，引导和促使货运物流市场结构逐步从分散走向集中，促进行业的"零而不乱、散而有序"。该团体标准在继承既有法规的基础上，科学合理地延伸了相关内容，如将平台研发纳入安全费用范畴等，确保既合法合规，又与时俱进。同时，厘清了平台企业、托运人、实际承运人的权责利关系，针对相关方在货运经营中的责任，提出相应的安全运营要求，确保能执行、可落地。

2.促进互联网道路货运行业"降本增效"

该团体标准的制定将推动互联网货运行业健康高效发展，平台公司通过信息网络和移动互联技术,实现分散运输资源的整合,解决了目前货运物流行业普遍存在的运力空驶、长时间等货等突出问题,通过对货源的集中配置和运力的统一调配,提升车辆工作效率,降低运输成本。

3.推动市场主体规范经营行为

货运物流行业主体众多、经营分散、流动性强、行业安全监管难度大,违法违规、超限超载、不诚信经营的问题较为突出,该团体标准规定了互联网货运平台需遵守的资格审查、平台安全功能、风险管理和应急处置等要求,能够有效规范互联网平台企业和平台用户的经营行为,净化货运物流市场经营环境。

4.保障司机运输安全

《互联网货运平台安全运营规范》明确了互联网货运平台驾驶员与车辆审核、驾驶员安全管理、安全运营等条款,规范了安全运营管理标准。互联网货运平台应当具备行驶状态异常、疲劳驾驶识别和预警功能;对急加速、急减速、急转弯、超速及连续驾驶时间超过4小时的情况,第一时间进行识别和预警。这些规范要求将有效推动货运平台企业维护驾驶员安全。

五、T/CCTAS 36—2022《高速公路零碳服务区评价技术规范》

(一)制定背景

高速公路服务区作为公共服务设施,用能需求不断增加,碳减排压力逐步加大。服务区运营目前存在能耗大、管理粗放的特点,但具有大量可利用的土地和空间资源,具备开展"光伏+"等新能源分布式开发和就近利用的有利条件,低碳化路径多,需要进一步优化服务区用能结构、降低服务区运营能耗。在这种形势与要求下,建设零碳服务区的重要性和迫切性就更加凸显。目前,我国已有部分省市在开展(近)零碳服务区试点示范工程建设,多个省市有开展零碳服务区评价或认证等方面的需求,但目前我国在零碳服务区方面尚无相关标准,亟须制定零碳服务区评价方面的标准,从而规范开展零碳服务区评价、认定(认证)工作。

前期,交通运输部、住房和城乡建设部在绿色公路、绿色服务区、绿色建筑、近零能耗建筑等方面出台了相关标准。2018年,交通运输部行业标准JT/T 1199.1—2018《绿色交通设施评估技术要求 第1部分:绿色公路》、JT/T 1199.2—2018《绿色交通设施评估技术要求 第2部分:绿色服务区》出台,规定了绿色服务区评估的基本要求、评价指标体系和评价方法。2019年,国家标准GB/T 50378—2019《绿色建筑评价标准》颁布,从设计和建成后两个阶段对绿色建筑评价,从七个方面对绿色建筑进行评价;2019年,国家标准GB/T 51350—2019《近零能耗建筑技术标准》规定了主要室内环境参数,并从能效指标、技术参数、技术措施等方面提出相应技术标准。这些标准的制定为《高速公路零碳服务区评价技术规范》的编制提供了借鉴参考和技术支撑。

(二)标准内容

该团体标准规范了高速公路零碳服务区的评价认定流程,明确了高速公路零碳服务区评价标准,推进了高速公路零碳服务区的建设,可进一步加快高速公路零碳服务区的推广应用,为下一步行业和国家标准的制定奠定基础。

目前,我国在零碳服务区方面尚无相关标准,《高速公路零碳服务区评价技术规范》的制定填补了行业空白,可规范我国开展零碳服务区评价、认定(认证)工作,引导高速公路服务区实施节能降碳,实现零碳运营的目标,解决了零碳服务区评价过程中零碳服务区判定的先决条件、如何对零碳服务区进行分类分级、如何进行运营期服务区碳排放核算等关键性、共性的技术难题。该团体标准规定了高速公路零碳服务区评价的评价对象、评价周期、控制指标要求、评价与认定等内容。

在服务区判定条件方面,虽然仅对服务区运营期的碳排放进行核算,但在判定依据方面统筹考虑服务区的建设低碳化、运营零碳化、能源供给清洁化、管理智慧化等因素设置控制条件,倡导零碳服务区建设在考虑实现零碳运营目标的同时,兼顾服务区全面绿色低碳转型发展。

在等级划分方面,开创性地提出按碳减排率和碳抵消率作为零碳服务区评价等级划分的依据,明确划分为低碳服务区(一星)、近零碳服务区(二星)、零碳服务区(三星~五星),倡导服务区自身减排的同时,充分利用市场化手段达到零碳运营目标。

在碳排放核算方面,明确给出了碳排放量核算公式,界定了核算范围为保证服务区正常运营需要产生的二氧化碳排放,包括采暖、空调、生活热水、照明、可再生能源、绿地碳汇、维护车辆运行等的直接和间接碳排放量，不含服务区过往车辆产生的碳排放，抓住服务区碳排放的主要方面，并兼顾服务区收集相关数据的可操作性，实现服务区碳排放的科学快速统计。

(三) 推广应用

高速公路是实现客运和货运的重要动脉，服务区作为高速公路不可或缺的一部分，具有广阔的发展前景。起草组非常重视这一团体标准的宣传、应用和推广。

1. 注重标准宣传

标准起草组积极开展标准的宣传工作，先后多次开展标准的宣贯工作，包括 2022 年 8 月 20 日在第一届交通与能源融合发展论坛进行标准发布，在 2023 年 2 月 24 日第三届电能替代产业发展高峰论坛、2023 年 4 月 13 日第四届中国交通绿色发展大会进行标准宣贯，得到行业和相关领域的关注，扩大了标准的影响范围。

2. 注重标准应用

在该团体标准的研究制定过程中，结合其相关研究成果，在济南东服务区开展零碳服务区建设，基于分布式光伏发电、储能、交直流微网、室外微光、智慧管控、污水处理、生态碳汇等建设措施，通过可再生能源利用、零碳智慧管控、林业碳汇提升等技术措施，实现了服务区运营阶段零碳排放。山东省副省长凌文出席济南东零碳服务区建成启用及白皮书发布活动并发表讲话，对项目的建设给予了高度评价。济南东零碳服务区项目受到国务院国资委、交通运输部、生态环境部等国家部委关注，在中国新闻网、央广网等国家级、行业媒体上共发布报道 120 篇以上。接待交通运输部、中国公路学会、湖南、河北等各级领导和相关行业单位现场来访参观 40 次以上，在全国各大论坛上作为典型案例进行了推广宣传，得到了全国媒体和同行业的高度认可，起到了良好的示范与带动效应。济南东零碳服务区 3.2 MW 光储充一体化项目入选第三批智能光伏试点示范项目名单，济南东零碳服务区入选第一批公路水路典型运输和设施零碳试点项目名单，对我国零碳服务区建设有重要的借鉴作用。

3. 注重标准推广

高速公路服务区全年无休运转，亟须解决照明空调等能耗巨大、供电不稳定且价格昂贵等问题。每处服务区平均年均能耗高,二氧化碳排放量高。随着我国高速公路服务区使用量、客流量、车流量不断增加,作为高能耗的公路基础设施,利用可再生能源、实现节能减排至关重要。同时服务区低碳化路径多样,具备节能降耗条件,且现阶段,全国多地已开展零碳服务区示范工程的探索,标准应用前景广阔,标准编制组在加强标准宣贯和应用的同时注重标准的推广,收到各地各类型单位的采信复函,且各地在进行零碳服务区设计中均参照该团队标准进行零碳服务区的设计评价及设计优化。

海南省交通投资控股有限公司采纳该团体标准开展海南省高速公路零碳服务区建设,内蒙古自治区交通运输科学发展研究院采用该团体标准建设高光照资源区高速公路基础设施零碳运营。大理白族自治州交通运输局、新疆维吾尔自治区交通运输厅规划设计管理中心、云南省公路开发投资有限责任公司、海南省交通投资控股有限公司、吉林省吉高服务区管理有限公司、玉溪市澄华高速公路投资开发有限公司、贵州赫水高速投资有限公司、中交光伏科技有限公司、江苏高速公路工程养护技术有限公司等积极宣传和自愿采用该团体标准。

(四)效益与前景

《高速公路零碳服务区评价技术规范》面向"双碳"国家战略,充分利用高速公路服务区土地和空间资源,引入光伏等清洁能源设施建设,规范高速公路零碳服务区建设,将促进高速公路基础设施资产能源化,有效降低高速公路服务区碳排放水平。该团体标准的实施有利于降低和控制高速公路服务区碳排放量,促进新能源和新材料、新技术在交通领域的快速规模化应用,对推动绿色交通转型、助力交通领域碳达峰、碳中和有重要意义。

参编单位山东高速集团有限公司结合该团体标准的制定,进行济南东零碳服务区试点项目,利用可再生能源、污废资源化处理、智慧管控和林业碳汇四大系统实施碳减排、碳替代及增碳汇三大措施,实现服务区运营阶段碳中和。济南东服务区零碳运营后,相比零碳改造之前,碳减排、碳替代及增碳汇三大措施共计可实现每年约304万元的收入,各部分收入及收益如下:

(1)新能源发电收入

光伏发电系统安装容量3.2 MW,年均发电量为358.6万 kW·h。其中20%

发电量销售给国家电网,按照山东省脱硫煤标杆电价 0.3949 元/kW·h 计算。其中,由于光伏板损耗,导致光伏发电量每年降低 1%,电价每年上涨 2%。发电年收入为 28.32 万元。

(2)污水处理收益

年污水处理量 109500 t。采用智慧零碳污水处理后,污水可全部回用,水费按济南市非居民用水价格 6.05 元/t,节省水费 6.05 元/t×54750 t×2=66.25 万元/年。

(3)电力节省收益

光伏 80% 发电量为服务区自用,节省电费 203.68 万元/年。

室外微光系统年节省用电量 18921.5 kW·h,节省电费 1.34 万元/年。

智慧管控系统年节电量 59449.3 kW·h,节省电费 4.22 万元/年。

污水处理系统年节电量 5000 kW·h,节省电费 3550 元/年。

(4)林业碳汇收益

自 2025 年起,除去自身碳中和所用碳汇量,剩余碳汇量作为 CCER 交易。由于剩余碳汇量较少,可忽略不计,不计入财务测算。

服务区以"双碳"为抓手可以提高自身管理能力与经济效益,在实现自身经营"零碳"的同时,降低价值链移动碳排放,为行业减碳作出贡献。高速公路服务区是公路交通重要的服务节点,空间区域边界清晰,区域内的负载"可电气化"能力强,具有较强负荷及良好的资源禀赋。

六、T/CCTAS 29—2022《单轴转向架跨座式单轨车辆通用技术条件》

(一)制定背景

在我国,跨座式单轨作为城市轨道交通线路的有重庆 2 号线和 3 号线以及芜湖 1 号线和 2 号线。重庆跨座式单轨采用基于重庆长客(日立)技术平台的车辆,采用双轴转向架、高地板面技术,车辆运力也较大。近年来,随着技术的发展进步,以及新兴二、三线城市对跨座式单轨的新需求和功能要求,出现了技术更加先进、体量更轻巧的单轨系统。以芜湖 1 号线、2 号线一期所采用单轴转向架跨座式单

交通运输
团体标准编制概要

轨车辆制式为代表,新开发的单轨车辆,无论是车辆尺寸、主要子系统配置,还是转向架、牵引系统等核心技术,均与传统的大体量跨座式单轨有较大区别。

从技术标准体系的完整性来看,不同的单轨系统供货商各自拥有不兼容的专利或规格,无论是系统顶层设计还是各项产品设计均未形成统一或兼容的规范和标准,目前 CJ/T 287—2008《跨座式单轨交通车辆通用技术条件》是基于重庆跨座式单轨交通车辆技术编制的,在指导国内跨座式单轨交通车辆设计中起到了重要作用。但该行业标准仅包括双轴转向架跨座式单轨车辆,具有局限性。此外,GB/T 50458—2008《跨座式单轨交通设计标准》为指导重庆单轨设计起到了重要作用,但该国家标准未囊括芜湖所采用的新型单轨,在省、市相关主管部门指导和产业链企业共同努力争取下,GB/T 50458—2022《跨座式单轨交通设计标准》最终将芜湖单轨技术纳入其中,于 2022 年 7 月正式发布。《单轴转向架跨座式单轨车辆通用技术条件》于 2022 年 4 月发布,发布时间早于 GB/T 50458—2022。

(二)标准情况

《单轴转向架跨座式单轨车辆通用技术条件》适用于指导跨座式单轨车辆的设计和制造,是跨座式单轨系统标准体系的核心组成部分。此外,该团体标准可应用于指导跨座式单轨车辆相关配套子系统的设计、试验和维护等。

标准编制工作组单位涵盖了跨座式单轨车辆从设计生产到运营维护各阶段,包括研究单位、设计及生产调试单位、运营管理单位、产品认证单位。自专家组一致通过立项评审会议以来,经大纲审查、草案审查、征求意见和技术审查等阶段,标委会领导及与会专家对标准进行了逐条研讨、充分交流讨论,起草组对具体内容进行了反复讨论、协调和修改。该团体标准历时一年零七个月正式批准发布,适用于指导跨座式单轨车辆的设计和制造。行业技术人员能够在这一团体标准的引导下理解单轴转向架跨座式单轨车辆的主要技术,明确设计技术要求。

《单轴转向架跨座式单轨车辆通用技术条件》属于产品标准,创新性地对跨座式单轨车辆的标准化、模块化、互换性等进行明确要求。通过这一团体标准的制定和发布,后续可以逐步建立适合于跨座式单轨车辆的标准体系,逐步提升具有自主知识产权的跨座式单轨车辆产品,完善技术标准的完整配套系统。同时也易于产品的标准化,提高产品的可靠性及可维护性。

与 CJ/T 287—2008 对比，这一团体标准主要有以下鲜明特色以及技术先进性：①针对单轴跨座式单轨车辆，创新性地提出了"单轴转向架"术语，提出了与单轴转向架相关的技术要求，在 CJ/T 287—2008 及其他标准中无相关定义；②对供电方式进行普适性定义，明确了靴轨供电方式，以及 DC 750 V 和 DC 1500 V 两种电压等级，CJ/T 287—2008 中仅有 DC 1500 V 一种电压等级；③分别提出了最高速度等级 80 km/h 以及 80 km/h 以上车辆的牵引/制动性能要求，考虑了未来车辆速度提升的需求，具有一定行业前瞻性，CJ/T 287—2008 规定的最高速度等级为 80 km/h；④对车辆外部接口提出接口原则要求，考虑到胶轮系统特点，重点纳入轨道梁参数要求，明确车辆安全可靠运行的边界条件；⑤基于单轴转向架、橡胶轮胎的优势，确定最小平面曲线正线 100 m、最大坡道 60‰等线路参数，CJ/T 287—2008 中的线路参数并不完全适用于单轴转向架车辆；⑥明确了车辆液压制动系统的技术要求，液压制动系统相比传统的空气制动系统具有体积小、控制精度高等优势，CJ/T 287—2008 仅规定了对空气制动系统的要求，未包括液压制动系统；⑦明确了单轴转向架单轨车辆全自动驾驶方面的技术要求，全自动驾驶也是跨座式单轨系统的一大技术亮点，CJ/T 287—2008 未体现与全自动驾驶有关的技术要求。

（三）宣贯推广

1. 开展团体标准宣贯和推广

《单轴转向架跨座式单轨车辆通用技术条件》发布实施后，依托"一带一路"跨座式单轨系统国际标准联盟，根据其技术内容、应用范围定期组织宣贯活动，向"一带一路"跨座式单轨系统国际标准联盟 40 家单位以文件、电子邮件等形式下发该团体标准。同时，团体标准宣贯领导小组以会议、讲座和论坛的形式进行团体标准解读宣贯工作。

2. 指导建设产品标准化生产

该团体标准发布实施后，依托标准相关技术内容，应用于单轴转向架跨座式单轨设计、生产、型式试验、调试等各个阶段，提高了产品质量和企业技术水平。目前产品已应用于芜湖 1 号线、2 号线单轨项目和泰国曼谷黄粉线单轨项目，即将应用于埃及开罗单轨项目、巴西圣保罗 15 号线增购单轨项目、墨西哥蒙特雷 4 号线和 6 号线单轨项目等。

《单轴转向架跨座式单轨车辆通用技术条件》的制定,为跨座式单轨车辆的安全生产和运行提供标准保障,更好地指导车辆设计及应用推广。

3.采用单位广泛

该团体标准发布实施后,短时间内就得到了研究、设计、建设、装备制造等多方面的关注和采用。安徽工程大学、芜湖市标准化研究院、邯郸市城市轨道交通规划建设中心、华设设计集团股份有限公司、安徽雷尔伟交通装备有限公司、芜湖立钧轨道装备有限公司、中车南京浦镇车辆有限公司、株洲时代新材料科技股份有限公司、中车制动系统有限公司、上海市隧道工程轨道交通设计研究院、同济大学、合肥万力轮胎有限公司、芜湖市运达轨道交通建设运营有限公司、南京中车浦镇海泰制动设备有限公司、南京康尼机电股份有限公司、南京华士电子科技有限公司、金鑫美莱克空调系统(无锡)有限公司、新誉庞巴迪牵引系统有限公司、中铁工程设计咨询集团有限公司等19家单位采用了这一团体标准。

(四)效益前景

1.经济效益

《单轴转向架跨座式单轨车辆通用技术条件》发布实施以来,围绕着该产品的产业化累计集聚几十家企业入驻芜湖市,带动产业投资超过200亿元,初步形成了较为完整的轨道交通产业链集群,是安徽省战略性新兴产业发展的新增长点。通过多项技术的引进和自主创新打破了单轨关键技术长期受国外垄断的局面,填补了国内空白。相比进口,这一团体标准指导生产的单轴转向架跨座式单轨更具有价格优势和运营维护优势。2022年销售单轴转向架跨座式单轨车辆222辆,其中芜湖单轨项目6辆,泰国黄粉线单轨项目128辆、埃及开罗单轨项目88辆。中车浦镇阿尔斯通运输系统有限公司单轨项目清单见表12-4。

中车浦镇阿尔斯通运输系统有限公司单轨项目清单　　表12-4

序号	项目名称	线路长度
1	芜湖轨道交通1号线、2号线一期	46.3 km
2	泰国黄线、粉线	60 km
3	埃及开罗十月六日城线、新行政首都线	87 km

续上表

序号	项目名称	线路长度
4	巴西圣保罗 15 号线	14.6 km
5	墨西哥蒙特雷 4 号线、6 号线	25 km

2023 年销售开罗单轴转向架跨座式单轨车辆 172 辆。该团体标准实施后，新签订巴西圣保罗 15 号线增购单轨项目以及墨西哥蒙特雷 4、6 号线单轨项目，项目订单约 20 亿元。该团体标准实施的经济效益见表 12-5。

该团体标准实施的经济效益　　　　表 12-5

项目	时间	
	2022 年初—2022 年底	2023 年初—2023 年底
产量(辆)	222	172
新增销售额(万元)	161985	132773
新增利润(万元)	47132	42881
新增出口额(万元)	157191	132773

2. 社会效益

该团体标准的发布促进了单轨产品差异化发展，目前该产品已销往芜湖、泰国、埃及、巴西、墨西哥等多个海内外市场，建立了"一带一路"跨座式单轨系统国际标准联盟等协同平台，通过项目、技术合作提高了我国跨座式单轨国际话语权。当前标准的制定对于未来在"一带一路"合作伙伴开拓单轨市场、走向世界具有重要意义。

该团体标准关键技术已成功应用于中车浦镇阿尔斯通运输系统有限公司所生产制造的跨座式单轨车辆，主要产生了以下社会效益：①车辆采用电力牵引，能源效率高；运行期间无废气排放，减少了污染，有助于碳中和实现。②项目的建设和运营产生大量的就业机会，为稳定当地就业环境和社会经济发展作出了贡献。③项目投入运营后将进一步完善芜湖市的公共交通出行结构，缓解地面交通压力，降低机动车出行交通事故及损失。车辆最高运行速度 80 km/h，采用独立路权，能够有效节约沿线市民公共交通出行时间，提高生产效率，增加国民经济总产出。

七、T/CCTAS 65—2023《多旋翼无人机医疗物品运输技术要求》

(一)制定背景

国务院于 2022 年底发布的《"十四五"现代物流发展规划》(国办发〔2022〕17 号)中明确提出,要将无人化运输技术作为"推动物流高质量发展的重要抓手"。低空经济已纳入国家战略层面,并通过制定战略规划、出台法规政策、鼓励地方政府积极响应、提供金融支持以及加强基础设施建设等多种方式推动低空经济的快速发展。

多旋翼无人机配给能够有效解决因路面运输时间长、路面运输条件复杂情况下无法在有效时间内完成物资运输等问题。多旋翼无人机运输具有快速响应、小批量多批次灵活运输及保障运输安全的优点。在进行区域性卫生医疗机构内的多家分支机构间、机构与特定目标地点之间的医疗急救物品、医疗搜救相关物品、医药产品、人类生物样本等医疗物品运输时,多旋翼无人机可以作为路面运输的重要补充。采用多旋翼无人机运输可完善区域医疗资源共享体系,提升医疗物品的储备效能。

(二)标准内容

《多旋翼无人机医疗物品运输技术要求》主要对电动多旋翼无人机起降场地要求、机载医疗救援物资运输任务设备性能、基础软硬件适配要求、医疗物资及临床标本运输场景、相关运输作业要求进行了规范,明确了无人机维修和医疗急救任务运输箱的保障与维护的要求。

基于该团体标准开展电动多旋翼无人机医疗救援物资运输系统的院前、检验前过程及安全等多方面的评价工作,可参照该团体标准进行监督和日常管理,为涉及电动多旋翼无人机医疗救援物资运输系统的医疗过程及检验过程的质量和安全评价提供支撑。

(三)实施应用

这一团体标准的编制和发起单位,深圳市人民医院、深圳市罗湖医院集团、青岛市市立医院、华鹏飞股份有限公司等,充分利用学术会议等对其进行广泛宣传,积极推动其在行业内的运用。该团体标准已在深圳市人民医院、罗湖医院集团、深圳市急救中心、顺丰等无人机物流领域的企业中得到广泛应用。

组织专家团队,为企业提供标准实施的技术指导和咨询服务;开展标准培训活动,提升从业人员对标准的理解和应用能力,制定标准实施的监督方案,确保标准得到有效执行;对于在标准实施过程中表现突出的单位给予表彰和奖励,形成示范效应。

该团体标准发布后,2024年无人机在医疗领域的应用日益广泛,为医疗急救、物资配送等方面带来了革命性的变化。在全国各地已经涌现出众多无人机医疗应用的实际案例:深圳市南山区低空血液运输航路,自贡市开通了医疗物资的快速运输,河北省成功实现了无人机医疗物资运输首飞。

(四)应用前景

《多旋翼无人机医疗物品运输技术要求》的运用对提升医疗服务的效率和质量、推动无人机技术的进一步发展和应用、促进低空经济的繁荣发展以及加强政府监管与行业自律等方面都产生了积极的影响。

1. 提升医疗服务的效率和质量

大幅缩短医疗物资从供应点到需求点的运输时间,特别是在紧急救援和灾害救援中,能够迅速将急需的医疗物资送达目的地,挽救更多生命。

2. 有助于解决偏远地区医疗物资供应难题

对于偏远山区、海岛等交通不便的地区,或在灾害发生或紧急医疗情况下,无人机医疗物品运输的应用响应迅速,减少了对复杂地形的依赖,降低了运输成本,解决了传统运输方式难以到达的问题,有助于推动医疗物资供应的改善。

3. 推动无人机技术的进一步发展和应用

标准化与规范化有助于避免不同企业各自为政、重复研发的问题,提升整个行业的水平和效率。同时,标准化还能够促进无人机技术的不断创新和发展,推动其在更多领域的应用。该团体标准确保了运输过程中的安全性和可靠性。

4.促进低空经济的繁荣发展

无人机作为低空经济的重要组成部分,规范化的无人机应用为无人机在医疗领域的应用提供了通用的基本概念、框架、规范和原则,有助于规范无人机的运营和管理,确保运输过程的安全性和效率。

5.为政府监管与行业自律提供依据

这一团体标准的发布为无人机在医疗物品运输领域的应用提供了明确的技术规范和操作流程,便于政府监管部门制定相应的监管政策和措施。其实施鼓励行业内企业遵循统一的技术要求,促进了行业自律,提高了行业透明度。随着无人机运输实践的增加和该团体标准的实施,有助于政府根据实际需要制定或修订相关法规,为低空经济的健康发展提供法律保障。

参 考 文 献

[1] 白殿一,刘慎斋,等.标准化文件的起草[M].北京:中国标准出版社,2020.

[2] 《团体标准编制指南》编写委员会.团体标准编制指南[M].北京:中国标准出版社,2021.

[3] 于连超.标准化法原论[M].北京:中国国家标准出版社,2021.

[4] 《交通运输标准化发展报告(2023年)》编审委员会.交通运输标准化发展报告(2023年)[M].北京:人民交通出版社股份有限公司,2024.

[5] 顾兴全.标准化基础[M].北京:中国标准出版社,2022.

[6] 国家市场监督管理总局,国家标准化管理委员会.标准化工作导则 第1部分:标准化文件的结构和起草规则:GB/T 1.1—2020[S].北京:中国标准出版社,2022.

[7] 国家市场监督管理总局,国家标准化管理委员会.标准化工作导则 第2部分:以 ISO/IEC 标准化文件为基础的标准化文件起草规则:GB/T 1.2—2020[S].北京:中国标准出版社,2022.

[8] 中华人民共和国国家质量监督检验检疫总局,中国国家标准化管理委员会.标准化工作指南 第1部分:标准化和相关活动的通用术语:GB/T 20001.1—2014[S].北京:中国标准出版社,2015.

[9] 中华人民共和国国家质量监督检验检疫总局,中国国家标准化管理委员会.标准制定的特殊程序 第1部分:涉及专利的标准:GB/T 20003.1—2014[S].北京:中国标准出版社,2014.

[10] 国家市场监督管理总局,国家标准化管理委员会.标准编写规则 第1部分:术语:GB/T 20001.1—2024[S].北京:中国标准出版社,2024.

[11] 中华人民共和国国家质量监督检验检疫总局,中国国家标准化管理委员会.标准编写规则 第2部分:符号标准:GB/T 20001.2—2015[S].北京:中国标准出版社,2019.

[12] 中华人民共和国国家质量监督检验检疫总局,中国国家标准化管理委员会.

标准编写规则　第3部分:分类标准:GB/T 20001.3—2015[S].北京:中国标准出版社,2015.

[13] 中华人民共和国国家质量监督检验检疫总局,中国国家标准化管理委员会.标准编写规则　第4部分:试验方法标准:GB/T 20001.4—2015[S].北京:中国标准出版社,2015.

[14] 中华人民共和国国家质量监督检验检疫总局,中国国家标准化管理委员会.标准编写规则　第5部分:规范标准:GB/T 20001.5—2017[S].北京:中国标准出版社,2017.

[15] 中华人民共和国国家质量监督检验检疫总局,中国国家标准化管理委员会.标准编写规则　第6部分:规程标准:GB/T 20001.6—2017[S].北京:中国标准出版社,2017.

[16] 中华人民共和国国家质量监督检验检疫总局,中国国家标准化管理委员会.标准编写规则　第7部分:指南标准:GB/T 20001.7—2017[S].北京:中国标准出版社,2017.

[17] 国家市场监督管理总局,国家标准化管理委员会.标准编写规则　第8部分:评价标准:GB/T 20001.8—2023[S].北京:中国标准出版社,2023.

[18] 中华人民共和国国家质量监督检验检疫总局,中国国家标准化管理委员会.标准编写规则　第10部分:产品标准:GB/T 20001.10—2014[S].北京:中国标准出版社,2015.

[19] 国家市场监督管理总局,国家标准化管理委员会.标准编写规则　第11部分:管理体系标准:GB/T 20001.11—2022[S].北京:中国标准出版社,2022.

[20] 丁锋.论团体标准工作导向及其标准结构与编写[C].内蒙古自治区质量和标准化研究院."蒙"字标团体标准研讨培训会论文集.合肥工业大学材料科学与工程学院.2023:5.DOI:10.26914/c.cnkihy.2023.024091.

[21] 潘硕,张宇,王冀.交通运输标准国际化现状与实施路径研究[J].学术研讨,2021(3):72-73.